国家社会科学基金重大项目（15ZDB157）资助

从私有到公用：分享经济的实质和绿色发展之路

From Private to Public:
The Essence of Sharing Economy and
the Road to Green Development

张玉明　著

人民出版社

目　录

前　言 ……………………………………………………………………………… 1

第一章　缘何成为"不经济"的增长？ …………………………………………… 1

　　第一节　非理性亢奋与无节制攫取 ………………………………………… 2

　　第二节　唯数量论与消费追求过度 ………………………………………… 8

　　第三节　经济发展停滞与危机高发 ……………………………………… 14

　　第四节　"不经济"增长根源 …………………………………………… 21

第二章　分享经济将成主流经济模式 ………………………………………… 29

　　第一节　分享经济发展的现实需求 ……………………………………… 29

　　第二节　分享经济实现的技术条件 ……………………………………… 38

　　第三节　分享经济将发展为主流经济 …………………………………… 44

第三章　分享经济学的内涵与范畴 …………………………………………… 55

　　第一节　分享经济的内涵 ………………………………………………… 56

　　第二节　分享经济的范畴 ………………………………………………… 66

第四章　分享经济理论体系与模型 ································ 81

第一节　分享盈余理论 ·· 81

第二节　超理性消费理论 ·· 88

第三节　重用主义理论 ·· 95

第四节　非人格化交易理论 ·· 100

第五节　分享经济学理论模型 ····································· 105

第五章　分享经济的理念和特征 ································ 111

第一节　分享经济的理念 ·· 111

第二节　分享经济的特征 ·· 123

第六章　分享经济的构成要素 ··································· 139

第一节　供需双方 ·· 139

第二节　分享平台 ·· 149

第三节　其他第三方 ··· 160

第七章　分享经济实质是从私有到公用 ··················· 167

第一节　从为我所有到为我所用 ································· 168

第二节　从所有权制到使用权制 ································· 174

第三节　从私人所有到公众使用 ································· 180

第四节　分享让所有权不再重要 ································· 185

第八章　从私有到公用的实现机理 ···························· 191

第一节　产权"可切割"为使用权交易 ······················ 191

第二节　使用权交易的"非排他性" ··························· 197

第三节　制造业民主化淡化资源所有权 ····················· 202

第四节　网络化碎片化交易效率更高 ························· 207

第五节　分享平台"公地"人人可使用 ……………………………… 212

第九章　分享经济创造富足的资源 ……………………………… 217

第一节　拓展资源交易的范围与空间 ……………………………… 218

第二节　加速要素流动与供需高效匹配 …………………………… 224

第三节　低成本大规模复制使资源更富足 ………………………… 229

第十章　分享经济可降低交易成本 ……………………………… 239

第一节　去中介化再中介化 ………………………………………… 240

第二节　近于零的边际成本 ………………………………………… 247

第三节　匹配程序降低成本和价格 ………………………………… 253

第四节　降低搜寻成本与挖掘沉淀成本 …………………………… 259

第十一章　分享经济助力创新创业 ……………………………… 267

第一节　打破创新创业资源约束 …………………………………… 267

第二节　促进创新驱动战略实施 …………………………………… 275

第三节　助力传统产业转型升级 …………………………………… 281

第十二章　分享经济实现绿色发展 ……………………………… 289

第一节　化解资源与环境约束 ……………………………………… 290

第二节　提升资源的配置效率 ……………………………………… 296

第三节　让"闲置"资源不再闲置 ………………………………… 303

第四节　实现"经济"的绿色增长 ………………………………… 309

第十三章　发展分享经济的制度供给 …………………………… 315

第一节　制定完善的政策法规体系 ………………………………… 316

第二节　规范市场建设和强化监管 ………………………………… 321

第三节　构建完善的社会信用体系 ························· 327

第四节　倡导开放包容的共享文化 ························· 332

参考文献 ··· 336

前　言

　　人类社会的发展与产权的变革密不可分，自 16 世纪至 19 世纪早期的圈地运动从根本上改变了财产关系的属性，使其从有条件的所有权变为排他性的所有权，创造了现代私有财产关系概念，使得现代市场经济成为可能。随后的市场经济推动生产资料自给自足转向自由交换，人类社会迎来了财产私有的时代，房屋和土地以及其他能传递价值的资源成为资本和信用的基础，被用于追求商业利润。约翰·洛克在其《政府论》中提出了财产权理论，指出人类通过劳动将共有物"拨归私用"，私有财产就是增加了私人劳动从而改变了自然状态的共有财产。这种对财产私有权的定义广义来说就是对资源私人占有的合法规定，在一定程度上提高了社会的生产力，为工业革命的推进做好制度上的铺垫。

　　然而，在市场经济活动的开展中，生产资料所有权的私人占有使得劳动力向资本屈服，导致了后续一系列影响恶劣的阶级斗争。亚当·斯密在对市场经济逻辑的剖析中发现困扰资本主义的核心矛盾在于土地私有权和生产工具私有权大多由资本家控制，使得数以万计的劳动者被剥夺了谋生的工具。所谓的"自由"劳动力实则需要为自由付出极大的代价。尤其在圈地运动引发的"羊吃人"现象中，农民完全没有能力对抗封建贵族的政治经济特权，除了劳动力以外，一无所有。近现代的消费文化演变更是将资源的私人占有推向矛盾的风口，自上世纪 30年代"大萧条"之后，西方的市场经济开始奉行"凯恩斯主义"，推崇过度消费的文化，以刺激消费来推动经济增长。这种"唯数量论"的经济增长旧式思维，引发了社会公众的非理性亢奋和无节制攫取资源，其所带来的资源浪费、高能耗、高污染成为社会经济危机频发的主导缘由。

资源消耗型和环境破坏型的生产消费观念被定义为"不经济"的社会状态，这是对一味强调资源私人占有的传统生活价值体系的批判。要想将社会状态转变为"经济"模式，即资源节约型和环境保护型，就必须拥抱新的时代变革。第三次工业革命以互联网／可再生能源矩阵为基石，在全球协作分享和创新要素驱动的背景下，依托云计算、大数据、互联网、通讯技术、能源革命和物联网的发展，催生出新一轮的经济变革——分享经济，这一新兴模式将以分布式、横向化、协同性和零边际成本等特性，为社会的全要素、跨产业、绿色化生产创造新的渠道通路，为平台化的经济架构提供了落地实践的手段并垫定扎实根基。

"分享经济"的理念最早是由美国德克萨斯大学社会学教授马科斯·费尔逊和伊利诺伊大学社会学教授琼·斯潘思在 1978 年发表的论文《群落结构和协同消费》中首次提出，两位教授用"协同消费"来描述这样的一种生活消费方式。1995 年全球第一个分享物品的 C2C 网站 ebay 成立，之后 2000 年第一家汽车分享网站 Zipcar 成立。在知识、网贷、物品分享企业陆续试水后，分享经济迎来了真正的启航点，2008 年任务分享网站 TaskRabbit 和第一家在线短租网站 Airbnb 成立，2009 年第一家出行分享网站 Uber 成立，这些行业领域鼻祖的创立运营引领起了分享经济的热潮。2012 年，中国的滴滴打车和快的打车分别成立，拉开了中国出行分享的序幕，截至 2016 年，中国的分享经济已经涉及到交通出行、房屋住宿、知识技能、生活服务、医疗服务和生产制造六大重点领域，市场交易额达到 34520 亿元，未来发展势不可挡。

纵观分享经济的起源和发展，可以发现其与传统经济最本质的区别就在于其所倡导的"只求使用不求占有"的新兴消费观念以及使用社会分享的多寡比赛替代了资源占有的多寡比赛，而这也正是分享经济的实质——从私有到公用。

公用是分享的外在表现形式，是将资源的使用权在市场进行自由交易的经济活动，这在一定程度上能够抑制市场参与者的非理性亢奋，对资源所有权交易的摒弃使得人们不再只是单纯追求"唯数量论"，而是对资源的使用权进行分享并考虑自身的行为所带来的外部性效益，由此大大减少了资源的浪费并提高了资源的使用效率，这是分享经济能够破解资源与环境约束的根源所在。从交易成本的角度来看，使用权分享的成本一般小于所有权购买的成本，这会促使理性消费者更多地进行使用权分享的交易，从而减少新产品的生产量，极大地节约了对生产资料的消耗，降低了市场经济交易活动的成本。从资源再利用的角度来看，使用权的自由交易可以消化过剩的产能，以往存放不用的物品能够通过分享平台再次进行市场流通，资源的价值会被再次挖掘，使得不增加新的生产投入也能形成新的经济增长点成为现实。

十八届五中全会提出了"创新、协调、绿色、开放、共享"的五大发展理念，而分享经济包含了共享的表现形式，并以实现"经济"的绿色增长为目标，是国家发展理念的有力实践。对于这一紧贴国家战略导向的经济模式，了解其本质以及研究其如何实现绿色发展之路对提高整体社会福利、实现"经济"可持续增长具有重大的意义。基于这一思路，本书从剖析社会进入"不经济"增长的缘由出发，指出分享经济将成为经济主流的趋势，从理论层面深度解析了分享经济的内涵范畴、理念特征、构成要素，并在此基础上构造出极具学术价值的分享经济理论体系与模型，明确指出分享经济的实质是从私有到公用，并通过对其实现机理的阐释，系统探究了分享经济如何创造富足的资源、降低交易成本、助力创新创业，最终实现绿色增长的目标。此外，还对发展分享经济的制度供给进行了合理的补充。总而言之，本书旨在从理论角度深层次解读分享经济的实质，所构建的理论体系和模型具有引领学术研究、贴合实践应用的划时代创新意义。

　　《从私有到公用：分享经济的实质和绿色发展之路》一书由张玉明教授及其团队基于对共享经济理论与发展规律探索的《共享经济学》（科学出版社，2017年6月出版）之后的关于共享经济发展的又一创新与深度研究成果。本书由张玉明教授提出创意、思路、策划并拟定提纲、组织、撰写主要内容并修改定稿，由张远远协调、通稿、校对并撰写部分内容。各章执笔撰写人员如下：第1章刘晶晶，第2章张玉明、刘文佳，第3章刘苂，第4章王小楠、李甲艺，第5章张玉明、王越凤、卓倩茹，第6章张玉明、谢孝娴，第7章纪虹宇，第8章张玉明、卓倩茹、王越凤，第9章赵小东、王蕴琛，第10章张玉明、管航，第11章徐磊、张玉明，第12章毛静言、张玉明，第13章万宇轩、张玉明。另外，王春燕、迟冬梅、赵瑞瑞、王子菁、张新也做了大量工作。同时，借此机会向那些在写作过程中提供帮助的个人和单位表示感谢。特别感谢清华大学技术创新中心副主任李纪珍教授、复旦大学经济学院原副院长张晖明教授、山东大学管理学院院长杨蕙馨教授、中国科学院中国创新创业研究中心主任柳卸林教授、齐鲁工业大学工商管理学院副院长陈加奎教授以及刘德胜副教授、段升森博士以及外籍专家项东教授的指导和帮助！写作过程中还参考了相关学者的研究成果，并从中得到了一些启示，已尽量将所有贡献在书中注明，一并在此致谢。

　　特别感谢人民出版社的领导、编辑和专家对本书的编辑和出版给予的热情帮助和支持，尤其是王萍老师提出了很多宝贵的建设性意见。当然，由于本人水平有限，书中难免有粗疏、不妥甚至错误之处，敬请各位前辈、同人、读者批评指正。

张玉明　博士/教授/博导

2017年5月8日于济南山东大学中心校区

第 一 章

缘何成为"不经济"的增长？

自18世纪中期，西方国家掀起工业革命的浪潮，人类社会先后经历了"蒸汽时代""电气时代"和"信息时代"。科学技术不断的改革创新为人类社会创造了巨大的物质文明，生产率的不断提高带动了经济的持续增长，人们的物质生活得到了极大满足。但是过去经济的增长主要依赖于生产要素的不断投入，这种高投入的经济增长方式造成了市场的非理性亢奋和对资源的无节制攫取；简单追求生产规模的扩大带来了生产领域"唯数量论"的盛行继而带来社会产能的普遍过剩，为解决过剩产能所倡导的过度消费在解决部分过剩产能的同时反过来又加剧了"唯数量论"带来的影响；过剩的产能和资源环境的约束抑制了经济的发展速度导致世界经济发展停滞不前，经济危机高发，过去这种高投入、高消耗、高排放的经济增长其实是一种"不经济"的增长。长久以来的这种"不经济"的经济发展模式与当今倡导的实现经济可持续的绿色发展的目标背道而驰。实际上，造成"不经济"的增长的根本原因是资源的私人占有，将私人占有转化为公众使用的分享经济是解决当前资源约束和环境污染、最终实现"经济"的、可持续绿色发展的有效路径。

第一节　非理性亢奋与无节制攫取

伴随着工业革命的成果普惠世界，资本主义市场经济作为一种经济运行方式被世人广泛接受，成为世界经济的主导力量。市场经济的宗旨是将人类生活的方方面面带入经济领域，将人们生活和生产的全部物质需求以在市场上进行商品交换的形式得以满足。长久以来，市场作为商品交换的特殊场所，提高了社会的资源配置效率，凭借其自我调控能力在一定程度上维持了经济的平稳有序运行，极大地促进了经济的发展。然而，随着资本主义市场经济的盛行，在社会上引发了一场追求巨额利润的非理性亢奋，对利润的无限渴求促使着人们不断增加生产要素的投入，进而导致了对资源的无节制攫取，造成了极大的资源浪费和环境污染。

一、非理性亢奋造成资源环境恶化

非理性亢奋是指市场上的参与者为了追求高额利润，不断地增加生产要素的投入以换取经济的增长，只看重经济的量的增长而忽视这种不健康的经济增长模式对资源和环境带来的危害，这种对利润的狂热追求从而导致对资源的无节制过度攫取是一种非理性的狂热。

市场经济的运行逻辑表明市场参与者非理性亢奋的产生是必然的。首先，资本具有逐利性，资本的运行总是围绕着利润展开的，利润是资本的血液。"资本逃避动乱和纷争，它的本性是胆怯的。这是真的，但还不是全部真理。资本害怕没有利润或利润太少，就像自然界害怕真空一样。一旦有适当的利润，资本就胆大起来。如果有10%的利润，它就得保证到处被使用；有20%的利润它就活跃起来；有50%的利润，它就铤而走险；为了100%的利润，它就敢践踏一切人间法律；有300%

的利润，它就敢犯任何罪行，甚至冒绞首的危险。"① 逐利性作为资本的本质属性，始终伴随着资本在经济中的运行，哪里有利润空间，哪里就有资本流通。其次，市场经济的参与者作为资本运作背后的操控手，同样是具有逐利性的。如果市场中出现了一个新的盈利领域，那么大量的参与者就会一拥而入，想从该领域巨大的利润空间中分一杯羹。然而最先进入该领域的市场参与者会设置众多行业壁垒，以阻碍后来的竞争者进入该行业，以此来保护自己的利润空间不受挤压，尤其是当最先进入市场的参与者已经抢占了足够大的市场份额成为垄断和寡头时，为确保其前期投入的资本不贬值、潜在利润免受威胁所设置的行业壁垒更加严苛。虽然从长远来看，这种行业的垄断或者寡头不可能持续存在，总会有新的竞争者冲破行业壁垒瓜分利润，但是由于市场参与者的逐利性，他们仍在不断地设置障碍来妨碍其他资本进入已有市场，从而保护自己短期的利润不受新竞争者的威胁。最后，市场经济的运行机制总是围绕利润展开的，这加剧了非理性亢奋的狂热程度。通过对市场经济的研究我们发现，市场运行最有经济效率的根本原则在于价格要等于边际成本。但是这只可能在理想状态下存在，因为一旦价格等于边际成本之后，消费者只需要支付边际成本，商家将无法收回投资，更无法从商品交易中赚取满意的利润，那么商家会放弃对该商品的交易，交易将不会进行。市场上的参与者都在寻找市场价格大于边际成本的投资领域，而那些能最大化经济效率的投资领域却无人问津。正是市场经济运行机制对利润的推崇和偏爱，加剧了市场经济对利润追求的狂热、为了提高生产率对生产要素的持续投入的非理性亢奋。

非理性亢奋在社会上的普遍盛行造成的危害是巨大的。一方面，非理性亢奋会对市场经济的运行提出挑战。市场经济对利润的狂热追求促使每一个经济参与者都想方设法地在市场中寻求可以获得利润的机

---

① ［英］托·约·邓宁：《工联和罢工》，1860 年伦敦版。

会，当前的市场经济仍是要大部分依靠大幅上涨的规模收益来获得生产商品的利润，市场参与者致力于不断提高生产技术以加快生产率、不断增加生产要素投入以增加生产量，令生产的边际成本尽可能降低从而可以凭借更低的价格获得市场上更多消费者的青睐，从而扩大自己的利润空间。市场上的参与者都在竞争性的扩大生产规模和降低边际成本，造成行业范围内生产边际成本的普遍降低，当边际成本降低到一定程度，生产者不再满足于市场价格大于边际成本的部分作为其利润来源，那么市场的运行就会停止。对利润的追求和为获得利润采用规模效应之间是相互矛盾的，对利润的非理性亢奋对资本经济的运行提出了严峻的挑战。另一方面，非理性亢奋会引起对资源的非理性、无节制攫取，且在资源使用过程中造成资源的浪费和环境的污染。传统的经济发展模式下，要想获得利润就必须扩大生产规模，通过扩大规模降低平均生产管理成本，从而降低边际成本获得规模收益。由于对利润的非理性的亢奋，让市场参与者无视规模过大可能导致的"规模不经济"问题，盲目地扩大规模，增加生产要素的投入，只重视经济数量的增长。同时，因为科技水平的限制，在经济发展的初级阶段，生产要素多是从自然界中可以获得的资源，例如煤、石油、水、木材等初级能源，这就导致了对自然资源的疯狂攫取，造成了资源存量骤减。因为没有环境保护的意识，生产过程中的废弃肥料随意排放，造成了对生态环境的极大污染。

二、无节制攫取加剧资源环境约束

传统的经济发展模式是一种"黑色发展模式"，经济的发展是以不断进行的工业技术革新产生的新技术为依托，以市场经济为运行基础，以追求利润的增加为主要目的，强调在发展过程中资本积累和高资金投入、自然资源的高消耗，形成了只重视经济增长速度而忽略经济增长质量的发展观念。这种功利主义的发展观念逐渐演变成前文中提及的非理性亢奋，以资源的大量耗用为代价的经济发展模式在使得市场参与者获得了巨额利润的同时，使得经济的增长不断逼近自然生态系统的生态边界。

无节制攫取造成资源约束的重要标志之一就是水资源短缺。水，作为一种重要的工业原料，是经济发展过程中必不可少的自然资源之一。在市场经济参与者疯狂地搜刮利润、聚集财富的同时，世界上淡水资源总量随着生产者对水资源的无节制的耗用而锐减。根据世界银行的相关研究发现，在过去的 50 年里，全球人均淡水资源供给量减少了一半。[1] 这同时导致了人们可获得的安全饮用水的总量供不应求，据统计，截至 2015 年，只有 91% 的世界人口可以获得洁净安全的饮用水，这意味着全球仍有 6.6 亿人口无法获得相对安全的饮用水。[2] 如今世界各国都面临着或多或少的水资源短缺的压力，有专家预测，到 2030 年，全世界将有二分之一的人口生活在水资源短缺的高压地区。[3] 回顾人类社会长久以来的发展史，经济的发展和水资源的节约仿佛只能是一个两者择一的选择题，经济的发展离不开水资源的利用，而经济发展将会带来更多的收入和更多的人口，这将进一步加大水资源的耗用量。在众多产业部门中，农业和能源产业是需水量最多的两大产业，农业部门的淡水资源使用量超过全球水资源使用量的 70%，这两大产业都面临着产业经济的发展与减少水资源使用两者择一的难题。有专家预测，到 2050 年，为养活全球 90 亿人口，农业生产所需的淡水资源数量将会增加 15%，[4]同样到 2050 年，能源产业所需的淡水资源数量将会提高 20%。[5]

与水资源面临同样境遇的还有煤、石油等不可再生能源。据统计，

---

[1] The World Bank Group，"World Development Indicators：Highlights"，World Bank，2016.

[2] The World Bank Group，"World Development Indicators：Highlights"，World Bank，2016.

[3] United Nations，"International Decade for Action 'Water for Life' 2005—2015."，2014，见 www.un.org/waterforlifedecade/scarcity.shtml.

[4] World Bank，"Water Resources Management：Sector Results Profile"，2013，见 www.world bank.org/en/results/2013/04/15/water-resources-management-results-profile.

[5] International Energy Agency，"World Energy Outlook 2012"，2012.

在1990年到2013年这23年的时间里，全球能源使用量大约增长了54%，而在此期间全球人口总数只增长了36%，能源耗用增长的速度远远超出人口增长的速度。[①] 值得注意的是，在人们所使用的全部能源中，仅化石能源就占了81%的比重。据统计，石油仍然是目前世界上使用最多的燃料，占了全球能源消费总量的32.9%。[②] 放眼全球，如今各新兴经济体正在纷纷进行经济发展模式的转变，试图寻求新的经济发展方式，摆脱原有的资源密集型的经济发展，从而减少能源的使用量。但是新兴经济体仍是全球能源消费的主导力量，其使用的能源总量占全球能源使用量的58.1%。[③] 其中，中国作为新兴经济体的典型代表，2015年能源使用量增长了1.5%[④]，虽然与之前相比增速有所放缓，但总体看来中国对能源的使用仍然呈增长的趋势。以石油为代表的能源被大规模地开发和使用，不仅意味着市场参与者的非理性亢奋仍在持续，在化石能源被耗用的背后还隐藏着二氧化碳等有害气体的排放引起的大气污染、全球变暖等一系列生态问题。

对资源的非理性的、无节制的大规模攫取会加剧人类社会今后发展进程中的资源约束和环境约束。人类耗用的自然资源中，有很大部分都是不可再生能源，不可再生能源的大量消耗是人类社会代际矛盾加剧的重要表现之一，现在消耗的不可再生资源越多，今后人类可使用的资源就越少、面临的资源约束形势越严峻，这是经济发展不可持续的重要表现。与此同时，对资源的无节制大规模攫取会加剧环境约束。根据世界气象组织的相关数据显示，2015年是有史以来最热的一年。气候变化已经影响到全球每一个国家，气候变暖，海平面上升，极端天气频繁出现，气温和降水改变以及由此引发的农业生产、水资源供给、

---

① The World Bank Group, "World Development Indicators：Highlights", World Bank, 2016.
② The World Bank Group, "World Development Indicators：Highlights", World Bank, 2016.
③ The BP Group, "BP Statistical Review of World Energy", June 2016.
④ The BP Group, "BP Statistical Review of World Energy", June 2016.

食品安全等方面的潜在威胁，都是隐藏在经济发展背后的隐形炸弹。从20 世纪 90 年代到 21 世纪初，世界平均每年每人有害物质排放量翻了一番。① 在一些中等收入国家，平均每年每人有害物质排放量从 1996—2000 年的 17 千克增长至 2006—2011 年的 42 千克，经历了 2.5 倍的增长。而在一些未加入经济合作与发展组织（OECD）的高收入国家，平均每年每人有害物质排放量在 2006—2011 年间，达到了 981 千克。② 二氧化碳，作为温室气体的主要成分和全球气候变暖的主要原因，其排放量也在过去的 20 年中经历了巨大增长，1990 年全球二氧化碳排放量为 222 亿公吨，2011 年全球二氧化碳的排放量达到 346 亿公吨，正是这些排放的二氧化碳令全球平均气温提高了 0.8 摄氏度（相比于工业化之前）。③

　　以上现象表明，人类目前正在经历资源量锐减，自然生态系统遭受严重的破坏，这些无疑都与社会的非理性亢奋和对资源的无节制攫取脱不了干系，究其根本原因则是因为资源的私人占有造成的人们总是想更多地占有资源以满足自身发展需求。自 1987 年联合国提出可持续发展的理念以来，传统经济发展模式高投入、高消耗、高排放的弊端逐渐被社会所了解，"既满足当代人的需要，又不对后代人满足其需要的能力构成危害的发展"的可持续发展理念也被世人接受。随着国际社会对气候变化和生态环境恶化会引起潜在威胁的意识逐渐增强，绿色发展的理念又被提出。人类社会意识到，如果任由市场对利润的非理性亢奋和由此引发的对资源无节制的攫取发展下去，人类社会将不断逼近生态环境的边界，一旦生态环境的边界被突破，那么对人类社会将是毁灭性的

①　Excludes Kazakhstan, which reportedly generated 40.7 tons of hazardous waste per capita in 2010.

②　Excludes Kazakhstan, which reportedly generated 40.7 tons of hazardous waste per capita in 2010.

③　The World Bank Group, "World Development Indicators：Highlights", World Bank, 2016.

打击。不顾生态环境边界的发展是不可能持续下去的，绿色发展是摆在人类社会面前必须选择的发展道路。只有坚持绿色发展，抑制和引导因对利润的狂热追求而盲目增加要素投入、对自然资源无节制攫取的非理性状态，人类社会才能真正的获得长久的、健康的、持续的发展。

第二节　唯数量论与消费追求过度

在市场参与者之间蔓延的非理性亢奋的情绪，导致了社会对资源的无节制攫取加剧了资源约束和环境约束，与此同时在生产领域也引起了仅仅追求消费数量的"唯数量论"的生产热潮，最终导致社会产能普遍过剩。生产领域的过量生产随之带来了市场上供大于求不均衡局面的长期存在，为解决供需问题市场和政府鼓吹"不要节俭，鼓励消费"的消费主义以刺激经济发展、维持市场稳定。长时间的鼓吹消费主义固化了人们的消费方式，由此造成了极大的资源浪费和环境污染问题。

一、唯数量论引发产能过剩危机

唯数量论是指在社会生产的过程中，生产者忽视市场上商品或服务需求量的多少，单纯扩大生产规模、追求生产数量导致产能过剩的"生产热"。唯数量论的盛行，是造成市场上长期出现供过于求的主要原因，是导致社会产能普遍过剩的重要因素之一。

唯数量论的产生，一方面是市场自我调控能力失效的结果，另一方面是市场经济参与者的非理性亢奋在生产领域的具体表现。

1. 市场自我调控能力失效

市场的自我调控能力是指以市场价格作为市场供给、需求变化的指示灯，市场根据价值规律自发地调节经济的运行。即由市场上供求关系的变化引起价格的上涨或者下降，对市场上的劳动力、资本和其他生产资料在各个生产部门之间分配，促使社会资源流向最需要的生产部门，从而完成对生产和要素流通的调节，完成对社会资源进行有效的配置，维持供给和需求的动态平衡。具体来说，当市场上的供给大于需求时，市场价格下降，在促进消费者对该商品或服务的需求量增加的同时，抑制生产者进一步生产该商品或服务，直至市场上对该商品或服务的供给和需求达到平衡；相反，当市场上的供给小于需求时，市场价格上涨，一方面促进生产者增加对该商品或服务的生产，另一方面抑制消费者对该商品的购买欲望，使得市场上的供给和需求能达到平衡。

唯数量论的产生，是市场价值规律失效的结果。价格作为市场调节经济运行的重要手段失去了它的作用，仅仅依靠市场自身的力量难以维持商品和服务供给与需求的平衡，从而难以利用价格的涨落来抑制或促进生产者继续生产的欲望。当生产者忽视了市场上需求的多少，只是一味地追求生产规模的扩张，盲目地生产过量的商品，就造成了整个行业的产能过剩。又因为当今产业链的延长，一个行业的产能过剩会引起多个行业的连锁反应，进而导致整个社会产能的普遍过剩。在这种生产热的背景下，唯数量论取代了市场的价值规律在经济运行的过程中起支配作用，仅凭市场的自我调控难以扭转市场上供过于求的局面。生产资源继续流入早已饱和的产业部门，亟需发展的产业部门却由于无法获得生产资源而难以发展，市场资源配置的功能也随之失效。

2. 非理性亢奋在生产领域的具体表现

当非理性亢奋取代了理性思维支配着市场参与者的生产行为时，市场需求量的多少就不再是影响生产者生产行为的关键因素，追求利润的生产者为抢占市场份额而提高产量，不断地进行商品的生产，唯数量论作为非理性亢奋在生产领域的具体表现掀起了一股社会生产热潮。

生产者为了追求利润，在增大生产要素的同时，会为了占据市场上的有利地位增加市场份额，这就促使生产者提高产量。此时如果生产者是理性的，那么当市场上商品的供给大于需求或者生产者根据相关信息预测到市场上的供给量会大幅度增加时，生产者会考虑到有商品价格下跌导致利润空间的缩小的风险存在，从而控制自己的生产数量以求该商品价格的稳定，或者生产其他市场上供不应求的商品寻求其他行业的利润空间。但是当市场上非理性亢奋占据主导地位时，市场上的生产者不再将市场上供给量和需求量作为决定自身生产多少的影响因素，同时生产者在预计市场需求量的多少时会持过于乐观的态度，认为市场上该商品的需求量有很大的增长潜力。自第三次工业革命以来世界经济总体的增长趋势，让生产者逐渐忽视了市场价值规律的作用，决定生产量时更多依赖于生产者对市场走势的主观预测，简言之，唯数量论支配了当前市场上生产者群体的生产行为。

非理性亢奋在生产领域表现为生产者对生产数量的无限追求，唯数量论引发的生产热潮导致了社会产能普遍过剩。钢铁作为工业生产的基本原料，多年来钢铁产业一直是各国经济发展的支撑性产业。由于钢铁行业生产者对唯数量论的追求，导致现在全球钢铁行业出现普遍的产能过剩。以中国为例，因为过去中国经济的快速增长的拉动作用，中国钢铁行业迅速发展。钢铁行业生产者坚持唯数量论从而盲目扩大生产规模进行生产活动，据统计，2015 年末中国粗钢产能达到 11.3 亿吨，而粗钢产量 8 亿吨，产能利用率仅 71%。[①] 目前中国钢铁行业产能远大于市场需求，我国国内的钢铁消费已经迈入顶峰值之后的下滑阶段，仅靠国内钢铁市场难以消化如此多的产能，同时由于世界经济长时间的处于低迷状态，各国为了保护本国企业减少了对钢铁的进口数量，导致我国钢铁行业的出口也面临重重阻碍。虽然中国政府出台了种种去产能的政策，但是中国钢铁产能过剩的问题仍未解决，2016 年一年中国化解钢

---

① 《中钢协：如何看待中国 2016 年化解钢铁过剩产能?》，2017 年 3 月 3 日，见 http：//finance.sina.com.cn/money/future/indu/2017-03-03/doc-ifycaasy7412773.shtml。

铁过剩产能完成6500万吨以上的情况来看①，中国钢铁行业去产能的道路仍然任重道远。

二、过度消费增大生态环境压力

过度消费是指消费者超出正常消费需求或支付能力的消费方式，主要有超前消费、炫耀性消费和病态消费等表现形式，基本特点是消费者购买大量非必需的消费品或是大量囤积必需消费品，是一种与绿色消费观念背道而驰的消费理念，会造成大量的资源浪费和严重的环境污染，最终导致生态系统压力过大而难以继续承受人们的消费行为。

过度消费现象于20世纪20年代兴起。第一次世界大战结束后，战时储备的大量物资在厂库中堆积亟待利用，战后各国经济百废待兴。于是，各大制造商为解决战备物资库存，振兴战后经济市场，大肆鼓吹"不要节俭，鼓励消费"的消费主义，鼓励人们扔掉旧的东西，购买新的产品。1929年经济危机之后，凯恩斯主义的提出更是为这种消费主义打上政治烙印，凯恩斯主义主张国家采用扩张性的经济政策，通过增加需求促进经济增长，从此个人不断购买而占有物品的消费理念成为西方社会主流的消费观。当时，这种鼓励消费的理念有效地解决了市场供给过多的问题，很大程度上振兴了战后经济，然而长久以来的过度消费造成了严重的资源和环境问题。

据统计，在过去的50年里，人们所消费的社会资源和服务，是50年前所有的总和②，这种"购买产品，使用产品，淘汰旧产品，然后再买新产品"的固有的消费观念现在还在主导着大部分人的消费行为，然而过度消费已经给人类社会带来了严重的资源浪费和环境污染。从

---

① 《中钢协：如何看待中国2016年化解钢铁过剩产能？》，2017年3月3日，见http：//finance.sina.com.cn/money/future/indu/2017-03-03/doc-ifycaasy7412773.shtml。

② Paul Hawken, Amory Lovins, and L.Hunter Lovins, "Natural Capitalism", 1994, www.natcap.org/sitepages/pid5.phd.

1980 年到现在，人们已经消费掉了地球上三分之一的资源，包括森林、渔业、矿藏、金属和其他的稀有矿藏资源。[①] 一次性商品问世后，资源的耗用量进一步增加，全球每年消费的一次性纸杯和塑料杯的数量达到了 2200 亿[②]，美国人一天时间使用的一次性塑料袋就有约一千亿个[③]。人们的消费能力是如此的惊人，据统计，美国一个中产阶级的小孩，一生平均要消费的资源包括 250 万公升水、1000 棵树、2.1 万吨石油、2.2 万公斤钢铁和 80 万瓦特的电力[④]，如果地球上的所有人都与美国小孩有同样一样的消费需求，那么需要额外的 5 个地球才能满足地球上所有人的消耗[⑤]。

伴随着大量的资源浪费，过度消费还导致了严重的环境污染。位于夏威夷和菲律宾之间的蒲甘岛，有一个著名的海滩被称为"购物海滩"，它的闻名并非凭借其旅游业的发达，而是在这片海滩上成堆的生活垃圾，"岛民如果想要一个打火机，一双人字拖，一个玩具，或者一个哄小孩的皮球，他们只要去购物海滩，那些从几千英里以外飘来的塑料垃圾里，几乎能找到任何他们想要的东西。[⑥]"蒲甘岛海滩的存在并非个例，自从人们进入工业社会以来，塑料等新型材料的发现为人们的生产生活提供了方便的同时，因为很多新型材料无法依靠大自然的力量

---

① Tim Radford, "Two-Thirds of World's Resources 'Used Up'", Guardian, March 30, 2005.

② Jordan, TED talk.

③ Kay Bushnell, "Plastic Bags：Smothered by Plastics", the Sierra Club, 见 www.sierraclub/sustainable_consumption/articles/bagsl.asp.

④ Ervin Laszlo, *The Chaos Point：The World at the Crossroads*, Hampton Roads Publishing Company, 2006, p.17.

⑤ Global Footprint Network and WWF's Living Planet Report, September 2009, 见 www.footprintnetwork.org/images/uploads/EO_Day_Media_Background.pdf.

⑥ Richard Grants, "Drowning in Plastic：The Great Pacific Garbage Patch Is Twice the Size of France", *Telegraph*, April 24, 2009, www.telegraph, co.uk/earth/environment/5208654/Drowning-in-the-plastic-in-The-Great-Pacific-Garbage-Patch-is-twice-of-France.html.

自行降解，只能靠人工降解，再加之人们保护环境意识差、人工降解过程成本高，所以在过去的几个世纪，大海就成了最好的"生活废物储存场"，人们不断地往大海倾到各种垃圾。以塑料制品为例，地球上每年生产的塑料制品大约数亿吨，这些塑料在太阳的照射下并不能完全分解，只能分解成数个小碎片。正是这些无法被自然分解的塑料碎片，占太平洋的中心海域海洋表面浮游物体的比重已经超过六分之一。① 这些海洋垃圾的出现，究其原因，除了人们缺乏环保意识随意倾倒垃圾以外，最主要的原因是人们消费、丢弃了太多产品。

制造商对消费主义的长期鼓吹，政府为促进经济增长刺激市场需求，再加之长久以来社会倡导的"要买更多，要买更新"的消费习惯已经养成，如今过度消费已经变成了一种惯性思维，人们很难去认真思考什么东西是需要购买的，什么东西是不需要购买的，思考购买的东西应该买多少才合适，最初人们理性的消费行为已经变成了一种冲动化的、情绪化的行为。人们对商品的购买量已经远远超出他们的正常需求，而这些商品最终会被丢弃成为垃圾，这在造成资源浪费的同时也造成了对环境极大的威胁。根据美国环境保护署（EPA）的统计，只有30%的垃圾被回收利用，13%被焚烧掉，剩下的57%最后统统变成垃圾场中的一部分。这种"花得多消费得多"的过度消费方式，是节约资源和保护环境道路上必须解决的社会问题。人们已经开始意识到，地球的资源供给是有限的，我们永远不可能重建另一个地球，这种不健康的高消费方式造成的资源浪费和环境污染是生态环境难以承受的。

产能过剩的危机和生态系统所承受的高压力是唯数量论和过度消费的外在表现，导致该现状的根本原因是资源的私人占有。资源的私人占有不断地促使生产者扩大生产规模进行生产，也不断地激励人们去消

---

① Thomas M.Kostigen，"The World's Largest Dump：The Great Pacifistic Garbage Patch"，*Discover magazine*，July 10，2008，http：//discover magazine.com/2008/jul/10-the-worlds-lagest-dump.

费从而占有资源，但是这种持续的盲目生产和持续的过度消费对生态环境形成的压力是生态环境难以承受的。为了化解社会过剩的产能、缓解生态环境的压力，只有坚持走绿色发展道路，摒弃追求唯数量论带来的生产热，转变过度消费的消费模式，在生产和消费时真正考虑到该行为会对整个人类社会带来的影响，不再仅仅思考"这能给我带来什么"，而是"这能给我们带来什么"，真正放眼未来，将个人利益与集体利益联系起来，重新建构新的生产和消费理念，才能使社会的发展摆脱唯数量论和消费至上的窠臼。

第三节　经济发展停滞与危机高发

发轫于工业革命的现代文明和占据当今经济社会主导地位的资本主义制度，凭借其对新技术和生产率的不断追求，极大地提高了生产力水平，丰富了人们的物质生活。然而，由于早期资本主义的发展以资源的大规模消耗为代价，对生产率的追求也演变为只看重经济的量的增长，导致当今社会经济发展面临严重的资源不足和产能过剩的问题。资源不足和产能过剩，是摆在经济发展道路上的两道障碍，是影响经济发展速度和经济运行稳定的主要因素，是造成当今经济发展停滞和危机高发的主要原因。

一、资源与环境约束造成经济停滞

经济停滞是指各国经济发展速度呈现显著的、长期的下降趋势，并且在短期内没有出现经济复苏、重新高速向前发展迹象的经济形式。自 2008 年次贷危机以来，世界经济陷入低谷期，长时间的经济低迷造成了大量企业破产倒闭，失业人口增多，人们的生产生活受到严重影响。虽然次贷危机已经过去了近十年，其影响并未烟消云散，世界经济仍然笼罩在次贷危机的阴影之下。

18 世纪 60 年代，蒸汽机问世，蒸汽机作为动力机被广泛应用于工业领域开创了机器代替手工劳动的先河，手工作坊逐渐被机器工厂取代标志着第一次工业革命的完成。19 世纪下半叶，电力的发明和内燃机的使用标志着人类社会正式进入"电气时代"，第二次工业革命由此拉开帷幕。二战结束以后，稳定的社会环境和战时充足的资本积累为科学技术的创新提供了良好的社会和经济基础，原子能技术、航天技术和微电子技术的不断发展带来的不仅是科技领域的进步，也为经济的发展带来了无限的可能。日本作为二战后经济高速发展的国家之一，在 1960 年日本的工矿业生产达到战前 1934—1936 年平均水平的 3.5 倍，1960 年日本的钢产量超过 2200 万吨，达到战前产量的 4.8 倍。[①] 随着科技的进步，各个经济领域的生产技术不断地更新发展，新技术的出现带来生产率的普遍提高，各国经济都有较快的发展。国际货币基金组织（IMF）的相关统计数据显示，20 世纪 80 年代至 21 世纪初，世界经济的发展速度总体上呈上升趋势，世界平均 GDP 年度增长率由 1980 年的 2.1% 上升至 3.5%—4%。[②] 在此期间，中国的 GDP 达到了"奇迹般"的增长速度，多年两位数的增长率远远超出世界平均 GDP 的增长速度，中国经济实现高速增长。然而，世界经济会一直保持高昂的增长势头吗？

答案是否定的。2008 年美国次贷危机爆发，危机迅速席卷了主要的资本主义国家，进而影响了整个世界经济，令世界经济陷入低谷。在危机爆发后的第三年，即 2010 年，世界经济发展速度在经历快速回弹之后达到新阶段的顶峰。然而此后几年里，世界经济发展速度并没有保持在 2010 年的速度水平，而是连年下降，2016 年世界平均 GDP 增速

---

① 江泽宏：《第二次世界大战后日本经济的发展速度》，《经济研究》1962 年第 8 期。

② International Monetary Fund.IMF DataMapper. 见 http：//www.imf.org/external/datamapper/ NGDP_RPCH@WEO/OEMDC/ADVEC/WEOWORLD/CHN/USA.

只有3.1%①。从2010年至2016年，此次世界经济增速的连续下降已经历时6年之久，仍旧丝毫没有回暖的迹象。二战后世界经济在经历了近半个世纪的快速增长之后，进入了经济发展停滞的平台期。

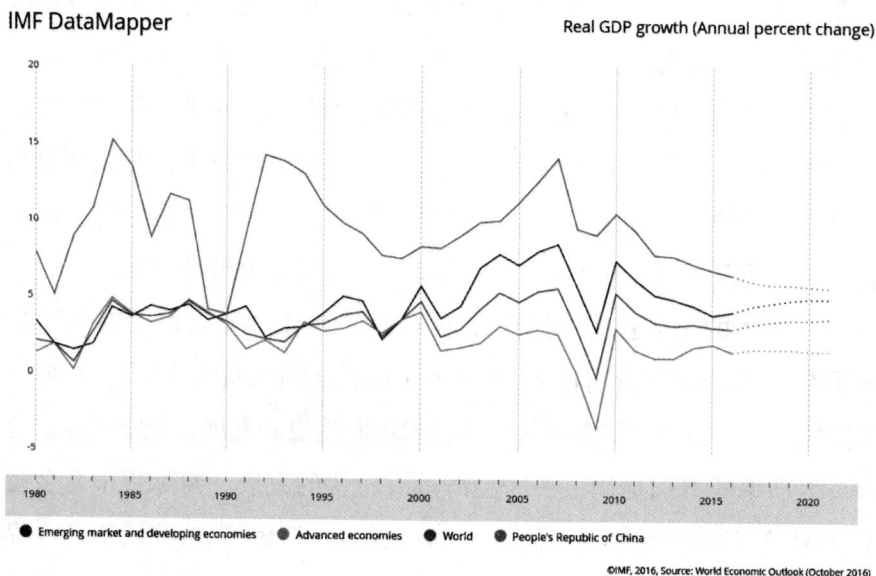

图1-1　GDP 年增长率折线图

自1980年以来，中国的国内生产总值的增速均高于世界平均水平，逐渐成为拉动世界经济增长的重要力量，但是近年来中国经济也难逃经济发展动力不足、发展速度缓慢的困境。自2010年之后，中国 GDP 增速持续六年下降，最新数据显示2016年中国 GDP 增长率只有6.7%。②虽然与世界 GDP 平均增速相比中国依然保持 GDP 增速的领先地位，但是对比于之前的 GDP 增长速度足以看出中国经济也同其他国家一样正在经历低速的发展。

---

① International Monetary Fund.IMF DataMapper. 见 http：//www.imf.org/external/datamapper/NGDP_RPCH@WEO/OEMDC/ADVEC/WEOWORLD/CHN/USA.

② 张家伟：《高盛眼中的中国2017：经济放缓，人民币可能还要贬值》，2016年12月2日，见 http://bbs.ruoren.com/thread-46678070-1-1.html。

世界经济为何会出现如此低速的增长，很多经济学家对此问题做出解释。有的经济学家认为世界经济持续的低迷更多是因为外部性、周期性问题，目前世界各国经济正处于经济危机之后的复苏阶段，经济保持低速增长是因为经济的周期性波动导致的，各国通过调整经济政策，刺激国内投资和消费，那么世界经济就会平稳度过低谷期迎来新的繁荣。有的经济学家则认为目前长期的经济缓慢增长是结构性、制度性的问题，尤其是在发展中国家表现更为明显。任何国家的经济增长速度由三部分构成，包括出口增长、投资增长和消费增长，以发展中国家为例，在过去的数十年时间里，发展中国家凭借其低成本的劳动力资源大量地从事低值产品的加工出口，以大量的出口增长带动经济增长。随着经济的发展，发展中国家的劳动力成本逐渐提高，人口红利降低，过去过度依赖制造业等劳动密集型产业的经济增长模式难以为继，经济发展结构短时间内难以调整，所以导致了经济的持续低迷。与发展中国家不同的是，发达国家之前的经济发展主要依赖投资增长和国内消费，在经济危机之后世界经济不景气，发达国家城镇化相对完整，基础设施建设比较完善，因此在国内已经很难找到投资机会，并且因为危机的影响失业人口增多，国内消费动力不足，故出现经济发展停滞不前的状况。

但是探究世界经济发展停滞的背后，不难看出长久以来市场经济参与者非理性亢奋导致的对自然资源的过度攫取造成的资源和环境约束加剧，以及这种亢奋在生产领域表现出来的唯数量论造成的生产出来的商品超过其需求引起的相对产能过剩是造成世界经济难以走出次贷危机阴影、实现世界经济复苏的重要原因。1.资源存量和生态环境的硬性约束，使过去的粗放式发展方式不可持续。回顾世界经济的发展历程，在很长一段时间里经济的发展依靠的是对自然资源的大量消耗，以高能耗换取经济的高发展、资本的高收益。伴随着资源的锐减和环境的破坏，资源存量的硬性约束使得以能源消耗换取经济发展的粗放式的发展方式注定不可持续。经济发展方式的转变势必带来经济增长速度的减缓，同时，由于过去高能耗带来的高排放，环境问题也同样摆在世人面前，环境保护和发展速度之间也存在着不可避免的矛盾。2. 社会相对产能过剩，经济难以达到新的均衡点。在生产领域"唯数量论"的盛行带来对生产数量过度追求造成社会的产能过剩，同时"我拥有即是我存在"的过度消费观念在刺激消费的同时再度加剧了社会对生产的追求。市场相对产能过剩导致生产出来的商品不能完全被消费者购买和使用，造成了市场上长期供求失衡的状态。同时，因为经济的持续低迷、失业人口的增加，市场上难以出现新的消费增长点来消化过剩产能，进而难以拉动经济增长达到新的经济均衡点。世界经济出现长期的不均衡的状态也是经济发展速度放缓甚至停滞的重要原因。

二、相对产能过剩导致危机高发

一般而言，经济危机指的是生产过剩的危机，即社会生产出来的商品和服务的数量超过了社会上有支付能力的对商品和服务需求的数量。在实际经济活动中，经济危机不仅表现为社会生产与社会有支付能力的需求脱节引起的市场上供大于求、商品滞销的状态，还表现为由于商品滞销引起的工厂经营困难甚至倒闭、失业人口增多、利率上升以及由此导致的信用危机、债务危机和能源危机等经济领域的各个方面陷入长期的低迷状态。马克思和恩格斯在多年之前将经济危机形象地比喻为是一场波及全社会的瘟疫，它"仿佛是一次饥荒、一场普遍的毁灭性战争，使社会失去了全部生活资料；仿佛是工业和商业全被毁灭了。"①

经济危机由来已久，历史上有记载的最早的一次经济危机爆发于1637年的荷兰。16世纪中期，郁金香一经引入荷兰就作为财富的象征被市场投机者追捧，价格急速飙升进而引发了人们购买郁金香的狂热。直至1637年郁金香价格一落千丈，"郁金香泡沫"被戳破，曾经欧洲的

---

① 《马克思恩格斯选集》第1卷，人民出版社1995年版，第278页。

金融中心——荷兰，从东方霸主的宝座上跌落。由于当时运输业和通讯业还不发达，各国经济由于空间的限制相对独立，经济危机的爆发多是区域性的，仅仅局限在一个国家或者几个国家。同时因为当时的经济活动比较简单，经济危机的影响局限在某一个行业或者是与其紧密相关的几个行业。之后随着工厂制度的建立和生产技术的提高，各产业的产业链条逐渐延伸，社会分工的细化使得越来越多的行业位于同一产业链的上下游，各个行业之间的联系变得更加紧密。这使得经济危机波及的行业不再局限于某个单一行业。1825 年因为普遍的生产过剩造成的英国经济危机，就不再局限在某个单一行业，而是几乎冲击了英国国内所有的行业。与此同时，在世界经济一体化的进程中，国家之间通过贸易、债券等经济形式联系起来，经济危机突破了空间的限制，在这个统一体中随意扩散，任意区域体经济的波动都会波及到其他区域。回顾近代以来影响较大的几次经济危机，可以发现随着生产水平的提高，经济危机的波及范围逐步扩大，经济危机开始呈现世界性的特点。

回顾资本主义自工业革命以来数百年的发展史，伴随着经济的发展，经济危机始终存在，危机和繁荣如同经济发展的正反两面频繁地交替。在世界经济达到空前的繁荣之后，接踵而来的是同样史无前例的大危机。自从 1825 年英国发生社会普遍生产过剩的真正意义上的经济危机之后，资本主义社会基本上每十年就会发生一次经济危机。① 进入 20世纪之后，经济危机的波及范围不仅扩大了，经济危机发生的频率也提高了。在 1900 年危机之后，至第二次世界大战（1939 年）以前，先后于 1907 年、1914 年、1921 年、1929 年和 1937 年爆发经济危机，经济危机之间的时间间隔由十年缩短到八年。1929 年经济危机之后，"凯恩斯主义"的出现标志着资本主义社会由自由资本主义时代转入管制资本

---

① 随后发生危机的年份是 1836 年、1847 年、1857 年、1866 年、1873 年、1882 年、1890年和 1900 年。

主义时代，管制资本主义在一定程度上抑制了经济的波动，以政府的理性调控代替了市场的非理性的亢奋，因此在 1973 年之前并没有发生大的经济危机。但是之后随着自由资本主义的抬头，经济危机的爆发更加频繁，平均每两次经济危机之间的间隔再度缩短变为六年。① 经济危机频发，并且危机之间的周期越来越短，世界经济进入了危机高发的时代。

经济危机为何爆发一直以来是经济学家研究的热点问题，但是至今理论界并未达成比较统一的意见。西斯蒙第和马尔萨斯是最早研究经济危机为何爆发的经济学家之一，他们认为经济危机爆发的根本原因在于消费需求不足，人们将更多的收入用于储蓄，市场出现普遍的生产过剩，最终导致经济危机爆发。熊彼特则从创新角度对经济危机进行分析，认为经济危机是由创新所引起的旧均衡的破坏和向新均衡的过渡。② 而马克思认为，经济危机是资本主义制度固有的矛盾，由于资本主义生产资料私有制和社会化大生产之间的矛盾资本主义经济危机永远不可能消失，资本主义经济危机的根源就在于资本主义经济运动中物质生产能力发展和它的社会形式之间的冲突。③ 笔者认为，经济危机的爆发与市场参与者非理性亢奋、单纯追求生产数量的"唯数量论"息息相关。正是因为非理性亢奋在生产领域引发的生产热潮，导致市场上的生产者忽略市场价值规律的调节作用，不顾市场上需求量的多少盲目生产，导致社会普遍的产能过剩。为消化市场上的过剩产能，制造商和政府不断地刺激消费，高消费的消费理念更加加剧了市场上生产者的亢奋程度，进一步扩大生产。如此循环往复，市场上的过剩产能难以被消费者消费，最终造成经济危机频繁爆发。

经济发展停滞和经济危机高发是当今世界经济发展"不经济"的

---

① 随后发生危机的年份是 1979 年、1982 年、1990 年、1997 年 2008 年。
② 宋承先：《现代西方经济学》，复旦大学出版社 1997 年版，第 416 页。
③ 李树祯、童水栋：《〈资本论〉视角下的经济危机》，《特区经济》2009 年第 12 期。

宏观体现。可使用资源的总量不断减少使得原本过度依靠资源投入的经济发展模式难以持续，世界各国目前都面临经济发展方式的转型升级，经济模式的转变需要长时间的调试、磨合，由此导致当今世界经济发展速度放缓。与此同时，过去市场经济参与者为追求规模效益以实现更多的利润大肆扩大生产规模，形成"唯数量论"的生产热潮，造成各行业产能过剩，大量产能得不到充分利用造成产能的浪费，并且由此引发生产过剩的经济危机，对数量的过度追捧造成经济危机爆发的频率不断提高。经济发展停滞和危机高发是由于资源约束和产能过剩导致的，而造成资源约束和产能过剩的根本原因是资源的私人占有，因此可以推断当前世纪经济发展止步不前、经济波动频繁的根源也是资源的私人占有。为解决资源私人占有带来的种种问题，实现经济健康平稳的绿色发展，人们要做的就是改变资源私人占有的现状，打破资源私人占有的禁锢，将资源在社会中公正、有序地分享，真正实现资源的公用。

第四节 "不经济"增长根源

市场上的非理性亢奋导致了人类社会对资源的无节制攫取；生产领域的"唯数量论"造成了社会产能的普遍过剩，为了消化这些过剩产能又造成了消费领域的过度消费；资源和环境的约束以及过剩的产能同时引起了世界经济发展停滞和经济危机高发。在这些现象背后，是什么原因导致了世界经济的"不经济"，又该怎么解决经济发展的"不经济"引导经济发展走向绿色发展之路呢？

一、私人占有束缚经济绿色发展

私人占有是指社会资源以个人排他性占有的形式供生产生活使用，是相对于共同占有的一种社会资源占有形式，以雇佣劳动为基本特征。

资本主义经济的所有制基础就是资源的私人占有，目前私人占有作为资源的基本所有制形式广泛地存在于各个经济领域。

在三百多年以前的 18 世纪，工业革命的号角还未吹响，世界经济以小规模的手工作坊为主要的生产单位，人们的物质生活极度匮乏，基本生活需要甚至都难以满足。经济学家亚当·斯密（Adam Smith）致力于寻找到一条全新的道路，能带领人类社会从贫穷走向富裕，从饥寒交迫的生活状态走向每个人的物质生活得以满足的状态。在其经典著作《国富论》中，亚当·斯密提到"人是被原始的利己主义驱动的，在这种'自私'特性的推动下，社会分工会更有效，人们也会变得更富裕。"① 亚当·斯密认为，个人追求自身利益和整个社会的繁荣、经济的发展是相互促进、不可分割的，认为自身利益的满足会增进整个社会的整体福利水平。斯密的思想之后得到了实践，资源的私人占有作为基本的生产资料所有制形式被确认下来。资源的私人占有在很长一段时间里确实促进了社会经济的极大发展，人们的物质生活得到了基本的满足，因为每个人都可以通过自己的努力工作占有一定的社会资源并且使用自己占有的资源来满足自己的需求，这极大地提高了人们的工作效率，进而使整个社会的工作效率得到了很大的提升。

然而，资源的私人占有在如今却变成束缚经济实现绿色发展、导致经济发展"不经济"的根本原因。资源的私人占有在提高人们工作效率的同时，激发了人们对自我物质需要满足的本性。私人占有给予了人们占有社会资源进行生产生活的合法性、合理性依据，社会资源一旦被个人占有，就使所有者个人在基于该社会资源基础上的生产活动有了完全自主性，即资源所有者如何使用该资源完全是使用者个人自主、自由的行为。与此同时，基于"人都是自利的"这一基本假设，可以得出社会资源所有者的自我物质需求的满足就具备了先发性这一结论，即拥有

---

① Adam Smith, *The Wealth of Nations*, London：W.Strahan and T.cadell, 1776.

社会资源的个人在使用社会资源时总是要优先考虑如何通过资源的使用来满足自我的物质需求。这就导致了每个参与经济运行的资源所有者个人,在对资源的使用上都是以其个人的需求满足为导向的个体行为,因此让资源的所有者在使用资源时优先考虑资源使用对他人、对社会的影响是很难做到的。正因为如此,人们在资源的使用上总是将个体的利益放在最重要的位置,而将社会群体的利益放在第二位。因为个人欲望的无限膨胀,导致人们总是想占用更多的资源来确保个人利益能够得以满足。

这些就导致了本章最初提及的种种问题,个人欲望的膨胀、对利润的无限渴求的非理性亢奋支配着市场参与者的市场行为,为了提高产量进而盲目地增加生产要素投入,乃至无节制地攫取自然资源,从而造成了资源的严重消耗和浪费。资源使用者忽视"高能耗、高投入"之后的"高排放"问题带来环境的破坏,完全置社会利益于个人利益之后甚至完全不顾社会利益。在生产领域的非理性亢奋导致"唯数量论"的生产热潮,"不要节俭、鼓励消费"的消费主义逐渐演变成以占有消费品为目的的冲动的、非理性的过度消费。由此产生的资源和环境约束加剧、社会产能普遍过剩的问题,又带来了经济发展速度放缓甚至停滞,以及越来越频繁的经济危机的爆发。目前世界经济所有"不经济"的现象究其根本都是因为资源的私人占有,如今的情况已经完全远离了亚当·斯密最初提出私人占有的本意——"想为社会寻求一条通往光明的道路",这个单纯的想法似乎变成了现在危害我们的社会、经济,甚至后代、地球的一种观念。正如大卫·科藤(David C.Korten)所述,"亚当·斯密并不是提倡一种无限制地满足贪婪欲望的市场经济。他讲到农民和工匠时说道,这些人想通过索取农产品或者工艺品的好价钱来改善家庭生活的行为,叫做利己,不是贪婪。①"现在人们对资源无节制攫

---

① David Korten, *When Corporations Rule the World*, Berrett-Koehler Publishers, 1995.

取、过度消费的行为早已偏离了亚当·斯密当初对"利己"的定义，这些行为毫无疑问只是打着利己主义的幌子贪婪地占有资源的行为。

在短短几代人的时间里，资源的私人占有已经由一种提高效率的所有制形式演变成个人享受科技的进步、经济的发展带来的生活水平的提高，进而发展为人们通过对品牌、产品、服务的狂热追求来寻找个体的认同感，继而变成每个人贪得无厌地以大量占有资源为目的的占有主义，最终成为了经济难以健康持续发展的根源。因此，要想改变当今经济发展"不经济"的现状，在不改变资源私人占有的前提下仅仅从表面遏制市场的非理性亢奋和对资源的无节制攫取、抑制市场上"唯数量论"的生产热和过度消费的行为以达到促进经济增长、稳定经济运行是不可行的，这种浮于表面的经济调控措施可能带来短期情况好转，但是"不经济"的增长仍会出现。以从私有到公用为实质的分享经济的出现，为改变资源私人占有带来的经济发展"不经济"、难以实现经济的绿色发展提供了新的解决途径。

二、从私有到公用实现绿色发展

绿色发展的发展模式是在传统发展基础上的一种模式创新，是以生态环境边界为限度，以资源承载力为约束，以节约资源、保护环境为基本要求，以实现社会的绿色、可持续发展为目标的一种新型的发展模式。绿色发展的最终目的是实现人类社会节约的、环保的、健康的、持续的、经济的发展，是与"不经济"的发展完全不同的发展模式，是"促成提高人类福祉和社会公平，同时显著降低环境风险和生态稀缺的经济"。①

根植于资源的私人占有的发展模式，虽然在过去极大地促进了经

---

① 联合国环境规划署：《迈向绿色经济——实现可持续发展和消除贫困的各种途径》，2011年。

济增长和人类物质生活的丰富，但是也给人类社会带来了诸多问题。资源和环境约束以及相对过剩的产能是摆在人类社会绿色发展道路上的两座大山，要想实现绿色发展就必须翻越这两座大山。资源和环境约束以及相对产能过剩出现的根本原因是资源的私人占有，当资源私人占有的基本假设——"利己主义"被"我占有即是我存在"这样的占有主义所替代时，就会加剧资源和环境约束以及产能相对过剩的程度。占有主义的本质就是自私和贪婪，过去的人们都一直沉迷于获取资源来获得自我的满足，但是人的欲望是难以满足的。正如埃德蒙·伯克（Edmund Burke）所说："我们的天性中有一个致命的弱点，就是不知道什么时候应该停止；对已经拥有的永远得不到满足。"过去的人们一直在占有资源、使用资源的过程中得到欲望的满足，新的欲望不断出现，人们就不断地占有新的资源来满足新的欲望。在这反复的循环中，资源被不断地耗用、环境被不断地破环，生产出来的越来越多的商品难以被使用，经济发展停滞、经济危机高发，一系列"不经济"现象随之出现。如果不能从根源上改变资源私人占有，那么经济的增长就难以从"不经济"的增长变为"经济"的绿色增长。

"每个家庭都在建立各自的封地。自给自足成了一种谎言，因为每个号称自给自足的人都拥有自己的财产。所以公共财产、停车位，甚至任何的共享，都变得不可接受。"[①] 追求资源的私人占有仿佛已经成了人们生活中的常态，从前人们互相帮助、共同分享的生活状态似乎早已随着时间的流逝远离了。随着资源和环境约束的加剧、相对产能的过剩使得越来越多的人认识到了绿色发展的重要性，分享的理念重被提起。人们试图在提倡低碳经济、转变经济发展方式来实现绿色经济的同时，能通过改变资源的私人占有的状态来改善目前存在的"不经济"的现象，

---

① Douglas Rushkoff, *Life Inc.*：*How the World Became a Corporation and How to Take It Back*，Random House，2009，p.51.

于是以资源公用代替私人占有为实质的分享经济走进了人们的视野。分享经济在产权问题上改变了传统经济模式下强调商品所有权的产权理念，而是强调"使用重于所有"的理念，从而减轻资源私人占有的"占有主义"给资源、环境以及经济发展带来的不利影响，打破以家庭为单位的"资源封地"，让资源在家庭之间自由的流通，最终达到资源在社会之间自由流通的目标。

"不求所有只求使用"的分享理念的传播在一定程度上抑制了市场参与者的非理性亢奋。人们不再只是单纯追求利润，而是在选择市场行为时考量该行为可能造成的对社会、对他人的后果，考虑在获取资源以满足自我发展需求的同时考虑该资源的获取行为是否会加剧资源约束，在利用资源的过程中考虑该资源耗用的过程对环境的影响。同时分享理念的传播可以减轻市场生产者对"唯数量论"的追求，分享经济在保持商品所有权不变的情况下交易商品使用权，这就使得同一件商品可以满足许多人对商品的使用需求，从而大幅度减少市场上各种商品的需求量。这不仅使得生产者不得不将商品需求量的减少作为决定生产量多少的重要因素从而降低生产数量，而且给消化相对过剩的产能提供了除刺激消费之外的方式。分享经济可以充分整合和利用现有资源，通过改变资源的私人占有的状态实现社会范围内的资源公用提高了资源利用率，同时通过交易使用权以满足消费者的消费需求进而改变现有的"我占有的就是我存在的"高消费理念，最终缓解资源和环境约束、相对产能过剩的危机，改变世界经济的持续低迷状态，稳定经济运行减小经济危机发生频率，最终改变经济增长"不经济"的情况。

分享经济是一种超越占有主义的经济模式，让人们可以真正意义上从过去的生活习惯中摆脱出来。人类社会曾经找到了一条可以提高人们生活水平的道路，但是这条道路是以牺牲后代的利益为代价的，这条路的尽头注定的是毁灭。分享经济的出现为人类社会的发展开辟了一条新的道路，在这条道路上资源不再是只供所有者使用而是人人皆可分享，在这条道路上不再有对攫取资源的狂热，不再有非理性的过度消费，经济发展持续且平稳，这注定是一条绿色发展的道路，更是一条可持续发展的道路。

第 二 章
分享经济将成主流经济模式

如前所述，经济社会经历了非理智亢奋、无节制攫取资源的过程，形成了"唯数量论"的消费习惯，如今的世界经济发展停滞、危机高发，使我们处在一个"不经济"的社会，产生这些问题的根源在于资源的私人占有。在这种时代背景下，世界经济需要新的动力和增长点，分享经济应运而生。分享经济重视使用权，是对资源私人占有的一次革命性变革，可以解决资源闲置浪费和环境压力过大的问题，缓解环境压力，有助于实现经济发展方式的转变，从而走出一条绿色可持续的道路。新事物的出现不是偶然，分享经济也是在现实需求中，在多方面的条件作用下诞生的，随着技术条件的成熟，分享经济的发展如火如荼，在世界上许多国家受到重视，并在各行各业中呈现勃兴之势，未来也会随着分享经济影响的扩大成为主流经济模式，使社会经济发展走上绿色可持续的道路。

第一节　分享经济发展的现实需求

最近的一次始于欧美国家的全球经济危机，自 2008 年爆发以来已近十年之久，但是经济危机余波未平，世界经济仍在缓慢复苏；世界各国原有的社会矛盾也在加深，出现了产能过剩现象，大量资源被闲置和浪费；而社会的整体认知盈余水平出现飞跃，越来越多的人愿意将自有资源拿出来分享；世界各国为寻找经济发展的新出路，出台了一系列政策以提供制度支持；人类社会也反躬自省，认识到此前非理智消费带来的种种弊端，新的消费方式正悄然兴起。分享经济响应社会需求应运而生，有望使社会从"不经济"的发展道路转变为绿色可持续的发展道路。

一、经济危机提供了分享的契机

分享经济的概念最早出现在 1978 年，在《社区结构和协同消费：常规活动的方法》一文中，琼·斯潘思和马科斯·费尔逊首次提出"Sharing Economy"的概念，但当时没有在全球形成广泛的讨论；2008年的经济危机给分享经济的普及提供了契机，为了应对经济危机带来的冲击，许多行业开始转型，出现了分享经济的商业模式。

经济危机会导致经济增速下滑和失业率上升[1]，这两个方面都有助于分享经济的出现。经济危机发生的 2008 年，美国、日本、德国等主要发达国家和地区的 GDP 出现负增长，消费、出口和投资大幅下降，实体经济受到重创。[2] 研究发现，起初人们将物品拿出来分享时并没有考虑信任问题，而是不得不这么做——经济危机使得人们收入减少，需要寻找更多的赚钱机会。[3] 经济危机打击了人们的消费能力和消费热情，在购买商品和享受服务时更加关注价格，具有成本优势的二手商品开始被更多的人接受。另外由于正常工作带来的收入减少，为满足日常生活

---

[1]　郑志来：《分享经济的成因、内涵与商业模式研究》，《现代经济探讨》，2016 年第 3 期。

[2]　简新华、于海森：《世界金融和经济危机的根源、新特征、影响与应对》，《中国工业经济》2009 年第 6 期。

[3]　Christopher Marquis, Zoe Yang, "The Sharing Economy in China：Toward a Unique Local Model", *China Policy Review*, Vol. 9, 2014.

的开支，人们开始寻找更多的赚钱机会，于是分享二手商品、提供兼职服务等活动开始兴起，逐渐形成了分享经济的雏形。失业人口增多使劳动力变得廉价，人们有更多的闲暇时间，短租、网约车和网络兼职都是利用零碎时间打工的行为，因此这种行为也被称为"零工经济"。随着"零工经济"的发展，这种方式的盈利性和发展空间也逐渐被发掘出来，商业企业将其流程标准化，便形成了分享经济。比如分享技能企业Task Rabbit，致力于给那些需要额外收入的人提供充分的机会填满空闲时间，人们可以在 Task Rabbit 上接到任何兼职，组装一个衣橱，装饰派对等。只要有时间和工作意愿，任何微不足道的技能都可以找到雇主。分享经济在解决失业问题上大有裨益，中国人民大学劳动人事学院在 2016 年的《平台经济与新就业形态：中国优步就业促进研究报告》中指出，在调查的 9 个城市中，有 26.7% 的网约车司机属于下岗职工。[①]分享经济提供了闲置劳动力的"蓄水池"，在找到正式工作之前，这些下岗职工可以在分享经济平台上做兼职，获得一定的收入。此外，分享经济提供的就业机会更加公平，不同的社会阶层，不同的专业技能都可以在分享经济的平台上获得就业机会，缓解了结构性失业问题，使社会就业形态更加完整。

二、产能过剩奠定了分享的物质基础

生产资料的私人占有和唯数量论的消费理念造成了产品的积压和商品的浪费，引发了全世界范围的产能过剩问题。产能过剩是指企业的生产能力大于市场需求，导致生产能力利用率不足的现象。一般来说，产能的正常利用率为 79%—90%，低于 79% 时为产能过剩，低于 75% 时为严重产能过剩。目前，世界各国在粗钢、煤炭、水泥、电解铝等

---

① 中国人民大学：《平台经济与新就业形态：中国优步就业促进研究报告 (2016)》，2016 年 6 月 23 日于北京发布。

行业中都出现了产能过剩和严重产能过剩的现象。全球粗钢利用率从2010 年的 77.2% 下降到 2015 年的 70.0%，已经是严重产能过剩，而中国的粗钢利用率在 2015 年仅为 67.0%，低于世界平均水平。[①] 中国一直是煤炭大国，2014 年中国煤炭产量为世界总产量的 46.9%，煤炭消费量占世界总消费量的 50.6%，排名世界第一[②]，截至 2015 年底，中国煤炭行业产能利用率下滑至 64.9%[③]，全国出现大面积的煤矿停产、限产。水泥行业受国内宏观经济形式的影响，在经济下行期水泥产能过剩问题突出，2015 年水泥产能利用率为 73.8%，但是水泥行业的新增投资速度快，导致该行业的产能过剩不容乐观。[④] 中国是全球最大的电解铝生产和消费国，2015 年国内电解铝的产能利用率为 75.4%，比世界平均值低了约 4 个百分点。

　　产能过剩造成的资源闲置和低效使用给分享经济的出现奠定了物质基础。分享经济的目标是实现资源的高效配置，包括所有闲置资源和未能充分使用的资源，都可以在分享经济的平台上多次使用，体现资源的价值，从而解决"去产能"的难题。目前分享经济已经在服务业和知识技能领域展现出资源配置的优势，比如房地产资源通过 Airbnb、小猪短租等平台得到充分利用；知识、技能等无形资产在分答、知乎等平台上分享给更多的人群，实现社会价值。随着分享经济商业模式的日渐成熟，农业和生产制造业领域也逐渐开始以分享经济来解决产能过剩的问题，比如伊利集团成立奶牛田间学校，为奶农们提供技术教育，解决他们在养殖过程中遇到的难题，实现技术共享；广东温氏企业搭建了覆盖全价值链的信息平台，将数千家养殖户连接起来，实现了育种、饲

---

① 数据来源：工信部、国际钢铁协会。

② 《BP 世界能源统计年鉴 2015》，BP 公司出版，2015 年 6 月第 64 版。

③ 数据来源：中国煤炭工业协会。

④ 邹蕴涵：《我国产能过剩现状及去产能政策建议》，2017 年 4 月 25 日，见 http：//www.sic.gov.cn/News/455/7349.htm。

料、销售的标准化和一体化，分散了养殖户的风险，同时有助于对平台进行管理；美国的 Cohealo 公司，以共享医疗设备为主要业务，国内也有沈阳机床、阿里淘工厂等以分享生产能力为主的平台企业。

产能过剩会加剧企业间的恶性竞争，可能产生大面积破产的经济社会风险。① 实体经济看似正常运行，其实是在"泡沫"中获利，使全社会处于"不经济"的状态。分享经济不仅是在产能过剩的物质基础上形成的，也为解决产能过剩提供了新的思路。在分享经济时代，资源能得到充分的配置，产能也将得到适当的利用，引导全社会走上绿色可持续发展的道路。

三、认知盈余形成了分享的理念

认知盈余是指受过教育并拥有自有时间的人，有丰富的专业知识和分享欲望，这些人的时间汇聚在一起，可以产生巨大的社会效应。② 可以视为使用认知盈余的最早实例是在 2007 年 12 月，肯尼亚总统大选结束后发生了暴力事件，一位名叫奥里·欧克罗的律师在网络上报道了此事。热心的人们给欧克罗律师提供最新消息，为了更好的管理这些庞杂的信息，两位程序员设计了 Ushahidi 网站，专门用来搜集信息并标记在地图上，随后发布出来，人们可以在 Ushahidi 上获知什么时间在哪里发生了什么事件，因而大受好评。后来，程序员们扩大了 Ushahidi 的开放源，用来跟踪墨西哥选举舞弊和华盛顿特区的积雪清理，在海地地震中该网站也同样发挥了重要作用。Ushahidi 体现出来的正是认知盈余给社会带来的改变，每个人都贡献出信息，信息汇聚所产生的的价值可以为全社会共享，信息需求方及时获得准确的信息以便于做出决策，

---

① 赵昌文、许召元：《当前我国产能过剩的特征、风险及对策研究》，《管理世界》2015 年第 4 期。

② Shirky C., *Cognitive surplus：Creativity and generosity in a connected age.* UK：Penguin, 2010.

此时来自陌生人的认知盈余的价值便体现出来了。

关于认知盈余，克莱尔·舍基认为最核心的地方在于创造和分享内容比单纯的消费内容要有价值。比如在网络上有一群喜欢猫咪的人，他们把所有的可爱猫咪图片搜集起来形成一个公共数据集，其他同样喜欢猫咪的人可以在这里找到猫咪图片，也可以上传图片。克莱舍基称之为"LOLcats"群，并认为"LOLcats"群中只欣赏图片而不参与互动的行为属于消费内容活动，与其他人互动并分享猫咪图片属于分享内容活动。分享内容产生的是公共价值（Communal Value），通过参与者之间的互动产生，只能在拥有同样爱好的人之间分享。更有价值的行为是创造内容活动，如为 Ushahidi 网站提供信息的行为，由此产生的是公民价值（Civic Value），可以在整个社会中分享，对社会总体有益，不仅仅依靠参与者的喜好，还有参与者之间的互动和创造，产生巨大的社会效应。

认知盈余水平的提高使分享经济的理念深入人心。分享经济的本质是对所有资源的充分利用，知识和技能作为一种无形资源，在认知盈余的水平不足以支持全社会的分享之前，人们只能在熟人圈里分享，无法创造更多的社会价值。认知盈余可以使更多的人接受分享的理念，进而接受分享经济。认知盈余使知识在全社会范围内流通，提高了社会整体的智力水平。达尔文认为智力发展会促使个体反思过去的行为和动机，并对现状产生不满足感，从而努力提高道德水平。[①] 道德水平的提高有助于人们接受"分享"的理念。另外，由于标准工时的普及，八小时之外的自由时间给人们提供了分享的时间基础。全社会的道德水平、知识存量和自有时间的丰富是认知盈余的前提条件，拥有了充足的知识存量和自由时间后，人们愿意接受别人的分享，同时有能力将自己的知

---

① ［英］查尔斯·罗伯特·达尔文，《人类的由来》上册，潘光旦、胡寿文译，商务印书馆 1997 年版。

识技能分享给其他人。

四、政策法规营造了分享的制度环境

当前世界存在气候变暖、水污染等环境问题，使人们在发展经济的同时越发重视全球生态健康。分享经济为解决这些问题提供了新的思路，有助于带领全球经济走向一条绿色可持续的发展道路。分享经济基于现代绿色可持续发展理念而出现，与传统经济模式下市场不考虑商品的使用频率不同，分享经济通过对闲置资源的利用，一方面可以盘活闲置资源，提高资源的使用效率，另一方面也使市场开始重视商品利用率的问题，从而在供给侧实现理性生产，有助于经济发展方式完成绿色转变。

分享经济是一种绿色可持续的发展道路，已经引起了世界各国的足够重视。英国政府提出要将英国打造成欧洲的分享经济之都，成为分享经济的世界强国，表现出对分享经济的极大热情和欢迎，并在政策上给予了许多支持，比如鼓励保险商为分享经济行业设计保障制度，消除分享经济的法律困境，为分享经济企业提供税收优惠和资金支持。美国是分享经济热潮的发源地，分享经济领域的领头羊企业多成立于美国，比如 Airbnb，Uber 和分享办公的 Wework。从资本流入量上看，投资于分享经济的机构已经从 2010 年的 20 家增加到 2015 年的 200 家；分享经济企业在资本市场上被看好，Uber 公司 2016 年的估值超过 600 亿美元。[①] 由于认识到分享经济的好处，美国政府也对分享经济进行了政策扶持。2015 年，美国全国城市联盟（NLC）对 30 个美国大型城市对于分享经济的情感进行调查，调查结果显示其中的 9 个城市持完全积极的情感、21 个城市存在混合的情感，并且在这 30 个城市中，有一半城市

---

① 分享经济发展报告课题组：《中国分享经济发展报告：现状、问题与挑战、发展趋势》，《电子政务》2016 年第 4 期。

已经开始着手制定相应的政策和管制计划。① 中国政府也高度重视分享经济，李克强总理于 2015 年 9 月在大连举办的达沃斯论坛上指出"分享经济是拉动经济增长的新路子，通过分享、协作方式搞创业创新，门槛更低、成本更小、速度更快"，肯定了分享经济的作用。繁荣之后的分享经济，在我国也出现了一些发展阻力，政府在处理这些问题时，一方面应该对分享经济中不合理的现象加强监管，另一方面也需要制定支持引导的政策营造相对宽松的发展环境。以共享单车为例，共享单车是对政府的公众自行车的替代品，具有低碳绿色的特点，方便了出行的最后一公里，但同时存在乱停放、私自上锁等不规范的现象。为此已有许多城市的政府部门积极寻找解决方案，如成都市的市城管委、市交管局为规范成都市共享单车的发展与市民和共享单车企业之间达成协议；深圳市交通运输委员会在 2016 年 12 月份发布了《关于鼓励规范互联网自行车服务的若干意见（征求意见稿）》，明确界定了政府、企业及市民的责任和义务。今年 3 月份，交通部部长李小鹏肯定了共享单车在解决城市出行最后一公里问题上的重要作用，并表示政府应该支持这种新的出行方式。

五、理性消费提供了分享的动力

经济社会在非理性亢奋的支配下，形成了不理智的消费习惯，由于过分追求数量，造成了资源闲置和浪费的问题，地球的生态环境也在面临诸多威胁，与绿色发展理念背道而驰。有限的资源无法承受无限制的消费，新的生活方式悄然兴起，并帮助人们形成理性的消费习惯。拥有理性消费习惯的消费者关注的是资源的使用权，只要求在有需要的时候可以使用，而不再抱持"一次消费终身拥有"的不理智消费理念。这

---

① 张笑容：《分享经济在世界各国发展情况：一场风暴正在席卷全球》，2017 年 4 月 25 日，见 https：//baijia.baidu.com/s？old_id=308516。

种选择为资源的使用权付费的消费理念与分享经济不谋而合，随着理性消费习惯的养成，分享经济也会获得更多的支持者。

理性的消费习惯来源于极简生活方式。2013 年，日本作家山下英子的《断舍离》掀起了极简生活方式的热潮，断＝不买，舍＝处理掉无用的东西，离＝舍弃对物质的迷恋。极简生活方式并不是新事物，它已经有了许多支持者，比如爱因斯坦、乔布斯和扎克伯格等。虽然他们在工作上做着改变世界的事情，但是在生活中却只要求最简单的状态。这种新的生活方式代表着人们已经厌倦了对物质的过度追求，在消费时也更加注重实用价值，谨慎购入商品。因为商品不仅会占据空间，选择的过程还会消耗精力很时间。心理学家巴里·施瓦茨（Barry Schwartz，2005）在《选择的悖论》[①] 中讨论：选择给我们带来的困惑不仅仅是欲望怎么得到满足，而更多的是欲望本身，我们真正想要的是什么？这种说不清楚、难以定义的东西就是企业和厂商想要制造的东西。[②] 的确如此，铺天盖地的广告对人们的生活方式进行连续轰炸，高消费主义看似给物质生活上了保险，其实不然，节省精力回归简单和舒适才是健康的生活之道。

理性消费习惯有助于分享经济的普及，许多理性消费者就是分享经济的践行者。理性消费者重视消费结果，关注资源使用权的分享，这种从所有权到使用权的转变正是分享经济的核心内容；理性消费理念使资源在消费环节得到节约，全社会的理性消费可以大大缓解资源浪费的现象，从而实现社会经济的绿色增长，与分享经济的绿色发展理念不谋而合。在理性消费理念的助力下，分享经济可以收获更多的支持者，获得更多的动力，从而实现更好的发展。

新事物的出现并非偶然，分享经济也是在诸多的现实需求中诞生

---

① Barry Schwartz, *The Paradox of Choice：Why More is Less*，NewYork：Harper Perennial，2005.

② 刘国华、吴博：《分享经济 2.0》，企业管理出版社 2015 年版。

的。在一个经济危机频发、产能过剩严重的社会，分享经济自诞生之初就担任起扭转经济增长方式的重任；而社会认知盈余水平的提高、政策制度的鼓励和理性消费习惯的推动使也为分享经济赢得了一批支持者。分享经济如乱世英雄，以其重视使用权的交易特点和绿色发展的指导理念立足于经济社会，促使全社会的资源实现从私有到公用的转变，最终实现经济的健康持续发展。

第二节　分享经济实现的技术条件

物品分享的概念古而有之，从原始人类群居生活中男性合作狩猎，并一同分享食物保卫族群开始，到文明社会中共享小区绿化，邻里之间互帮互助，分享是一以贯之的生存方式。但是在现代技术条件发展起来以前，分享的内容是零散的，分享的过程也不是标准的，分享的范围仅限于熟人之间。随着技术条件的成熟，如今的分享已经具有一定的规模，形成了标准化的商业模式，也就是分享经济。对于产生于"互联网＋"时代的分享经济来说，技术支持是必要条件，分享过程中的任何一个环节都离不开技术。移动终端的普及使每个人都可以随时随地地连接入互联网，提供服务或获得需求；大数据技术可以从海量的信息提取价值，为分享经济提供动力；此外，LBS 技术、动态定价机制、电子支付系统和信用评价体系等也为分享经济交易的实现提供了必要的技术支持。在本书中，我们将分享经济的技术条件总结为三个方面，分别是移动终端的普及、大数据技术的支持和其他方技术的成熟，在此节中将针对这三个方面展开讨论。

一、移动终端的普及降低了参与门槛

分享经济所依赖的技术条件中，移动终端提供了硬件支持，许多

分享经济的交易过程都是在移动终端上完成的。广义的移动终端包括手机、笔记本、平板电脑、POS 机甚至包括车载电脑，但是大部分情况下是指手机或者具有多种应用功能的智能手机以及平板电脑。以手机为例，市场研究公司 IC Insights 发布的数据显示，手机用户在 1999 年到 2018 年 19 年的时间内年复合增长率将达到 16%，由于许多人不止拥有一部手机和一张电话卡，一些国家的手机用户已经超过人口总数，手机渗透率超过 100%，如俄罗斯为 185%、意大利为 151%、巴西为 141%、德国为 140%、英国为 128% 等。

在分享经济产生的过程中，移动终端发挥了两方面的作用。首先，移动终端的普及使供给端提供服务更加便利。从国内的情况看，最近几年许多国产手机厂商开始发展壮大，技术水平不断提高。在快速更新换代的国内手机市场上，价格也不断的刷出新低，目标群体从高精尖的白领人群扩散到低收入群体如学生、进城务工人员和农村用户等。国内智能手机厂商代表有小米、华为、中兴、OPPO 等，通过宣传企业文化、知识营销等手段各自培养了一批忠实的"粉丝"。各大厂商之间的发展势头此消彼长，手机也从通讯工具变成了生活必需品，承担起除通讯之外的更多功能。同时，移动、联通和电信三家运营商的流量套餐越来越多元化，使用户可以更加方便的接入移动互联网。在这种背景下，人人皆可通过移动终端接入互联网，付出的成本也越来越低。这种便利的条件创造了许多兼职的机会，专车司机、自由工作者等可以随时获得需求信息，轻松接入分享经济平台，提供服务。分享经济的人人参与是建立在移动终端普及的基础上的，在网约车行业，司机通过移动终端接入 Uber 和滴滴出行的平台，在上面管理个人信息，完成接单、收费、与乘客互评等全部交易过程。

其次，移动终端对分享经济的第二个作用是可以随时随地地提供服务。在网络时代，更多是通过信息碎片进行传播，人们的需求也越来越表现出时效性。移动终端可以随时随地地接入互联网，既契合了人们需求心理的变化，又培养了人们的需求习惯，一个显著的例子就是手机已经成为日常生活的必需品，用户在使用手机满足即时需求的同时，也在养成随时随地消费的习惯。在分享经济平台上，需求方可以实时发布需求，供给方也可以及时响应需求，这种时间的及时性创造出更多的交易机会。一些以前因为得不到及时响应而不存在的交易，比如临时拼车、搭顺风车等服务也变成了可能。Airbnb 在 PC 端的交易量并不乐观，2013 年之后开始出现转机，是因为同年推出了手机客户端；[1] 移动行业中，需求的时效性更高，LBS（Location Base Service）技术提供即时定位服务，可以给乘客匹配距离最近的司机。在 LBS 技术出现之前，预约租车服务只能依靠电话，但是这种方式下交易的匹配速度和满意程度都非常低，无法和移动终端的叫车软件相提并论。随时随地可利用的移动设备，成熟的 GPS 定位技术，使叫车软件得到了快速的发展和普及。

移动终端的普及降低了分享经济的参与门槛，随着接入移动终端的人越来越多，分享经济的交易主体范围在不断扩大，交易主体间随时随地的联系也会创造出更多的交易机会，分享经济将会变得更加普及。

二、大数据技术成为核心动力

信息经济学认为，信息不对称是造成市场失衡的重要原因，进而会影响市场资源的配置效率和社会财富的增加。可见信息对称是影响交易的重要因素。信息化时代的到来使人们更加便捷地获取信息，信息可以在网络上实时传播，速度更快，方式更多样，存储介质更加先进。大数据技术在这种背景下应运而生。分享经济要将线下资源整合到线上，供需双方在线上交易，这种非面对面交易过程中，最重要的就是供需双

---

[1]　中银国际证券：《共享经济：下一个万亿级市场，缘起＋动力＋未来》，2015 年 10 月 9 日，见 http://www.bociresearch.com。

方的数据化。信息社会中，交易双方的行为可以通过数据化被记录下来，比如记录消费者的购买行为，可以分析消费者的偏好，更好地预测消费行为，将这种数据化的思维扩大到整个社会，就可以观察到整个社会的运行情况。

对于大数据的理解，业界提出了四个特征①：一是数据体量大（Volume），据百度公布其网站导航每天可以提供的数据量是 1.5PB（1PB=10 亿 GB）；二是数据类型繁多（Variety），大数据关注包含各种细节的非结构化数据，强调小众化、体验化的特性；三是数据的价值密度低（Value），价值密度与数据体量成反比，大数据为获取事物的全部细节，通常不对数据进行抽象和过滤，这就使得数据的价值被冲淡；四是数据的处理速度快（Velocity），由于大数据的体量巨大，数据的交换行为非常频繁，新数据的产生速度是非常快的，在这种情况下，如果数据得不到及时处理，就会丧失时效性的价值。

分享经济在大数据的驱动下，实现了经济发展方式的创新，使过去那种依靠资源要素投入的发展方式转变为依靠技术创新来驱动，充分调动了现有的闲置资源。大数据和分享经济的关系是相辅相成的，分享经济的发展离不开大数据的有力支撑，而大数据行业也开始借鉴分享经济的思想，形成数据大范围高效率分享的局面。以共享金融为例，与传统金融中介主要为大企业服务不同，共享金融的服务对象主要是中小企业，解决了金融服务的长尾用户难题。中小企业普遍面临融资难和融资贵的问题，主要是因为国内尚没有形成一套完善的信用体系。为解决征信难题，已经出现了征信公司与互联网公司合作提供数据包裹服务，数据包裹里包括目标公司的信用评分、信用检验和风险预警等，对共享金融机构的风险定价有很大的帮助，完善了金融服务的信用环境。共享金

---

① 祝智庭、沈德梅：《基于大数据的教育技术研究新范式》，《电化教育研究》2013 年第 10 期。

融机构借鉴分享经济的思想，也实现了金融数据的全方位共享。许多互联网金融公司已经搭建了大数据共享平台，同时共享评分结果和金融产品，根据信用评级机构的评级分数和借款人提供的家庭情况、借款用途、借款金额和愿意支付的最高借款利率等，对借款人进行市场细分，贷款人可以参考借款人的情况，决定是否提供贷款，或者参与竞标由借款者选出利率低者。商业银行也在搭建大数据平台，通过引进外部数据，完善内部数据，创建起自身的大数据产品并与其它机构共享。比如民生银行的阿拉丁大数据平台，通过行内员工和各分行分享的数据，形成了良好的数据应用环境。

大数据正成为推动分享经济向前发展的核心推动力，目前中国已经将"大数据"上升为国家战略，有助于进一步推动分享经济的快速发展。预计 2016 年至 2018 年中国大数据市场规模将维持 40% 左右的高速增长[①]，大数据为分享经济的发展提供了可靠基础，提高了处理海量交易数据的速度，能够准确找出联系从而做出正确的决策。

三、其他方技术的成熟使分享成为可能

分享经济商业模式下，供需双方通过电子交易平台相互联系，完成交易，这种交易模式通常面临很大的不确定性，伴随着"交钱不给货"或者"给货不交钱"的风险，供需双方之间没有信用基础，可能退出交易，最终导致交易失败。除供需双方外，还存在交易平台方、电子支付平台、监管方等其他参与方，本节中统一称之为其他方。其他方的参与完善了交易过程，使供需双方可以在安全、信任的环境中实现交易，为分享经济的实现提供了重要支撑。

分享经济的交易平台方需要确保交易在安全可靠的环境下完成，因此需要 LBS 定位技术、动态定价机制和信用评价体系。LBS

---

① 吴根平：《以大数据战略推进分享经济》，《学习时报》2015 年 12 月 28 日。

（Location Based Services）又称基于地理位置的服务，是指移动网络利用特定的定位技术来获取移动用户的位置信息，并在电子地图平台的支持下为终端用户提供相应服务的一种增值业务，[1] 主要包括定位导航、社交分享、信息搜索、娱乐游戏等多种服务类型。[2]LBS 在分享出行领域的应用较多，例如打车系统中，平台通过 LBS 技术对乘客进行精准定位，并向乘客显示距离较近的司机，使服务情况一目了然，避免了传统出租车行业中乘客对供应方一无所知的情况。共享单车的出现解决了人们出行最后一公里的问题，但是在共享单车发展的早期，出现了许多信用问题。比如有的共享单车被私自上锁、被藏进室内、被停放在不合理的区域等。LBS 技术是解决这些问题的重要一环，每一辆共享单车都可以在相应的 APP 上被定位到，解决了用户找车的痛点，上海市已经推行共享单车的"电子围栏"技术，用户只有将共享单车停在 LBS 技术可以监测的区域才会停止计费，从而改善共享单车乱停放的局面。

动态定价机制是为了通过调整价格来改变供需关系，比如 Uber 的动态定价就是在需求大于供给时自动加价，从而吸引更多的供给方提供服务，或者用高价格过滤掉部分需求方，最终实现供需双方的平衡。分享技能领域也采用了动态定价机制，比如人人快递、校内达等快递公司，采用固定价格加浮动价格的定价模式，其中浮动价格就是根据配送距离的远近制定动态价格；任务众包平台猪八戒，是在考虑了团队经验、专业能力等方面后采用动态定价，使高质量的服务得到合理的报酬，保证市场公平。

分享经济作为一种全新的商业模式，其交易过程中存在着"交货不给钱"或者"给钱不交货"的风险，作为风险厌恶者的交易主体可能

---

① 李海燕、张岩：《移动通信网络的移动台定位技术及应用》，《邮电设计技术》2006 年第3 期。

② 刘锦宏、王欣、卢芸、徐丽芳：《LBS 信息用户态度和行为研究——基于武汉地区大学生群体的实证研究》，《图书情报知识》2013 年第 3 期。

选择退出市场，导致交易失败。① 电子支付平台在解决这个问题上发挥了重要作用：一是解决交易双方的信息不对称，电子支付平台作为独立的第三方，在交易完成前可以保管货款，保证交易过程的透明和公正；在交易完成之后，可以提供退货机制和评价机制，对退换货进行监督。二是解决交易过程的不确定性，电子支付平台作为独立的机构，与交易双方无利益关联，可以用自身的稳定性和独立性为交易提供保障，使交易双方对彼此的担心转化为对电子支付平台的可靠性的检验，从而分散了风险。

分享经济的发展需要技术支持，良好的技术环境使供需双方的联系更加便捷，保证了交易过程透明和市场公平，使分享经济的快速发展成为可能。在技术条件的支持下，分享经济已经在全世界实现迅猛发展，并渗透到了各行业中，未来必将成为主流的经济模式。

第三节　分享经济将发展为主流经济

在现实需求和技术条件的作用下，分享经济开始在世界经济舞台蓬勃发展。作为一种绿色可持续的经济发展方式，分享经济对世界经济发展的推动作用受到了许多国家政府的重视，发展态势良好并逐渐形成了全球发展格局；此外分享经济也已经渗透进各个行业中，出行、短租、金融、教育、医疗、制造业等领域的分享经济呈现出蓬勃发展的态势；在经济全球化的大趋势下，未来的分享经济内涵更加深刻，外延更加广阔，促使越来越多的传统企业进行转型升级，并重塑就业形态，在良好的监管体系中继续全球化的进程。

---

① 李育林：《第三方支付作用机理的经济学分析》，《商业经济与管理》2009 年第 4 期。

一、全球分享经济的迅猛发展

分享经济已经成为全球经济热点。经济危机后,分享经济作为经济发展的新出路开始受到重视,尤其是最近几年呈现井喷式发展形态。

2015年被牛津词典在线录入,普华永道对分享经济的分析预测称,2025年全球分享经济的规模将达到3350亿美元,相对于2015年的150亿美元,分享经济在今后的十年中将出现20倍的增长。美国是分享经济最初萌芽的国家,是分享经济热潮的中心,同时也是分享经济创业企业最多的国家。目前美国的分享经济企业数量已经超过400家,融资规模近200亿美元,在多个行业诞生了估值超过百亿美元的独角兽企业。[1]同时美国民众对分享经济也有很高的好感度,根据普华永道和BAV公司在2014年的一项调查,接近一半的美国民众对分享经济较为熟悉,近两成的民众表示自己曾经参与过分享经济,其中最热衷分享经济的人群是18—25岁的年轻人,以及年收入5万—7.5万美金的上班族和年轻的父母们。[2]在民意的感召下,政府对分享经济总体表现为好感倾向,各州的具体做法有不同,NLC(美国城市联盟)对美国30个城市进行了分享经济情感调查,其中9个城市持完全积极态度,其余21个城市持混合态度,并准备着手制定与分享经济有关的政策。

西欧国家如德国热衷于汽车共享,据Bitkom(德国信息产业、电信和媒体协会)在2016年的统计,超过一半的民众对汽车共享感兴趣,汽车厂商戴姆勒于2009年就推出了"城市绿色出行"的汽车共享方案,宝马公司也推出了"Drive Now"的汽车共享活动。法国的二手交易市场较为活跃,据Mediaprism民调显示,49%的法国人愿意购买二手商品,77%的法国人希望将家里的闲置物品分享出去。其二手交易网站如Leboncoin.cn在欧洲的排名仅次于eBay,在法国国内的点击量是

---

[1] 西京京、叶如诗:《美国分享经济考察调研报告》,《互联网天地》2016年第10期。

[2] 张笑容:《分享经济在世界各国发展情况:一场风暴正在席卷全球》,2017年4月25日,见 https://baijia.baidu.com/s? old_id=308516。

eBay 法国的四倍。① 英国位于欧洲西北部，其国内分享经济的规模曾超过法国、西班牙和德国三国的总和，普华永道预测英国在 2025 年分享经济规模可达 90 亿英镑。根据英国商务部的数据，25% 的英国国民有过分享财产、技能的经验，而且分享经济也给年轻人和妇女带来了可观的收益。② 瑞士是一个中欧国家，2015 年德勤对瑞士居民参与分享经济的调查显示，已有 18% 的瑞士居民参与过分享经济，另有 55% 的居民表示会在未来一年内体验分享经济，其中最受瑞士人欢迎的是出行和住宿领域的分享经济。

　　亚洲各国中，日本作为经济强国，分享的文化由来已久，随着第四消费时代的兴起，国民不再过分地追求私人占有，转而寻找简约的生活方式，为分享经济的发展营造了良好的氛围。③2014 年日本共享经济的市场规模是 150 亿美元④，矢野经济研究所数据显示 2015 年日本国内分享经济市场规模持续增长 129%⑤。2016 年，日本分享经济协会针对住宿行业分享经济发展，通过了《公开征求意见书面意见书》并开始实施。印度的网络普及率虽然不高，但是由于人口基数大，其国内网民数量位居世界第二，仅次于中国。网民红利给分享经济在印度的发展奠定了民众基础，在出行、短租、教育、技能等领域都有较好的发展，其中 Olacads 是分享出行领域的独角兽企业，2014 年完成了 4200 万美元的 C 轮融资。以色列被称为"中东创新硅谷"，具有科技优势，有助于分享经济的发展，在出行、金融、技能等领域出现了自己的分享经济企业。如分享出行的 Gett，截至 2016 年已获 2.2 亿美元融资，技能分享

---

① 《2016 分享经济海外发展报告》，2017 年 4 月 25 日，见豆丁网：http//www.docin.com/p-1719833024.html。

② 徐俊：《英国如何推动分享经济的发展》，《中国经营报》2016 年 2 月 22 日第 48 版。

③ 三浦展：《第 4 消费时代：共享经济，让人变幸福的发趋势》，东方出版社 2014 年版。

④ PwC., *The long view：how will the global economic order change by 2050*？见 http：//www.pwc.com/gx/en/issues/economy/the-world-in-2050.html。

⑤ 张宁：《日本共享经济发展现状与趋势研究》，《企业改革与管理》2016 年第 13 期。

企业 Fiverr 在 2016 年获得了 1.1 亿美元的融资。"花园城市"新加坡，注重建设节约资源、环境友好的发展道路，因此具有绿色可持续特征的分享经济备受欢迎。其中汽车分享领域发展较好，已有 Grab Taxi 等领先企业，Grab Taxi 的估值已经达到 15 亿美元。

中国作为一个世界经济大国，在分享经济领域中，也保持了良好的发展态势。2016 年中国分享经济市场交易额约为 34520 亿元，比上年增长 103%，融资规模约 1710 亿元，同比增长 130%。[①] 此外，分享经济开始享受政策红利，去年一年中国政府密集出台一系列促进分享经济发展的政策，比如将分享经济写入了政府工作报告，明确支持分享经济发展，提高资源利用效率，让更多的人参与进来、富余起来。分享经济企业解决了大量的下岗职工再就业难题，2016 年为分享经济提供服务的人数为 6000 万，平台员工人数为 585 万，仅滴滴出行去年一年就提供了 1750 万个就业岗位。

分享经济已经受到了多国政府的重视，在全球范围内形成了分享经济的发展热点，随着全球经济一体化进程的加速，分享经济的绿色发展之路会越走越宽阔，也会有更多的国家加入分享经济的行列。

二、分享经济已经渗透进各行业

分享经济是目前全球最活跃的经济形态，作为互联网经济的代表，充分体现了经济发展对互联网及相关信息技术的利用，在多方参与、自愿交换、多对多等多种交易模式的分享经济平台上可实现资源私人占有到公众使用，可实现高效利用社会资源的目标，体现了其巨大的社会价值和经济价值。作为全球热点的分享经济，从最初的出行、分享空间等快速渗透到技能、设备设施、生产能力等行业，已渗透到各个行业中。

---

① 国家信息中心分享经济研究中心：《中国分享经济发展报告 2017》，2017 年 2 月 28 日发布。

1. 分享出行

分享经济起步于出行领域，因此分享出行发展已经相对成熟。根据司机与平台之间的关系，可以将服务模式划分为 C2C 和 B2C 两种类型。C2C 是指司机和车辆属于线下资源，平台只负责整合资源并配对，平台自身不拥有车辆和司机，是一种轻资产运营模式，代表企业有 Uber 和滴滴出行；B2C 是指平台拥有车辆和职业司机，在接到出行需求后指派专车服务，属于重资产运营，代表企业有神州租车、易到用车等。Uber 成立于 2009 年，目前已覆盖全球 70 多个国家和 400 多座城市，并于 2014 年 7 月进驻中国大陆，经历了与滴滴出行的市场争夺战之后，在 2016 年 10 月宣布退出中国市场；滴滴出行成立于 2012 年，提供专车、出租车、顺风车、拼车等服务，最新估值达 2280 亿美元，位列中国未上市独角兽公司第三；神州租车 2007 年成立于北京，2014 年在香港联交所主板上市，最新财报显示，去年总收入达 64.9 亿元，同比增长 29%，今年年初获得中国银联、浦发银行的 46 亿元的战略投资。

2. 分享空间

短租行业中的分享经济呈现出良好的发展路线。国际上的短租行业有 Airbnb，目前已获 E 轮融资，公司估值达到 310 亿美元，并于今年年初首次实现盈利，营业额增长超过 80%，已经成为全球短租行业模式的典范。国内的短租行业有小猪短租、蚂蚁短租、途家网等，形成了 B2C（Business-to-Customer）和 C2C（Customer-to-Consumer）两种典型的商业模式。国内 2016 年短租市场交易额约 243 亿元，同比增长 131%。主要住房分享平台的房源数量超过 190 万套，用户总人数约 3500 万人。[①] 除了住房可以分享，Wework 和优客工场等企业致力于将办公空间分享出去。Wework 在成立初期是面向创业人士提供服务，目

---

① 国家信息中心分享经济研究中心：《中国分享经济发展报告 2017》，2017 年 2 月 28 日发布。

前已经入驻全球 23 个城市；优客工场成立于 2015 年，主要面向小微企业和创业企业，不仅提供办公空间还提供创业指导等；目前国内还有一些比较有代表性的共享办公空间企业，如小样青年，方糖小镇等。

3. 分享金融

随着互联网金融和共享金融的不断崛起，分享经济在金融领域已经得到了较好的发展，其中最为典型的两种模式是 P2P 网络借贷和互联网众筹。P2P 网络借贷又称点对点网络借款，是一种将小额资金聚集起来借贷给有资金需求人群的一种民间小额借贷模式。P2P 网络借贷在许多国家发展已经较为成熟，有了相对完善的模式，目前较著名 P2P 网络借贷平台主要有美国的 Prosper、LendingClub，两家公司在 2016 年的交易量约为 24 亿美元；英国的 Zopa 是世界上第一家 P2P 平台公司，2016 年借款总额超过 1.9 亿英镑，并于 2015 年开始将业务扩展到为小微企业提供商业贷款；西班牙的 Comunitae 最初采用 P2P 的模式提供信用借贷，2014 年转型为一个 P2B 平台，专门开发小型企业贷款。众筹平台中较为著名的有 Kickstarter，专门为具有创意方案的企业进行筹资；Crowdcube 是全球首个股权众筹平台；Idea.me 是一家阿根廷众筹平台，在拉丁美洲处于领先地位；Pozible 是一家世界排名第三的澳洲众筹平台，现在已经进入中国市场。

4. 分享教育

分享教育模式中最为普及的是在线课堂模式，已有较为成熟在线课堂如 EdX、Coursera、网易公开课、沪江网校等。EdX 是一个非盈利目的的项目，可以提供网络在线课程服务，此外麻省理工和哈佛大学为了促进教学方法中现代技术的运用，在该平台上进行教学实验，并通过学生对在线课程的反馈不断完善课程项目；Coursera 的合作院校包括斯坦福大学、密歇根大学、普林斯顿大学、宾夕法尼亚大学等美国名校，学生有 2/3 来自海外，其中约 41000 人来自中国，占总人数的 40% 左右；网易公开课是中国门户网站"网易"推出的"全球名校视频公开课"项目，提供包括耶鲁大学、哈佛大学等世界知名学府的涵盖人文、社会、艺术、金融等领域的课程；沪江网校是沪江旗下的优质课程平台，以社区学习为核心，主要包括语言学习、留学服务、升学指导和职业职场四大服务内容。

5. 分享医疗

分享医疗目前已经有四种运营模式：一是医生在线问诊。美国的医疗服务已经从 HTH（Hospital-to-Hospital，医院到医院）的时代进入了 DTP（Doctor-to-Patient，医生到患者）时代，典型企业如 Teladoc，国内的在线问诊竞争激烈，已有平安好医生、春雨医生、好大夫在线等颇具规模的企业。二是医生和护士上门服务。这种模式在国外已经落地，如 Medicast、Heal、Pager 等，国内提供医护人员上门服务的企业有 Go 健康、宣太医等；三是分享医疗设备。国外代表企业为 Cohealo，构建了集中化管控的云平台来跟踪注册医院的设备，医院的临床运营团队可以基于平台搜索、预订所需设备，实现设备在医院间的分享；国内已经出现床位分享的企业，如名医主刀、益康就医；四是医生多点执业。在我国，医生的执业方式一般固定在医院，而西方发达国家有更加灵活的执业方式，目前国内开始出现一些医生集团，如心脏联盟、中康医生集团、上海智慧医疗心脏专家联盟等，可以看做向自有执业方向的发展。

6. 分享技能

采用分享经济的思维，借助互联网技术，技能分享涌现一批新兴企业，如 TaskRabbit、Zaarly，以及国内的 58 到家、小鱼儿、在行等。TaskRabbit 最初以拍卖竞价的模式运营，人们可以在网站上发布任何需求，比如组装家具、打扫房间、送快递等，任务被领取并完成之后，雇主支付佣金，交易结束。Zaarly 是一个基于位置的实时交易市场，帮助人们雇佣附近的人去完成一些任务。58 到家提供的是上门家政服务，采取 O2O 的商业模式，对工作人员进行专业培训，目前已是国内上门家政服务的龙头企业。小鱼儿是服务业众包的电子商务平台，众多创客在此提供服务，所有的交易都事前明码标价，通过交易累计信用和评价，而平台主要依靠积累的用户，日后通过提供增值服务和大数据分析来盈利。分答是国内领先的付费语音问答平台，2016 年 5 月上线，上线后仅 42 天，就积累了 1000 多万授权用户，付费用户达到 100 万，交易总金额超过 1800 万，目前已经获得 1 亿元的 A 轮融资，被视为进入知识付费时代的标志。

7. 分享生产力

生产能力分享指的是通过互联网平台，将不同企业闲置的生产能力整合，实现产品的需求方和生产的供应方最有效对接的新型生产模式。① 目前国内已有沈阳机床和阿里淘工厂两家代表企业。沈阳机床在 2012 年推出 i5 智能化控制系统，在大数据的基础上，实现机床闲置时间的共享，满足不同客户的生产需求。阿里淘工厂主要为解决淘宝卖家面临的订单规模小、翻单快、设计成本高的问题，2013 年 12 月上线，两端分别连接着淘宝商家和各工厂，通过开放最近 30 天的空闲档期，让工厂把产能商品化，兜售给有订单量的淘宝商家。分享生产力有望成为分享经济未来的发展主力，基础设施、生产设备和能源的分享将会越来越普遍，对制造业的升级有着不可估量的作用。

三、分享经济将成为主流

分享经济是社会现实需求和技术革命助推的产物，目前呈现出势不可挡的发展态势。随着分享经济成为主流，社会实现私有向公用的转变，将会进一步提升资源的配置效率，消化过剩产能，促进传统产业转型升级，化解创新创业的资源约束，最终在全社会实现绿色可持续发展。

---

① 信息研究部：《六大领域分享经济发展概况（之六）：生产能力》，2017 年 4 月 25 日，见 http://www.sic.gov.cn/News/249/6113.htm。

1. 进一步提升资源配置效率

随着越来越多的人参与到分享经济中来，分享经济的交易范围也会越来越大，覆盖的资源也越来越丰富，对资源的配置效率将会得到进一步的提升。

现代交易的主体分享经济搭建了一个"多边平台"，平台上的群体包括供给方、需求方和监管机构、信用评级机构等其他第三方，他们之间可以直接互动，沟通成本很低，节约了时间和资金。作为一个开放的平台，随着分享经济的影响力的增加，入驻平台的主体数量会越来越多，届时平台会产生网络效应，即产品和服务的价值随着用户的增加而增加。交易空间中主体密度越多，相互之间碰撞产生交易机会的概率就越高，以前一些没有交易渠道而无法参与交易的资源可以进入流通领域，提高自己的使用率，对整个经济社会而言，就可以提升总体的资源配置效率。

2. 消化过剩产能

高投资重生产的传统经济模式下，社会物质资源极大丰富，充分满足了人们的物质需求，但是出现了全球范围内的产能过剩问题。而分享经济本质上强调将使用权公用化，摒弃对所有权的追逐，可以很好的消化过剩产能。

分享经济消化过剩产能主要通过两个步骤：首先是分割、整合过剩产能，形成可利用资源。比如阿里淘工厂分享生产力的实例，许多生产商在生产淡季接不到单，机器设备和生产资料的使用率几乎为零，而生产旺季又会出现生产力供不应求的现象，与传统生产商出租整个生产周期的方式不同，阿里淘工厂将生产周期重新划分，整合成为更加灵活的短期生产能力，充分调动各个阶段的生产力；第二是通过将资源开放，创造新的价值。重新整合而成的生产力必须在分享经济的平台上开放才能被利用，阿里淘工厂平台的生产能力（如生产期、接单数量等）会发布在平台上，有需求的淘宝商家可以自主选择，实现生产力的再利用。

3. 促进传产业转型升级

传统企业在面对分享经济的巨潮时，可以选择观望、主动参与和被动承受。传统企业应该认识到，分享经济既是挑战又是机遇。抓住时机往往能带来倍增的发展速度，而错过时机消极应对可能会遭淘汰。

许多理念先进的传统企业在积极转型，应对分享经济的浪潮。汽车行业的几大巨头纷纷出台创新方案，宝马公司投资分享停车公司 Justpark，并推出 Drive Now 项目，致力于汽车共享；通用汽车与 Relayrides 合作，为用车人提供点对点服务；戴姆勒集团为盘活自有闲置车辆，创建了分享租车服务 Car2go。传统酒店行业如万豪集团（Mariott）与 LiquidSpace 公司开展合作，为万豪的闲置房源寻找到有需求的创业者和小微企业；喜达屋（Starwood）酒店集团也与 Desks Near Me 公司开展了类似合作。家居巨头宜家在 2010 年就推出了旧家具共享活动，鼓励客户之间分享旧家具，解决客户旧家具的烦恼的同时还创造了商机。海尔集团提出了由制造产品向制造创客转型的战略，以满足当前需求个性化、生产分散化的市场新方向。徐工集团推出"路之家"平台，为道路机械用户提供综合信息服务。传统企业拥抱分享经济是必然趋势，未来将会有更多的转型企业出现。

4. 化解创新创业的资源约束

创新创业风险成本高，很多企业由于在初创时期面临资源约束而死亡，分享经济能盘活社会闲置资源，提升资源的配置效率，也可以缓解创新创业的资源约束问题。

目前已有数百万 3D 打印技术被应用在建筑、设计等领域案例，创业企业通过 3D 打印技术，将廉价以获取的材料打印成新的产品，已经有人利用旧冰箱中的废弃材料在三个小时内打印出了一把多种色彩的椅子，3D 打印的房屋可以作为新的办公场所，节约企业固定成本。此外，分享经济下产生了新的就业形态，也有利于为创新创业企业提供人才保障。传统经济下的就业模式为"企业＋职工"，属于劳动雇佣制度，雇佣双方关系非常牢固。这种模式下个人对组织的依赖程度高，只有依附于一定的组织才能获得劳动机会，个人潜力只有在办公室、流水线上才能体现出来，因而不利于创新创业的开展。而分享经济依靠平台而立，参与者在平台上交易，与平台的关系相对灵活，这种"平台＋供给方"的就业模式给供给方提供了灵活的工作机会，有利于创新创业的开展。

5. 实现绿色可持续发展之路

分享经济强调使用权从私有变为公用，重视资源配置效率，力图走出一条绿色可持续发展之路，实现建设"资源节约型，环境友好型"社会的目标。

分享经济将以对物品实现私人占有为目的的传统消费观念转变为分享物品使用权的绿色消费观念。分享经济鼓励对存量资源的深度挖掘和再利用，受到众多消费者的欢迎，消费者不再拘泥于对物品占有，而是在方便的使用过程中达到目的，避免社会陷入过度生产和滞销的境地。分享经济与传统行业之间会有一个博弈过程，实现绿色可持续发展是双方博弈的双赢结果，具体来说就是在分享经济平台上，产品和服务产生了集聚效果，直接减少传统行业中的商品和服务需求量倒逼传统行业转型升级，在传统行业与分享经济的博弈互动过程中，整个社会的经济发展将会在正确的理念指导下走向绿色经济可持续的道路，这也是传统经济和分享经济的双赢局面。另外，在分享经济中资源可以得到高效利用，废品的概念会被颠覆，以前被视为无用之物的废品在分享经济中可以体现价值，因而整个社会的废品率和污染排放量将大幅降低，由此产生的增量效应将催生出新的需求，从而使经济社会在产业转型中保持稳定增长，最终会实现全社会经济的绿色可持续发展。

第 三 章
分享经济学的内涵与范畴

分享经济是产能过剩、资源与环境约束、经济危机频发以及移动互联网等现代信息技术发展条件下出现的新经济范畴。分享经济的迅猛发展缓解了传统经济模式下由于人们的过度生产、过度消耗以及无节制攫取、非理性亢奋等所导致的资源闲置、资源浪费和环境破坏等，可以使整个社会的发展开始沿着一条可持续绿色发展之路进行。分享经济对"不经济"社会现象进行改善的实质原因在于其产权从私有到公用的变革。因此，此处在前述分析的基础上，主要从产权角度，在分析分享经济产权变革表现的基础上从产权角度出发对分享经济的内涵进行定义，同时从其内涵出发对分享经济模式实现绿色发展模式的具体路径进行阐述。在内涵研究的基础上，强调分享经济学是一门可以实现一切皆可分享的理论科学，表明分享经济活动不仅在人们所认知的生活服务业展开，其在知识技能领域、传统工业制造业领域以及现代农业领域的践行更加印证了分享经济对于社会可持续发展的积极意义。因此，在内涵研究的基础上按照这个思路定义分享经济学的具体研究范畴，为更好地理解本书主题奠定了基础。

第一节　分享经济的内涵

分享经济作为一种新经济模式，关于其内涵和范畴的讨论一直是理论界、实业界讨论的热点。20 世纪 70 年代，分享经济的概念首次被马科斯·费（Marcus Felson）和琼·斯潘思（Joel Spaeth）提出。他们认为分享经济是拥有闲置资源的个人或者机构有偿将资源使用权让渡给他人使用的行为。随后，随着互联网技术的发展以及分享经济现象在全球范围内的盛行，学术界对分享经济的认识也在不断深化。因此，本书对分享经济的内涵进行界定，是在总结前人对分享经济现象的描述的基础上，从产权形式转变的角度对分享经济进行重新定义，从而对分享经济提出一个崭新的内涵。

一、关于分享经济内涵讨论

正如前文所说，分享经济的影响力引起了学术界对这个领域的广泛关注，学者们开始从不同的角度入手对分享经济进行定义，从而形成了不同的概念界定。

国内外学者对分享经济的定义主要是通过"协作消费""网络经济""使用权交易"或者"点对点经济"这些不同的术语进行解释[1]，从而就分享经济环境中的消费模式、分享经济的实现路径以及分享对象对分享经济进行研究。

2010 年，英国著名学者雷切尔·布茨曼在作品 *What's Mine Is Yours* 中，将分享经济表述为"协作消费"。"协作消费"是指可以实现凭借更低的消费成本或者消费压力来获得包括代码、生活以及各种离线资产资

---

[1]　谢志刚：《分享经济"的知识经济学分析——基于哈耶克知识与秩序理论的一个创新合作框架》，《经济学动态》2015 年第 12 期。

源在内的几乎相同的资源财富的一种消费模式①。"协作消费"的定义说明了分享经济意味着一种消费模式的改变。这种消费模式有效地缓解了进行完整产权交易的低效性，从消费者的角度出发将分享经济更多地用"协同消费"或者"合作式消费"进行表述。Constantinides 等人（2008）将分享经济定义为一种"点对点经济"，他认为通过在社会网络中实现供给与需求的匹配促进的是"P2P 交易"也就是"点对点交易"，因此，可以将分享经济理解为一种"点对点经济"②。这两种表述表明分享经济模式实际上是传统消费模式的转变。Benkler（2004）把分享的概念描述为基于社会行为的一种互惠活动，这种经济活动在社会网络中进行，通过互联网平台实现，可以同时满足需求者的资源需求和供给者的额外报酬，因此，可以将其理解为一种互惠的"网络经济"。郑志来（2016）从分享经济的实现路径出发，将分享经济定义为一种去中介化和再中介化的过程③。所谓去中介化，是指分享平台的使用省去了传统商业组织这一中介环节，降低了交易的时间成本和物质成本。所谓再中介化，是指分享平台的使用成为分享经济所依托的崭新的中介形式。罗宾·蔡斯（2015）认为共享经济是产能过剩、共享平台与大众参与这三个要素参与下发展出来的经济模式④。张红艳等（2016）侧重于从互联网共享经济角度对共享经济进行阐释，指出互联网共享经济是人们通过互联网平台实现使用权转移从而实现互惠互利的一种商业模式⑤。上述定义强调了分享经济是通过网络平台实现的，从而指明了分享经济下分享平台的

① Botsman Rachel and Roo Rogers, *What's Mine Is Yours*：*The Riseof Cloooborative Consumption*, New York：Harper Business, 2010.

② Constantinides, E. and S. Fountain, "Web 2.0：Conceptual foundations and marketing issues", *Journal of Direct*, *Data and Digital Marketing Practices*, Vol .9, No.3 (2008), pp.231-244.

③ 郑志来：《分享经济成因、内涵与商业模式研究》，《现代经济探索》2016 年第 3 期。

④ [美] 罗宾·蔡斯：《共享经济》，王芮译，浙江人民出版社 2015 年版，第 2 页。

⑤ 张红艳、范嵩、王希、何文豪：《互联网共享经济模式分析》，《现代商业》2016 年第 1 期。

重要作用。Belk（2007）将分享的概念描述为在有限时间内没有转移法定所有权的财产分配过程①，将分享经济定义为一种使用权的交易。闫德利指出，分享经济是一种将闲置资源的使用权让渡给他人使用的有偿转让活动②。而何哲（2015）将分享经济与中国的实际相结合，将分享经济定义为传统经济模式下难以进行流通的生产生活资源凭借新的技术手段在社会范围内进行流通使用，从而创造新的社会价值的经济模式③。这部分学者的解释一方面将分享经济活动的范围定义在闲置资源，另一方面突出了分享经济进行的是使用权的转让交易，强调了资源在社会范围内的流通共享使用。分享经济下强调的是使用权而并非所有权，因此分享经济可以视为是对使用权进行的交易，这种观点与本书所要阐述的观点比较一致。

　　总结上述讨论结果，可以得到一个结论：国内外学者对分享经济的界定多是从分享经济活动现象出发，对分享经济现象进行的描述。这种描述侧重对分享经济的分享对象、实现方式、分享结果进行描述，总结出分享经济是建立在产能过剩和互联网信息技术飞速发展的背景下，利用互联网等现代信息技术平台整合、分享海量的闲置资源的过程。

　　在描述性概念界定产生广泛影响的基础上，部分学者开始讨论分享经济为社会带来的积极影响，其中就包括关于分享经济所提供的绿色发展模式的讨论。杨帅（2016）将分享经济定义为一种绿色发展模式，他指出分享经济需要借助分享平台分享住房、汽车、知识、技能和其他闲置能源，这种模式可以在满足社会需求的同时提高社会资源配置效率从而实现绿色发展④。这种绿色发展不仅体现了分享经济在满足社会需

---

① 刘倩：《分享经济的经济学意义及其应用探讨》，《经济论坛》2016 年第 9 期。
② 闫德利：《分享经济的内涵、特征与发展情况》，《中国信息化》2016 年第 6 期。
③ 何哲：《何哲：发展分享经济首次写入党的全会决议列入国家战略》，2015 年 11 月 2 日，见 http://politics.people.com.cn/n/2015/1102/c1001-27765675.html。
④ 杨帅：《分享经济类型、要素与影响：文献研究的视角》，《产业经济评论》2016 年第 2 期。

求方面的积极作用，更强调了分享经济在社会可持续发展过程中扮演的重要角色。

尽管学术界对分享经济的理解越来越透彻，但对分享经济的现象描述都忽略了其产权从私有化向公用化转变的实质。因此，从产权角度出发给分享经济的内涵进行重新定义，能够更容易地理解分享经济带来的这种绿色发展模式。

二、分享经济的内涵界定

截至目前，学术界对分享经济的研究主要集中在商业模式、案例研究方面，侧重于对分享经济活动现象的阐释。分享经济是建立在分享平台与互联网技术、大数据分析技术、移动支付技术等蓬勃发展的基础上对闲置资源甚至是一切可以分享的资源进行使用权分享的经济现象。这种分享的实质是对资源的一种优化分配过程，强调了资源的私人占有向公共使用的转变，意味着分享经济实质上是一场从私有到公用的产权革命。因此，对分享经济的内涵进行界定，需要对这种实质进行强调。

本书在前人研究的基础上，通过整理分享经济的参与对象、实现路径以及实践结果，从产权角度出发得到分享经济一个全新的内涵：

分享经济是指利用移动互联网等现代信息技术低成本、高效率整合和优化配置海量的、分散化的信息知识、技术智能、生产能力等资源，满足社会多样化需求和可持续发展的经济活动的总和，其实质是使资源由私人所有制到公众使用的深层次产权变革，可有效化解经济发展中资源浪费、产能过剩、经济危机频发等"不经济"增长问题，并将成为主流经济模式。

对分享经济的内涵，可以从以下几个方面展开理解：

1. 分享经济强调"使用权交易"，实现私有产权公用化

分享经济学可以看成是一门由产权观念向分享观念进行转变的科学，亦可以说是一场产权的革命。分享经济学下强调的是"使用并非占

用"，即分享经济的研究对象之一是对使用权实行的交易。在这样一种理论体系下，资源的产权被分割成所有权、使用权、占有权、收益权支配权以及处置权，侧重于对资源使用权和所有权的区分。

在传统的经济模式下，人们对于资源的交易需要签订完整的产权契约来完成。签订完整的产权契约需要耗费大量的时间成本与物质成本，一方面造成交易成本的虚高，另一方面会使得急需资源但无力支付的资源需求者对这种交易望而却步。因此，资源的闲置与浪费成为社会中普遍存在的现象。分享经济学研究的资源交易中对资源的产权进行碎片化处理，供给者依旧享有资源的所有权，仅仅是将资源的使用权提供给需求者，从而降低了资源的使用成本，提高了资源的使用效率，使得资源在整个经济社会范围内得以更合理的优化配置。

2. 分享经济的发展依托于移动互联等现代信息技术的支撑

分享经济现象得以盛行的前提是互联网技术与现代信息技术的发展，因此，分享经济的技术支撑便是互联网平台的发展。

实际上，分享的行为早在自然经济时代就已经存在，人们可以通过分享自己所拥有的资源实现集体效用的最大化。这种"分享"实际上是一种小范围内的简单的分享活动。随着互联网技术的出现和发展，简单的分享活动逐渐向"分享经济"转变。人们不仅仅可以将自己所拥有的资源提供在网络平台上进行分享，还可以通过这种分享活动获得自己所需的服务或者资源，从而将原来单方向的"分享活动"转变成现在可以实现双向互惠的"分享活动"。互联网技术的出现，极大地拓宽了人们参与分享的范围，这种分享一方面可以实现个人之间的供需匹配，还可以实现个人或者不同组织之间的沟通合作，分享合作剩余。互联网平台上甚至可以实现有针对性的"私人订制"功能，为满足需求者的特定需求提供了保障。

分享经济依托于互联网技术，主要体现在对互联网平台特点的充分利用。互联网环境下可以不受时间和空间限制来进行信息交换，而分享经济学所倡导的信息和资源交易就是涉及整个经济社会的，突破时空的界限进行的分享活动成为分享经济学的研究主体。互联网环境下的信息交换具有互动性，分享经济学利用这种信息交换互动性实现了参与者之间自由地交流，实现了人与人之间更公平的信息分享，同时也促进了参与者之间合作意愿的形成。互联网环境下信息交换的使用成本低，分享经济学的实现交易成本低甚至为零的目标就是通过这种信息分享的低成本性来实现的。低交易成本、海量的分享资源以及广泛的交易范围，使得互联网技术成为分享经济学得以发展的基础之一。

3. 分享经济意味着传统的交易模式发生改变

所谓传统的交易模式，是指在互相了解、互相信任的基础上通过面对面的等价交换实现交易的供需双方之间进行的经济活动模式。在这种消费模式下，只有相互熟悉的供需双方才能实现资源的交换，彼此之间的交易活动需要建立在前期交易的基础上。这种交易导致经济活动范围局限在交易者的社交圈中，资源依旧处于私人占有使用的状态，不利于扩大经济活动的规模，无法实现资源的最充分使用。

而分享经济下由于互联网分享平台的参与，人与人之间的关系发生了改变。互联网的无界化、低成本性以及高受众性使得人与人之间可以突破时间和空间的限制实现跨时空的交流，使得信息、知识、技术以及生产资料等可以大规模地复制和扩散，从而实现了使用权从私有到公用的转变过程。在这种消费模式下，所有可以接触到分享平台上的参与者都可以实现公平交易，通过在平台上发布信息、分享可大量复制的资源和资料进行交易或者是形成合作关系，从而降低了交易成本、扩大了经济活动规模、改善了传统交易模式的弊端，提升了资源的配置效率。

4. 分享经济意味着一切资源皆可共享

分享经济模式下进行分享使用的是包括信息、知识技能以及生产能力等在内的所有资源。"所有资源"的概念突破了传统意义上分享经济是对闲置资源进行分享的认定，说明除闲置资源之外，处于低效使用状态的资源以及可以被高效使用的优质资源都可以成为分享经济的分享对象，分享经济意味着一切资源皆可共享。

分享经济被大众所认知是通过 Uber、Airbnb 等对闲置资源进行分享使用从而方便人们生产生活的分享平台开始的，随后，随着分享的理念深入人心，分享经济逐渐渗透到知识领域、制造业领域以及服务业领域。对知识技能的分享提高了社会整体的技术发展水平以及创新创业能力；对生产设备、过剩生产能力以及高耗能资源、高排放资源的分享促进了传统制造业行业的转型升级，同时也为节能减排促进社会绿色可持续发展发挥了重要作用；对农机设备、农业发展技能的分享促进了现代农业高效率进行，带动了农业整体发展水平的提高；对金融资源的分享实现了普惠金融的目的，扩大了金融服务的范围等等。分享经济下对一切资源皆可分享，满足了社会各类型主体对各种资源的使用需求，从而促进了社会友好持续地发展。

三、分享经济开辟绿色发展模式

前文提到了可以从分享经济现象下产权观念的改变、互联网技术的支撑以及传统交易模式的转变等层面对分享经济的内涵进行深入的理解与分析，从而更好地理解分享经济是一个从私有到公用的经济活动过程。实际上，分享经济学通过实现产权的公用化，突破资本主义私有制下的资源垄断弊端所构建的绿色发展之路也可以从这三个角度进行理解，即产权观念的改变创造的更富足的社会资源、互联网技术的支撑形成的无障碍交易平台以及传统交易模式的改变导致的全社会分工合作组织的形成，助力分享经济背景下绿色可持续发展之路的形成。其具体实现路径包括以下几个方面：

1. "所有"到"重用"创造更富足的社会资源

传统的资本主义私有制下，人们强调资源的所有权，认为只有完全拥有才能满足需求。这种资源的私有化严重影响了社会范围内资源的配置，导致产能过剩、资源垄断以及部分资源稀缺的后果。随着私有制的弊端渐渐暴露，人们开始重视资源的使用而非所有。这种产权观念的转化使得资源使用权通过共享实现了从私有到公用的过程，从而化解了传统私有制环境下的发展弊端。

这种对使用权的交易盘活了社会上存在的闲置资源、低效资源，实现了资源在社会范围内的流通和配置。通过分享，供给者所拥有的资源可以在分享平台上聚集，为需求者提供资源支持，作为回报，供给者也可以从分享平台上获取自己生产交易所需的其他短缺资源。因此，资源使用权的公用化创造更富足的社会资源可以从供给与需求两个方面来解释。

一方面，供给方可以通过资源使用权的分享挖掘原有资源的使用价值，这部分崭新的使用价值可以为社会提供全新的社会财富。正如私有制下私家车一天可能只有 5% 的时间处于使用状态，其他 95% 的价值闲置浪费。而放在分享经济的环境中，汽车所有者可以将私家车的使用权提供给其他人分享，从而用同样的资源满足社会上更多人的需求，同时也避免了原来私有制环境下的资源闲置。这样看来，对于原来这部分闲置资源的使用价值的挖掘实际上属于创造了更富足的社会财富。

另一方面，对于需求方而言，这种资源使用权的公用化加快了社会的经济生产步伐，使得原本在传统私有制环境下由于资源约束等无法开展的活动有了进行的物质基础，从而在社会原有资源的基础上开展生产创造出更富足的社会资源。正如如今网络上流行的对开源软件的分享，编程者将开源软件的代码分享给大众使用，具有创新能力和一定技术水平的使用者可以根据自身需求对代码进行使用、修改等，从而获得更多不同功能、可以满足不同需求的创新型软件，解决了传统的商业软件设计具有一定的针对性与使用局限性的问题。这样一来，通过分享原有开源软件代码的使用权就创造出了更富足的社会资源。

　　2. 互联网技术提高资源流动与配置效率

　　分享经济学的研究是建立在现代通讯技术以及互联网技术的普及应用基础之上的。分享经济所依托的分享平台是互联网平台，互联网平台上信息流通的无障碍化可以加速资源在整个经济社会中的流动，提高资源的配置。

　　在互联网技术普及之前，经济社会主要依赖口头告知、书信传递或传统交通工具对信息或资源进行传递，这种传递一方面会增加资源流动的耗时，对于资源尤其是信息类对时效要求比较高的资源的可使用性产生影响。另一方面，由于传输渠道的问题会产生资源在传输途中的损耗或者信息原意在传输过程中的改变，从而降低了资源或信息的准确性，对经济活动产生不利的影响。互联网技术的出现可以弥补传统资源或者信息传输的不足，互联网技术的使用使得人们足不出户就可以了解经济社会的变化，突破时空的限制获得自己所需的信息，因此克服了传统信息和资源传播渠道的限制与距离的约束，提高了资源和信息传递的流畅程度。不仅如此，通过互联网平台实现的交易可以同时满足交易者双方对于时间和质量的要求，需求者可以通过分享平台发布自己对于商品或者服务的时间需求、质量需求，分享平台将这种需求信息在经济社会范围内进行即时传输，接触到需求信息的供给方可以根据自身情况选择是否提供商品或者服务，从而公平合理并且几乎无时差地实现供给的优化匹配。供给者为了将自己所提供的商品或者服务区别于其他供给商，也会尽可能全面地将信息分享在互联网平台上，从而使得分享平台上传递的信息降低了供需双方之间的信息不对称，更加有效地实现了资源与信息的优化配置。

　　传统的商业中介组织的消除节约了信息和资源流通所需的时间，几乎无中间商的交易方式也避免了信息和资源在传输过程中的破坏，加速了资源和信息的流动。与此同时，分享平台下信息不对称的有效降低，分享平台下自动形成的声誉机制与信用机制更高效地实现了供需的有效匹配，提高了资源和信息的使用效率。

3."非人格化"交易提高资源的使用效率

分享经济所进行的交易模式属于"非人格化"交易，由于分享平台的使用，突破时空限制进行的交流可以在全社会形成一个合作分享的社会网络。这种社会合作网络的积极作用可以体现在分享经济学所研究的生产和交换过程中。

分享经济所进行的生产与交换是基于全社会合作分工基础上的，从生产环节来看，分享经济所研究的生产过程是基于生产工具、生产资料以及劳动力通过分享而完成的社会生产过程。在传统的生产模式下，由于生产资料、劳动力以及生产工具的个人私有，生产活动只能局限在很小的范围内进行。生产过程三要素的无法外传一方面会导致资源所有者拥有过剩产能，另一方面引起资源需求者面临着资源约束，严重影响着社会资源的有效配置。而分享经济学所研究的生产过程中，这三部分要素都可以通过分享平台在全社会范围内进行使用，需求者可以以租代买获得生产工具的使用权，拥有劳动力的劳动者可以有偿提供自己的劳动力给需求方，生产资料的拥有者也可以通过分享生产资料而受益。三要素在社会网络中流通使用，一方面改善了传统生产模式下产能过剩、资源闲置的状态，另一方面为需求者提供了生产的可能性，改善了其面临的资源约束现状，从而促进了整个社会生产过程的绿色发展。

从产品交换角度来看，"非人格化"交易模式意味着陌生人之间也可以通过分享平台实现产品交换。这种基于分享平台进行的交换是自由且公平的，参与者可以通过自由协商达成交易。分享平台的无界化、信息传递的无障碍化以及受众广泛的特点使得供需匹配度更高。产品交换也可以无时差、无地域限制地完成，从而提高了资源在整个社会网络间的有效配置。

因此说，分享经济所研究的"非人格化"交易模式促成了生产和交换得以在整个社会网络组织中合作展开，从而提高了资源的配置和使用效率，缓解了产能过剩、资源闲置、资源约束等现实问题，成为实现绿色发展道路的重要因素之一。

第二节　分享经济的范畴

从前述对分享经济的界定表明，分享经济可以实现信息、知识、智力以及生产资料等资源通过分享平台进行使用权的交易。现在分享经济已经全面渗透至各行各业，分享活动几乎涵盖整个经济社会，从而达到了一切资源皆可分享的结果。在此，按照分享经济所存在的经济领域，对分享经济的范畴进行界定，以便于更全面地理解分享经济。

一、范畴与分享经济

分享经济是新经济范畴，是相对独享经济而言的。传统经济是独享的经济，只有独享才能创造垄断，才能保持稳定的现状，也才能铸就坚固的行业壁垒并获得垄断利润。而分享经济强调资源的分享与产权观念的转变，这使得其研究范畴与传统经济的研究范畴相区别。因此，从研究范畴出发深入理解分享经济意义重大。

在具体讨论分享经济的范畴之前，首先应该理解到底何为"范畴"。所谓范畴，哲学层次对其理解为最一般的概念，这些概念反映着客观现实现象的基本性质和规律性，规定着一定时代的科学理论思维的特点。范畴是反映事物本质属性和普遍联系的基本概念。在哲学中，范畴（希腊文为 κατηγορια）概念被用于对所有存在的最广义的分类，比如时间、空间、数量、质量、关系等，都是范畴。在分类学中，范畴是最高层次的类的统称。因此，对于分享经济的研究范畴，可以理解为分享经济可以影响的经济活动领域的最高层次分类。

从分享经济发展到现在，学术界也不断根据分享经济活动的特点对分享经济活动进行分类。雷切尔·波兹曼（Rachel Botsman，2010）和鲁·罗杰斯（Rogers，2010）通过总结分享经济交易平台或者是交易方式方面存在的规律将分享经济划分为线上房屋、出行分享平台、线上闲置商品交易平台、线上众包分包平台以及线上商品生产平台这几个方面①。这种分类将分享活动所依赖的交易平台以及交易方式进行详细的分类，成为对分享经济影响领域进行解释的一种观点。杨帅则从分享经济的参与对象形式对分享经济进行划分，提出了包括个人对个人、个人对企业、企业对个人、企业对企业这四种分享形式②。Schor（Schor J.，Debating the Sharing Economy，*A Great Transition Initiative*，2014.）根据分享经济所涉及的产品或者服务形式的不同将其划分四大类：一是商品再流通，如 ebay 等；二是提升耐用资产利用率，如 Airbnb、Uber 等；三是服务交换，如时间银行等③；四是生产性资产共享，如创客空间、协同工作空间、教育平台、P2P 大学等。可以看出，学术界对分享经济的影响领域的划分多集中在依据交易形式、产品或者服务的具体形式或者交易参与方的不同而进行具体类型的划分，而此处是在结合之前学者对分享经济具体分类的基础进行创新，以分享经济所涉及的经济领域为划分依据，提出了分享经济范畴的概念。

二、分享经济的范畴

正如前文所述，随着互联网技术以及产权观念的转变，分享资源的做法已经越来越受到人们的追捧，渐渐改变着人们的生活方式。分享

① 分享经济发展报告课题组，张新红、高太山、于凤霞、李红升、胡拥军、郝凯、徐清源、蔡丹旦：《认识分享经济：内涵特征、驱动力、影响力、认识误区与发展趋势》，《电子政务》2016 年第 4 期。

② 杨帅：《分享经济类型、要素与影响：文献研究的视角》，《产业经济评论》2016 年第 2 期。

③ 伦敦经济学院研究员埃德加·卡恩创立了时间银行的模式，这是一种通过互联网平台调剂不同用户时间余缺的互利模式，每个用户通过为他人提供服务的时间来获得他人为自己提供服务的时间，互联网平台则为这种互利行为提供了重要载体。

经济活动最初通过 Uber、Airbnb 等在出行与住宿服务方面展开，然后逐渐将这种影响力扩大至经济社会的各个领域，开辟了一条绿色发展之路。分享经济之所以可以提供一种绿色发展的模式，一方面是由于对于知识技能的分享能够促进创新创业的发展，提供新技术、新产业结构的升级思路，带动整个社会知识水平的提高，另一方面是由于分享经济对生产制造业、农业领域提供的新生产模式和资源分享机制，有效地解决了资源闲置、高耗能高污染的生产现状，实现了经济与社会友好协同发展的目的。因此，从绿色发展之路分析分享经济的范畴，不仅要对传统的服务分享进行讨论，还需要对为绿色发展提供知识基础的知识技能分享、对实际进行绿色发展践行的生产制造业分享以及农业分享进行讨论。

（一）服务业分享

分享经济最初被人们所认知，是通过 Uber、Airbnb 在人们生活产生的影响而实现的。分享经济服务业的发展直接作用于人们的生活范畴，通过降低生活成本、进行更有效的资源配置而创造更大的社会福利。服务业所开展的分享活动可以划分为衣食住行服务分享、其他生活服务分享以及金融服务分享三大方面。

一是衣食住行生活服务分享。

分享经济最初被大众所认知，主要是通过对 Uber、Airbnb 等生活软件的使用所实现的。这种通过获悉大众的生活所需而搭建起来的分享平台，从衣、食、住、行等方面改变着人们的消费方式，为大众提供了更便利的生活条件。Zipcar、Uber 的出现开辟了出行分享的新局面。这种出行新模式使得人们不用购置车辆，通过分享私家车所有者的闲置座位就可以实现出行需求。优步引入中国，带动了中国交通领域分享经济的发展，促进了滴滴打车、快的打车等国产品牌的出现。据统计，相较于 2015 年，2016 年我国在交通分享领域的市场规模同比增长 104%[①]。

---

① 资料来源：《中国分享经济发展报告 2016》。

出行用车的分享，使得人们无需在用车高峰期焦急地站在道路两侧挥手拦车，提高了人们出行的便利程度。与此同时，对车辆所有者而言，私家车在得到充分使用的同时还带来了额外收益，实现了参与方的互惠互利。交通领域的分享在方便了人们生活的同时，为节能环保、促进整个社会的绿色发展起到了很积极的影响。在房屋分享方面，以 Airbnb 为代表的在线短租成为最主要的分享形式。在线短租的形式满足了部分具有旅游或者出差的人对短时间居住的要求，同时，所有权不转移，使用权仅仅进行短暂交换，使得房屋可以不断地满足不同人的需求，提高了房屋的使用效率。2012 年成立的 Kozaza 面向外国游客提供韩屋民宿，已经确保全国范围内 9，000 余处韩屋中的 6，000 余处民宿供应，一方面满足了外国游客的住宿需求，另一方面还通过房屋短租对外宣传了韩文化①。而国内随着 2008 年成立的 Airbnb 住宿空间分享模式的引入而搭建的小猪短租、蚂蚁短租等住宿分享平台不断出现，使得房屋住宿服务分享在全球范围内迅速占领了市场，其影响力不断扩张。

除了出行和住宿，生活物资的交换也渗透到大众生活的各个方面。比如我们所熟悉的 Rent the Runway，通过对服装的租借满足特殊用户的使用需求。又比如大众所熟悉的闲鱼，通过分享平台对用户所拥有的闲置商品进行交换，利用互联网实现低成本、高效率、宽领域的商品交易。

二是其他生活服务分享。

所谓生活服务分享，就是通过互联网分享平台对线下包括餐饮、物流、家政等生活资源进行归集然后有效供需匹配的过程。这种对服务的分享便利了人们的生活，提高了社区生活满意度，也有利于实现服务资源的更优化配置以及社会的绿色可持续发展。在我国，大众所熟知的

---

① 张笑容：《分享经济在世界各国发展情况：一场风暴正在席卷全球》，2017 年 1 月 26 日，见 http://zxr.baijia.baidu.com/article/308516。

对于生活服务方面的分享主要集中在家政服务业、餐饮业、美容美体行业、物流或者社区配送、医疗服务这几大领域。

家政服务方面的分享平台主要有阿姨来了、E家洁、小马管家等，拥有闲置时间的劳动者可以通过分享平台获悉服务需求，从而通过分享自己的技能为需求者有偿提供清洁、洗衣等生活服务，实现生活服务技能在整个社会范围内的高效使用。餐饮行业对于分享经济的践行一方面体现在网络订餐平台的使用，另一方面还包括厨师上门、陌生人之间请客吃饭等新的服务。社区配送行业出现的爱鲜蜂、京东到家等是生活服务分享的代表平台。爱鲜蜂以众包微物流配送作为运营模式，通过众包的形式进行物资采购，然后通过互联网＋物流配送的形式将新鲜的生活物资送达顾客手中，从而实现了生活物资的上门配送服务。以"春雨医生""丁香园""杏仁医生"等为代表的医疗卫生服务分享在过去几年里都得到了迅速发展。据统计，2016年中国医疗服务分享领域交易额实现了155亿元，同比增长121%。随着医疗卫生服务分享的发展，该领域所涉及的业务类型也在不断地丰富。在线问诊、在线咨询等满足了人们足不出户就可以享受到医疗救治的需求，这一方面提高了职业医生专业技能的使用程度，另一方面也改善了现如今医疗卫生行业出现的看病难、看病贵的现状，从而为实现整个社会的友好可持续发展做出了贡献。

生活服务分享作为最接近民生的分享经济践行领域，正在一步步改善着人们的生活方式，引导着人们通过分享走向高效便捷的数字化生活，推动着整个社会向着绿色可持续发展的方向前进。

三是金融服务分享。衣食住行基本生活物资以及家政医疗等生活服务的分享活动明显提高了大众的生活便捷程度。而在金融服务领域进行的分享活动对于提高居民投资收益，推动整个社会的资金流动以及资金周转提供了支持。

所谓金融服务分享，就是通过互联网技术以及移动信息技术等在社会范围内对金融资产进行集聚、分配，从而促进社会金融均衡发展的一种分享模式。金融服务分享实际上可以认为是对居民手中拥有的闲置资金进行再分配使用的过程。目前，社会范围内资金的闲置与部分弱势群体难以享受金融服务的矛盾日益突出。以我国为例，2016 年我国政府工作报告中指出居民储蓄存款余额显著增长，增长额度达 4 万多亿元[①]，而居民手中闲置资金增多却没有明显改善中小企业、创业企业融资难的现实问题。过剩的资金不能被经济社会充分利用，导致了资源的浪费。而无中介化分享平台的搭建可以通过改善资金拥有者与需求者之间的信息不对称现状、拓大融资的风险共担群体、实现低门槛多受众的融资模式来提高居民手中闲置资金的利用率，提高了这部分过剩产能的收益率，同时也缓解了企业所面临的资金约束困境。

分享金融领域主要存在 P2P 网贷以及网络众筹两种模式。英国分享经济最强的企业主要集中在 P2P 借贷和融资领域，Funding Circle 是全球第一家允许融资资金超过 1 亿英镑的股权融资网络平台，2005 年成立的 Zopa 则是同行业中最古老的 P2P 借贷平台。在芬兰，分享经济改写了金融领域，芬兰政府的各类行政系统通过电子身份认证简化了在线借贷的步骤，为金融类分享经济平台打好基础，从而方便了群众通过网络参加金融活动。在我国，《2016 中国互联网众筹行业发展趋势报告》显示，截至 2015 年 12 月底，全国正常运营的众筹平台达 303 家，同比增长 1 倍，分布在 21 个省份。其中定位于为创业者和企业项目提供私募股权融资服务的股权众筹平台"简单投"，大大减少了传统股权投资所要付出的时间和精力，同时公开化的平台在一定程度上降低了投资者和投资项目之间的信息不对称程度，从而提高了投资效率，满足了创业项目的私募股权融资需求。

---

① 中国政府网：《政府工作报告》，2016 年 3 月 5 日，见 http：//news.xinhuanet.com/fortune/2016-03/05/c_128775704.htm。

　　总之，金融服务分享对于均衡社会金融资源的配置使用、提高资金的使用率具有重要意义，从而也为实现社会的可持续发展提供条件。

（二）知识技能分享

　　分享平台在为人们的生活服务提供便利的同时，也促进了整个社会经济和文化的共同进步。目前，分享经济领域存在很多类似知乎、授米平台等可供知识分子以及技能的拥有者发布知识信息进行分享和使用的平台，这类分享活动属于对知识技能的分享。分享平台的出现，为知识技能在全社会范围内实现分享提供了可能，从而带动了整个社会知识水平的提高，为创新创业的发展以及绿色可持续发展道路的开辟提供了保障。

　　所谓知识技能的分享，就是个人或者机构将自己所拥有的知识或者技能在分享平台上进行无偿或者有偿的使用权转移，从而实现社会智力资源利用程度最大化的过程。众所周知，技术是第一生产力，而技术的发展又需要丰厚的知识储备做保障。因此，经济的发展实际上是知识变现的过程。尤其是在如今这样一个资本驱动的社会中，知识已经成为个人或者企业发展的核心竞争力，而高水平知识分子的数量不能满足经济发展的需求又是客观存在的现实问题，因此，实现知识技能的分享，缓解知识技能这种无形资源的资源约束现状，就显得尤为重要。互联网技术、通讯技术的发展满足了人们从外部世界快速获取知识信息的需求，而分享思想的出现同时鼓动知识分子可以将自身所学为大众所用。这样一来，分享经济作为两者的结合体为知识和技能提供了进行供需匹配的平台。

　　分享经济发展之初，对知识的分享主要体现在博客、威客、RSS 等互动式问答平台上，这一阶段的分享主要是以无偿形式进行的网络用户之间的交流。随后，随着人们消费内容的升级以及交易观念的增强，无偿互动式问答开始向知识付费模式进行转变，从而出现了类似知乎、易科学、授米等为知识分享提供服务的分享平台。在这种平台上，用户可以选择有偿分享，需求者也会根据自身需求付费获得知识。这种知识分享，一方面可以提升个人知识水平，提高个人素质，另一方面可以为机构尤其是成长型企业提供"知识外脑"，从而让专家学者的学识与资源实现一站式变现。

知识是技能提高的保障，因此说，知识的分享也可以带动技能的分享。目前，知识的分享正在从线上的应用向知识技术转移、全产业链服务等高端应用领域进行延伸，在商业模式、生产服务方面与线下业务相结合，从而实现了线上知识分享与线下业务发展协同发展的模式，在生产领域实现一种生产技术的分享。这种分享使得有技术的企业可以通过提供技术从其他企业获取自己所欠缺的实体资源、也可以实现多方企业通过技术与资源的协作实现生产能力的结合。为实现整个产业链的协作生产、缓解企业所面临的资源约束现状以及提高高耗能、高污染资源的使用效率，降低其使用频率提供了支持。

目前，知识技能分享活动已经在多个领域产生重要的影响力。在创意设计领域，猪八戒网为知识分享提供平台；在语言翻译领域，出现了译言网、做到等分享平台；在经验交流方面，类似美国自得这种专注于留学或者出国服务咨询的平台为具有留学需求的人群提供了便利；另外在科学研究领域、生产制造领域也出现各种各样的互联网平台进行知识的交流共享。据统计，2016 年在知识技能分享领域的交易额实现了同比增长 205% 的巨大突破，其参与人数达到 3 亿人。而且，越来越多的高学历人才开始参与分享，越来越多的知识分子团队通过知识分享达到了创新创业的目的。这说明，知识技能的分享在整个分享经济领域受到越来越高的重视，知识技能的分享将成为实现全社会知识素质水平共同提高的必要途径。

（三）生产制造业分享

服务领域的分享活动造福了人们的生活，知识技能领域的分享活动提高了整个社会的知识素质水平，也为生产制造业以及农业领域践行绿色发展分享之路提供了知识依据。生产制造业在整个绿色发展道路的实现中起着至关重要的作用，其对于过剩产能、高耗产能的分享利用有效地缓解了经济社会所面临的资源闲置、能源浪费的现状。而其中生产制造业的分享活动主要表现在过剩产能分享、稀缺资源分享以及生产能力整合三大方面。

1. 过剩产能分享

这里，我们将生产活动的资源分享划分为过剩产能的分享和稀缺资源的分享两个方面，同时也呼应了本书的核心思想——分享经济对过剩产能和稀缺资源的优化利用，推动了整个社会绿色发展之路的实现。

产能过剩是指在计划期内，企业生产资料拥有量远远超过企业生产的所需量而造成资源处于闲置浪费状态的一种社会现象。产能过剩的出现一定程度上加剧了经济社会的恶性竞争，从而对经济发展产生不利的影响。而从大生产时代走过来的经济社会已经普遍面临产能过剩的威胁，因此，"去产能"问题的解决迫在眉睫。

本书第二章已经提到，分享经济是在社会范围内产能过剩的背景下出现的，可以说，分享经济是利用过剩产能、落实"去产能"的重要途径。生产制造行业可以通过对生产资料、生产设备的分享实现过剩产能的挖掘利用，也可以通过整合整个产业链的生产能力提高产能的利用率。2014年建立的Cargomatic用共享的思想改变了现有的卡车运输业，让生产商通过它们的平台发布货运工作，而有额外货运空间的司机就可以接货。这个平台不仅可以帮助卡车司机赚更多的钱，更重要的是满足了生产制造业对过剩货运能力的充分使用。美国的Flexe按需仓储管理平台将空闲的仓库空间有效利用起来，满足其他有仓储需求的企业的承租需求，从而使得过剩的仓储空间得以充分使用①。沈阳机床厂将自己

---

① 艾媒网：《按需仓储管理平台Flexe获1450万美元风投　欲打造仓库行业里的"Airbnb"》，2016年7月24日，见http://www.iimedia.cn/43557.html。

的生产资源（机床）在分享平台上进行分享使用，使得这种生产设备可以在生产领域大范围地铺开。与此同时其创新化的 i5 平台可以收集到机床所有者利用设备进行生产的数据，从而对闲置设备、过剩产能的存在进行判断，并将这些闲置的资源匹配给附近的需求者，从而实现生产资料在生产领域内的高效分享配置。房产公司为了缓解自己所面临的存货过剩、生产能力过剩的问题而与分享平台结合进行存货分享，将过剩房产作为出租房使用，从而解决了房地产行业现存的房屋闲置、房产资源浪费的现状。

分享经济不仅可以通过分享实体生产资料、生产设备或者产品为生产制造业解决资源闲置浪费、存货周转率低的问题，还在改善劳动力过剩、提高社会就业率方面发挥着重要作用。由于大规模机器生产取代人工生产，个人劳动力被解放出来。与此同时，伴随着科学技术的发展，经济社会对高素质劳动力需求大幅提高，部分依靠体力维持生计的劳动者面临着失业的危险。而社会范围内分享经济的出现，为这些面临过剩的劳动力提供了更多可以选择的自由职业，为由于技术进步而产生的劳动力过剩问题提供了解决渠道。例如，创造就业机会成为欧盟成员国家对于分享经济的共同愿景之一，这也就说明了分享经济在缓解劳动力过剩方面的积极作用。

2. 稀缺资源分享

为实现经济社会的绿色可持续发展，解决高耗能产业的循环经济问题和资源的利用问题迫在眉睫。在分享经济模式下，分享平台下对稀缺资源的分享，是贯彻落实高耗能产业节能减排工作、促进产业循环经济发展的重要途径。

高耗产业实现绿色发展要同时从节能、减排两个层面解决问题。而随着我国工业社会以及人口数量的急剧增长，对于例如煤炭、石油、有色金属等有限资源的需求量不断增加，对开发使用这些稀缺资源的高耗能产业的需求也不断增加。这就导致了资源后备量不足、资源供需关系失衡与产业发展导致资源需求之间的矛盾日益突出。

分享经济平台的搭建可以从节能的层面对这些矛盾的缓解提供途径。一方面生产资料的分享、生产设备的分享可以实现有限资源的高效利用，提高稀缺资源的利用率，节约稀缺资源的开采量。与此同时，分享平台为技术交流提供了新的渠道，在这个平台上，高耗能企业可以获得优质的能源开发、冶炼技术，从而实现节能的目的。另一方面，无地域限制的分享实现了国内产业对国外资源的分享使用，从而实现在世界范围内稀缺资源的优化配置，对缓解我国资源后备量不足的现状提供了新的方向。

中国钢铁、南山铝业为代表的传统高能耗产业开始利用共享经济实现升级换代的需要。他们实施的兼并重组可以视为对于高能耗资源进行分享实现节能减排的一种践行方式。南山集团在印第安纳州进行的绿地投资项目实际上是利用自己的资金和股权分享获得被并购的美国企业原来所拥有的人力、技术、经验以及美国市场。这种处于高能耗行业的优势企业并购处于成长危机的同行业企业，充分利用了被并购企业所拥有的生产资料以及生产能力，从而整体降低了对稀缺资源的开采利用，达成节能减排的目的。

3. 生产能力整合

生产制造领域对生产能力的整合体现在产业链上下游企业的协同生产过程中。其与传统经济模式下的合作生产差异的根源在于分享经济平台的开发与使用，分享经济平台下降低了传统合作生产的生产物质成本和时间成本，并且平台的使用改变了传统生产的一对一模式，采用多对多模式实现了生产过程的优化以及生产质量的提高。

青岛啤酒与其合作厂商通过生产能力的分享提高了生产资料的使用率，实现了整个产业链的共同发展。青岛啤酒与其合作厂商在啤酒生产方面进行生产能力的整合，青岛啤酒通过分享自己的啤酒配方低成本获取其他企业的产能，分享其合作伙伴所拥有的厂房、设备、人才等资源，相较于独立生产而言，降低了对这些昂贵资源的购买力度，同时提高了整个产业链的生产周转速度，从而使得生产资料的使用率大大提高，减缓了产能过剩的严重程度。阿里巴巴淘工厂也是通过协作生产模式以及众包生产模式下实现产业链生产能力的整合，从而实现高速发展。淘工厂共享平台为淘宝上的卖家提供生产服务，通过这个平台，不同的生产商可以将自己的生产能力在整个产业链中实现共享，即实现不同生产阶段生产能力的整合，同时分享优质资源的厂商也通过这种分享获得了自己所匮乏的其他资源。这些厂商所拥有的资源通过产业链中的生产整合发挥出更大的价值，实现了"1＋1＞2"的协同效应。而且，共享平台的优势是参与生产的备选商并不是唯一的，也就是说共享是多对多的模式，在这种模式下，可以实现生产能力的最优整合，获得最理想的产业协作效果。

（四）农业分享

分享经济在工业制造业、农业这两大产业范围内的活动为整个社会提供了更富足的生产生活资料，为人们生活水平的提高奠定了基础。农业发展在经济社会发展中起着重要的作用，实现农民富裕也是我们实现全民致富、缩小贫富差距的重要途径。而分享经济与农业生产相结合，农业资源通过分享平台进行最优化配置使用，为解决部分农业资源闲置浪费与由于资源分配不均导致的资源约束之间的矛盾起着关键的作用。

按照农业生产的流程，农业领域的分享活动可以划分为产前分享、产中分享以及产后分享三个阶段。其中产前分享包括金融分享、土地信息分享、股权分享等；产中分享包括农业生产技术、农机设备分享等；产后分享包括物流分享以及市场信息分享。这一部分，重点就股权分享、技术分享、设备分享进行阐释。

1. 农业股权分享

所谓股权分享，是通过分享平台对公司的股权进行分享的机制。

这实际上可以看成股权激励的一种方式，股权可以通过被公司的基层员工分享、经营者所拥有，从而一方面调动了基层劳动者的工作积极性，另一方面降低了所有权与经营权两权分离所带来的代理成本。

股权分享起初是通过传统的股权激励来实现的。随后，随着众筹业的优势不断涌现，股权众筹开始被大众所接受。农业领域也开始在股权分享方面迅速展开实践。这种分享模式下，股权的所有者多为具有农业生产技能的农民。对于农民而言，股权分享改变了其传统的单一的收入途径。一方面，农民可以凭借从祖辈们处获得的生产经验从事自己本职的工作。另一方面，拥有股权的农民可以通过分红获得额外收益。而对于农业产业公司而言，进行股权众筹的公司可以通过交换股权获得来自农民的生产经验和生产技术，同时节省了人力物力成本。

广东温氏企业创新了这种股权分享模式，将股权分享给与温氏集团进行养殖合作的农户，保证了农户的稳定收入，也可以实现集团与养殖户之间稳定的合作关系，从而实现双赢发展。温氏集团作为一个养殖集团仅靠"共享老百姓的鸡"达成了7亿只鸡的养殖规模。为了吸引更多的老百姓的支持，企业开始在养殖户群体中进行股权分享，使得养殖户不仅可以通过养殖赚钱，还可以获得股份红利。从而将股东利益、员工利益以及公司利益相结合，带动了整个集团的发展。

2. 技术分享

农业企业将股权分配给农民，与农民交换其手中掌握的劳动力、生产资料和生产经验，而农民从这种分享中不仅可以得到股利红利的奖励，而且可以获得来自公司的技术培训和技术分享。

限制农业发展的一个很重要的原因是农民农业生产知识与技术的欠缺。由于教育水平的限制，现如今大部分农民进行农耕生产还是凭借祖辈传下来的生产经验，而比较缺乏专业的种植、养殖指导与农技服务。分享经济提供的分享平台可以为农民提供必要的教育指导。农业公司用股权换资源，同时将农民作为自己企业的员工提供专业的技术指导与培训，可以成为提高农民农业生产水平的途径。另一方面，分享经济平台可以吸引拥有农业生产先进知识与技术的知识分子为农民提供技术指导，缓解了种植专家的知识不能为民所用、先进的种植技术不能广泛普及的现状。

处于实现技术分享的目的，伊利集团于2014年创办起伊利奶牛田间学校。奶牛学校是由伊利集团与农业部管理干部学院合作创办的，目的是通过培训帮助奶农们解决养殖过程中所面临的难题，从而提高牛奶的产量和质量，保障集团的奶源安全。在这种平台上，具有专业技术知识的粮农组织、农业部专家通过田间的实践操作将具有科学依据的经验技术传授给具有普通劳动力所有者，而劳动者也会因为专业素养的提升提高自己解决养殖问题的能力，从而实现公司与农民的双赢。公司通过这种技术的分享，可以更低成本地获得更有安全保障的奶源，同时也提高了奶农对公司的忠诚度以及工作积极性，从而稳定了牛奶的供给渠道。另一方面，对于奶农而言，专业技术知识的获得降低了其养殖过程中面临的损失风险，提高了奶农的毛利率。同时这种知识的传播通过田间劳作的实践形式进行，提高了奶农自行发现问题、分析问题、解决问题的能力，从而培养出适应现代农业的发展新型农业劳动者。

总之，分享平台的出现，足以给传统相对封闭的农业提供专业技术知识的支持，为高素质农民与现代农业的发展提供契机。

3. 设备分享

所谓设备分享，就是通过分享经济平台实现农机设备的普及，从而解放传统的人力劳动，在提升农业生产效率的同时提高了闲置农机设备的使用率，降低了农业生产成本。

农业生产所需的农业设备，一方面是产业链上所需的收割机、挖掘机、播种机等大型设备，另一方面是农业养殖所需要的养殖基地、农业大棚等固定设备。对于前者所说的流动设备，基本上是农忙时节供不应求，而农闲的时候处于闲置的一种状态。这种资源分配的不均衡导致农忙时节部分农民由于资本的约束不能使用大型农机而只得手工劳作，而农闲时节农机处于闲置利用效率极低的现状。

在美国，Machinery Link 的出现解决了这种有形设备闲置、配置不均衡的问题。这家公司将设备所有者拥有的闲置农机在平台上进行出租，一方面给所有者提供了额外的收入，提高了闲置设备的使用率；另一方面还帮助农机需求者低成本获得了农机的使用权，解决了生产难题。"互联网"与农机分享结合，搭建起农机分享经济平台，为农机设备在整个农业生产领域进行最优化配置、实现农业生产全产业链的机械化将成为农机分享的一个重要的发展方向。

而在固定资产的分享方面，部分农业生产公司与农民进行分享合作。农业生产公司拥有资金、市场与技术，而农民生产者拥有包括养殖场、土地等生产场所。农业生产公司如果全权将农民手中拥有的生产场所进行收购，将要付出很大的物质和人力成本。因此，"分享经济"模式下，公司通过资金和技术分享与农民交换其劳动力和生产场所。农民继续按照长期以来形成的生产习俗进行生产，只是将产出提供给公司，获得的是市场保障、技术培训与稳定的收入。而对于企业而言，公司与农民之间的这种合作，可以低成本地获取农民的生产成果，省去了自己置办固定生产场所、招纳生产人员的成本，也有了稳定有保障的物质获得渠道。目前，如温氏养殖集团、鸿轩农业集团都开始践行这种农民养殖、养殖成果分享的生产模式，低成本、高效率地扩大了生产规模，同时也带领农民走上致富的道路。

总之，分享经济在传统生活服务领域兴起，在知识领域、制造业领域与农业领域的发展推动了社会绿色可持续发展的进程。对分享经济内涵的把握以及范畴的理解为之后研究其实质、目的以及绿色发展路径的实现奠定了理论基础。

第 四 章
分享经济理论体系与模型

近年来，伴随着互联网和通讯技术的迭代更新，云计算、大数据的成熟应用，基于互联网的平台经济获得了飞速的发展，并呈现出全面勃发的态势。分享经济从出现到现在，已经在服务业、制造业等领域引发了巨大的改变，出门坐专车，旅行住民宿，借钱用网贷，人们由样样需求都要通过购买来满足，到逐渐习惯了与他人分享。随着分享经济的发展，重所有权到重使用权的转变，国民生产的主体制造业作为分享经济的主战场，将会带动其突破资源约束，提高生产效率，从而助力绿色生产绿色发展。然而，在分享经济的实践活动不断丰富和深入的同时，关于分享经济的理论研究却停留在案例分析和现象描述阶段，整个理论研究落后于实践的发展。为此，有必要对分享经济发展背后的理论进行探索，以搭建起较完整体系和理论模型，从而为分享经济的健康持续发展奠定理论基础。在分享经济发展中起重要作用的理论体系主要由分享盈余，超理性消费，重用主义以及非人格化交易理论构成。

第一节 分享盈余理论

在现代物质与精神文化高度发达的信息经济社会，人们有着将自己的资源给公众分享的强烈愿望，这种分享的意愿在分享经济的发展中发挥着重要的、基础性的作用。分享盈余理论是指将拥有闲置资源及其他资源、且有分享意愿的人们的资源汇聚在一起，利用一定的平台分享给他人，从而产生巨大的社会效应和社会福利。这一理论基于利他主义与认知盈余理论，并结合分享经济的概念加以扩展，主张任何领域的资源占有都可以拿来分享，鼓励资源占有者分享使用权，将所有资源充分利用起来，创造社会财富、绿色发展的多倍盈余，形成全社会参与的主动分享文化。

一、分享盈余的内涵

人们愿意将自己的资源给公众分享，这种分享创造更富足的资源，会带来社会福利的显著增加，进而促进社会可持续发展。分享盈余是指拥有知识、时间、产能、资产等资源，同时有强烈分享欲望的人，把这些零散资源的使用权分享出来，供他人使用，创造多倍盈余。这一理论的提出是基于利他主义理论与认知盈余理论。

1. 利他主义理论

经济学对利他主义的关注始于 20 世纪 70 年代，在此之前，经济学认为人的理性选择是以利己为前提的。贝克尔（Becker，1993）[1] 放松了经济人中的自利的假设，提出一个人从他人的效用的增进中可以获得满足，因看到他人福利的改善而感到欣慰，也可能为自己的努力改善他人福利而感到自豪[2]。这一概念与理性人并不矛盾，不论追求利己或是利他，都是在追求个体效用的最大化。利他行为有的完全不追求任何回报，只因心理上的愉悦，助人为乐、乐善好施，都是人的天性使然。有

---

① 何国卿、龙登高、刘齐平：《利他主义、社会偏好与经济分析》，《经济学动态》2016 年第 7 期。

② 文建东、李欲晓：《市场经济与利他主义、利己主义的界限》，《中国软科学》2004 年第 2 期。

的利他行为追求无形报酬或长远的利益回报，希望自己的利他行为带来声誉上的提高，或者将来在自己需要帮助时有人伸出援助之手。不论利他行为动机是否纯粹，Bar—Tal (1986)① 认为，利他主义具有以下几点共同特征，一对他人有利，二行为是自愿的，三行为是有明确目的的，四行为的目的就是为了给他人带来收益，五不期望给自己带来外在的回报。

总而言之，同属经济学理性人视角，利己与利他主义并不矛盾，利他思想古而有之，是人性使然，在追求个体效用最大化的过程中，整个社会福利水平也得到提高。

2. 认知盈余理论

"认知盈余"这一概念是纽约大学教授克莱·舍基 (2011)② 首次提出的。认知盈余是指那些受过教育，并且拥有自由支配时间的人，同时具有强烈的分享欲望，这些人的自由支配时间汇聚在一起，利用一定的平台分享给他人，产生巨大的社会效应。过去，人们的知识技能在工作时间之余，就在看电视等娱乐活动中消耗一空，而互联网与公共媒介的出现，让消费、创造与分享同时实现成为可能，将被浪费的资源重新利用起来，人们可以在空闲时间在平台上分享自己掌握的知识，为他人答疑解惑，也可以为公共项目贡献力量。由此，一份知识可以多人共享，便可以创造多份社会财富。许多本需要专业人士完成的事，可以借助业余力量协作实现，其结果甚至富有更多的创造力与灵活性。通过这种分享，维基百科、Linux 等成果被创造出来。认知盈余分享是借助大规模社区，通过互联网平台，将自由时间这一灵散无形资源加以整合利用，创造社会财富的过程。

---

① 王雁飞、朱瑜：《利他主义行为发展的理论研究述评》，《华南理工大学学报》（社会科学版）2003 年第 4 期。

② Shirky C., *Cognitive surplus：Creativity and generosity in a connected age*，UK：Penguin UK，2010.

3. 分享盈余理论

分享盈余理论整合了分享创造盈余与利他主义的思想，认为人有利他的天性，愿意为了他人福利提高而与他人分享自己的资源，包括闲置资源在内的一切资源都可共享，从而创造降低成本、提高资源利用效率、绿色发展等多样化社会盈余。分享的资源是创造分享盈余的原材料，而互联网与公共媒介是分享盈余的创造路径。这种分享是非竞争性的，它可以聚集分散资源，同时供给多方使用，创造多份价值。现代经济学中假设人是利己的，但分享经济的兴起也证明了利他主义思想一直存在，丰富的资源与海量的信息激活了人们的这个本性。每人的可以贡献的资源虽然不多，但积聚产生的效应确是庞大的，分享可以创造生产力，分享盈余积累可以创造宝贵的财富①。开源软件在保证软件所有权的前提下开放代码的使用权，让人人都有平等的机会参与软件的编写，大众编写的软件又可以供大众免费试用，这种参与门槛的降低有益于整合分散在世界各地的可利用的软件编写资源，甚至获得比公司内部研发更好的效果。

除了具备可供分享的原材料以及公共媒体，分享意愿需要社会营造的参与文化，人们有参与这一活动的责任感，并且对彼此的创造内容持尊重和开放接纳的态度。这种氛围有助于形成社会上的"无形学院"，他们依靠网络通信保持联系，虽鲜有线下接触，看起来组织松散但思想高度活跃，圈子里的人们乐于将自己的发现与他人分享并进行积极的探讨，当下分享经济平台就是在陌生人之间建立类似的圈子，维持团体关系。有些无形学院甚至可以形成一个完备的成果，例如 Linux 形成了一个开放、免费供人们使用的操作系统，维基百科是集众人之力完成的、大众的百科全书。

人们产生分享意愿，很少是为获得物质报酬，其动机主要来自于

① 殷明：《认知盈余：互联网共享经济的真正未来》，《人民邮电》2015 年 6 月 5 日。

内在，人们通过分享产生的愉悦心情会激励人们更积极地进行分享。首先，通过这一创造与分享过程，人们可以获得自我主宰的满足感，不需听命于他人，可以自己决定行为以及行为的方式，他人对自己分享行为的感谢也带来了自我认同感。再者，人们对于所参与之事怀有热爱之情，希望通过这一活动寻找有着共同爱好的群体，获得彼此交流互动的机会，譬如人们无酬参与字幕组，出于对电影以及翻译的热爱，并希望将喜爱的电影分享给更多的人。除此之外，人们也通过分享实现帮助他人的愿望，通过努力推动社会的进步，譬如疾病互助组织中病友们通过治病经验分享一起探索更好的治疗方案，农场主在闲季把农机租用给其他农场使用，人们分享意愿的提高让资源得到了更有效的利用。

二、分享盈余实现公用分享

人们分享意愿的提高与利用有以下三个条件作为背景。首先，在网络出现之前，人们的资源虽然也可以通过中介进行出租与借用，但远不如当今的平台来的方便，而且也无法做到对零碎资源使用时间的高效整合。分享的意愿一直存在但难以实现，这就造成了资产、知识、产能的浪费。而网络和公共媒介提供了人们与他人进行联系的窗口，人们方便地在互联网平台与他人分享自己的观点、知识，将闲置不用的物品租借给他人，因此，互联网是分享创造盈余的基础条件。其次，前期的大规模生产让人们手中都积累了大量的资产，人们对所占有资源的使用需求已完全满足，随之产生了资源的大量闲置。除丰富的物质资源外，随着教育水平的提高，人们对信息的搜集、分析、创造的能力都相应提高，丰富的知识储备支持他们进行知识的创造与分享，在社会活动中发挥更积极主动的作用。再次，机械化大生产和劳动力的解放，八小时工作制的实行，都让人们获得了更多的空闲时间进行分享，这并不需要每个人的行为选择发生多大的变化，庞大的人口规模可以将每个人的改变放大数倍。

不使用即浪费，分享经济让所有资源都得到高效利用。通过分享，资源的使用权脱离拥有者而存在，不再囿于所有者个人，可以供更多的人使用并创造价值。根据分享范围的大小，可以将其划分出四种主要形式①：一是个人分享，陌生人通过互联网以及公共媒介进行交流，参与分享活动，这种创造活动是零碎的，但是这些微小片段对他人的价值与启发可能是巨大的，例如短租、博客等，机房机械的出租可以减轻购买养护的压力。二是公用分享，这种形式的分享通常仅限于分享者圈子内，他们出于共同的兴趣或者需求在一起交流讨论，相对于个人分享而言，有了较强的协作性与目标性。例如参与式医疗模式中，对于一些治疗条件较差的慢性病，患者主动将自己的医疗记录开放，推动探索有效治疗方案；海尔 hope 平台上公开问题与创意，二者在平台上的匹配高效化解了技术难题。三是公共分享，它允许任何人参与其中，他们的分享成果惠及未参与分享者，持有更加开放的态度，例如开源软件 Linux、维基百科，任何想要参与的人都可以随时加入，想要使用的人也不会受到限制。四是公民分享，这种形式最突出的特点是关注社会，希望社会变得更好，例如 UShahidi，人们自发在空闲时间支持公益募捐网站的运作，娜莎·苏珊通过创建 facebook 群发起"粉色内衣"运动，公开争取女性自由。这四种形式之间是会相互转化的，并且不论其是否直接将视线投向社会，增强的大众分享意愿都会创造出社会福利。

三、分享盈余创造社会福利

在分享盈余理念指导下，资源所有者愿意将自己拥有的资源给他人所用，从而创造出多倍的社会福利。在分享经济中，这种理念体现在各个领域。个人的闲置知识技能时间可以为他人所用，同时，大众手中

---

① ［美］克莱·舍基：《认知盈余：自由时间的力量》，胡泳译，中国人民大学出版社 2012 年版。

的所有闲置资金、房间、除尘器、机器车间等都可以拿出来分享，这种有资源就分享的观念降低了资源生产带来的环境损耗，使整个社会效用最大化。分享经济推动了租赁业的发展，平台取代传统租赁中介，可以在更广阔的范围内聚集出租方与租赁方，进行资源供需的有效匹配。例如房屋短租业的出现，将碎片化的房屋空闲时间进行了分享利用，这是传统租赁中介的效率所无法实现的，也实现了不同地域上的资源整合。此外，无报酬的物品借用也更加方便，家中使用频率不高的工具，可以将它们在平台上列出，供有需要的人借用。

在制造业中，这种资源分享互通也在促进重所有权到重使用权的转变，许多企业打造了分享平台，进行创意与生产能力的分享。海尔hope平台[1] 集合了全球的传统企业、创新型中小企业、各类研发创意机构及创客，解决了创新实现难的问题。多数大型传统企业掌握着强大的供应链、生产能力，但它们的弱点在于创新力不足，而大多的新兴中小型企业灵活、富有创新活力，但它们却资源不足难以将创新商业化。海尔一方面集合世界各地顶尖创新技术资源，另一方面鼓励消费者在hope平台上说出产品使用中遇到的问题、希望获得满足的需求，引发讨论催生创意，企业技术专家从中提炼技术需求，通过平台大数据寻求相匹配的技术提供方，组成创新小组进行研发实现，最后由海尔全面完善的生产链保证创意落地形成产品。利用海尔的影响力，已经有许多企业加入这一平台，通过分享模式实现多方共赢的效果。通过技术需求库与供给库的线上方便匹配，降低了企业的创新成本，也使得中小企业的创新技术更容易落地实现，小企业的技术与大企业的产销能力都得到了充分利用。

通过对资源所有权的重新认知，大众分享意愿提升，分享可以让

---

[1]　张左之：《科技服务业与海尔开放创新——对话 HOPE 开放创新平台运营总监黄橙》，《竞争情报》2015 年第 5 期。

一份资源创造出多份价值，提供更富足的资源，节约使用成本，也为社会绿色发展贡献了力量。首先，这种一切盈余都可共享的思想减少了资源的浪费，分享行为减少了资源闲置，提高了资源利用效率。其次，通过分享减少了满足需求所需要的总资源的数量，一份资源供给多方使用，减少了资产总需求量。自然资源是有限的，分享则突破了资源对发展的限制，生产的减少同时也带来了环境污染的减轻，这既是降低生产生活成本的福利，也是保护环境绿色发展的福利。

第二节　超理性消费理论

分享古而有之，而超理性消费则发端于移动互联时代。近年来，传统的高消费模式造成了消费者的财力的透支、资源的浪费。在社会网络、云计算、大数据、实时对点等现代网络技术的推动下，人们逐渐在个人利益和集体利益中找到这样一个平衡点——一种新型的交互消费系统（即超理性消费）。人们正在以一种新的、前所未有的模式——以群体的形式进行分享与协同，而超理性消费催生出一种新的"分享文化"，就是分享经济。此处，提出的超理性消费这一理论观点，是建立在协同消费、极简主义消费和超理性人假设之上的，由于分享经济的发展不断推动形成的一种全新的消费模式。在这种消费模式下，人们突破个体交易的边界和仅仅对个人利益的追求，以群体的形式出现，一起进行协同、交易；人们追求的也不再是单纯的个人经济报酬，社会效应、社会收益、持续性、愉悦感等也成为驱动人们进行超理性消费的重要因素。超理性消费理论在使用权的分享，资源的有效利用方面起着重要的作用。对这一理论的研究为分享经济如何实现"公用化"以及绿色发展起着指导作用。

一、超理性消费理论的内涵

传统经济模式下，基于人的理性假设的理性消费所带来的是人们强烈的资源占有欲望、非理性的消费行为。这种行为造成了社会资源的大量闲置和浪费，是经济"不经济"增长的根源之一。而在分享经济模型下，基于协同消费、极简主义消费理念等逐渐形成的超理性消费理论可以有效化解这种非理性的消费观念。因此，对这一理论内涵的诠释，我们将分别从协同消费理论、超理性人假设、极简主义消费理念以及超理性消费理论四部分进行展开。

1. 协同消费理论

旧石器时代，人类为生存而组建起部落，聚集起来集体狩猎，相互分享食物、土地等资源。这便是人类集体协作的开始。后来随着人类的发展，资源的约束使得个人利益的冲突、私人占有的意识逐步加强。然而几亿年后的今天，人们意识到了对于物质的过分追求使得自身脱离了群体和社会，人们应该构建更牢固的集体社会。此时，一种全新的、更有价值的社会合作群体形式正在呈现。在这个群体中，人们可以在个人利益和集体利益中找到一个很好的平衡点，可以在有限的资源下获取更大的价值。而这种集体化现象则表现为社会合作群体的形式，即"协同消费"。超理性消费的参与者有两种角色："资源提供者"，他们出租、分享资源与服务；"资源使用者"，他们消费别人提供的产品和服务。人们可以承担其中一方的角色，也可以同时肩负两种角色。

基于以上分析，在此将协同消费定义为：协同消费是随着全世界几亿、几十亿人口的不断参与而逐步形成的一种新的社会运动、经济形态。这种消费模式下，人们以群体的形式出现，通过多对多的交易，一起消费产品或服务，从而实现一次交易、多人获益的协同效应。它随着个体的受益以及分享的驱动下，逐步发展壮大，是一种开放式的、自由分享的生态系统。

2. 超理性人假设

经济人假设是西方经济学的基本假设之一。亚当·斯密提出，利己心是每个人从事经济活动的动机。从总体上来看，古典主义经济学关于经济人的特性总结出以下两点：第一，经济人是自利的，人们从事经济活动是出于自身利益的考量；第二，经济人是理性的，人们会通过成本收益分析来进行决策以使自身经济利益最大化。

而理性人假设则是在古典经济学关于经济人假设的基础上发展起来的。理性人在进行决策时，也会考虑到一些主观感受，比如荣誉、自尊等。张维迎（2014）认为"理性人是指有一个很好定义的偏好，在面临给定的约束条件下最大化自己的偏好"[1]。简单来说，理性人的假设下，人的行为虽然突破了自身的成本收益的衡量，会考虑到个人的主观感受，但仍然是从自身角度出发，追求的是个人行为最大化。理性人的假设下，为了追求个人利益、精神满足，人们无节制的获取、占有，进行超额消费，造成了社会资源的浪费和环境的破坏。因此从某种意义上来说，理性人假设对于个人来说，是理性的，但对于整个社会来说，是非理性的。

而在分享经济现象中，超理性人假设是指在人们在做出决策时能够超越自身边际收益与边际成本曲线，尽自身最大努力按照社会边际收益与社会边际成本曲线做出选择。也就是说，供需双方通过分享行为能够延伸自我价值，除了经济报酬之外，持续性、愉悦感，社会效应，社会收益等也是驱动人们进行消费的重要因素。简而言之，超理性人假设是从经济学的角度出发，相对于原来的理性人来说，人们进行消费时不仅会考虑到自身的满足，还会考虑到社会资源、社会效益的提高。人们超越了原来的自利的理性人，成为注重社会效益的超理性人。

---

[1]　张维迎：《博弈论与信息经济学》，格致出版社 2004 年版。

3. 极简主义消费理念

近三十年来，在传统的消费理念——单一的消费文化下，人们浪费了地球上三分之一的资源，包括森林、矿产、金属等。这些被扔掉的垃圾里面99%都是使用未超过半年的，可以再次利用的资源[①]。现代消费主义甚至鼓吹不要节俭。这种不断消费、不断抛弃、不断替换的趋势愈演愈烈，透支了消费者的财力、浪费了有限的社会资源（董成惠，2016）[②]。

分享经济时代，人们逐渐意识到这种消费主义的弊端，并开始破旧立新：人们的消费观念开始转变，意识到资源的供应是有限的，高消费不可能永远维持下去，我们应该从无度的消费中解脱出来，传统的消费观念，个人通过无节制的购买占有物品的单一消费文化，正在逐渐消失。此时，"极简主义消费"这一全新的消费理念正在被越来越多的人所接受。

极简主义消费鼓励大众回归到理性消费消费的层面，强化"自律才自由"的消费观念，强调物尽其用，用到不能用为止。极限主义消费理念是一种更为经济、绿色、环保、可持续而又轻松愉悦的消费方式。

4. 超理性消费理论

在此提出的超理性消费这一观点，是建立在上述两个理论和假说之上的，由于分享经济发展的不断推动形成的一种新的消费模式。而超理性消费的核心就是按需使用，极简消费，从而实现社会资源的按需分配。

随着人们生活水平的提高以及分享文化的普及，一方面，分享经济平台的兴起为人们提供了群聚消费的平台和条件，第三方平台的监管与支撑也为群体消费提供信用支持，安全保障，为人们提供了协同消费

---

① Annie Leonard, The Story of Stuff, 2010 年，见 http：//www.storyofstuff.com/pdfs/annie_leonard_footnoted_script.pdf。

② 董成惠：《分享经济：理论与现实》，《广东财经大学学报》2016 年第 5 期。

的土壤。人们在超理性消费的过程中，突破了个体交易的边界和仅仅对个人利益的追求，以群体的形式出现，一起进行协同、交易。另一方面，随着人们生活条件不断富足起来，以及分享经济带来的人们的分享意识、集体意识、绿色环保意识的提高，人们在消费的过程中所追求的不再仅仅是个人的收入成本效益、精神愉悦，同时也会关注于提高整个社会的效益经济，可持续性与绿色环保。此时，也就催化出了分享经济时代的全新的消费模式——即超理性消费。

以慕课教育为例，在慕课平台上，来自世界知名大学的著名学者分享了自己的课堂，使世界各地的学生能够以较低的成本接受高质量的教育。在这个平台上，人们突破了时间、地域的限制，将全世界的学生聚集起来，以群体的形式进行消费、学习；而参与教学的著名学者所追求的也再局限于个人的收入，而是世界范围的知识交流、分享。这些知名的教授在慕课这种商业平台上进行几乎免费的教学，个人固然可以得到课时费以及声誉等收益，但是借助慕课平台将知识进行大规模传播，其所带来的社会收益无疑是巨大的。

二、超理性消费核心是使用权分享

分享经济的一大重要推动因素是使用权的分享。随着社会化网络平台的兴起，技术的不断完善，人们通过这些平台的分享行为与日俱增，人们将私有的，不经常使用的甚至是从未使用过的资源物品放置于分享经济平台，从而将一个个"点对点"的相互满足需求变为"一对多"或"多对多"的平台，让更多的人受益，将其使用价值最大化。可以说，分享经济以及互联网的发展，为超理性消费提供了成长的土壤。

通过超理性消费给人们带来物品、服务、虚拟资产、实物资产、设施设备的分享，能增加物品使用效率，减少浪费，促进减少社会过剩产能和过度消费带来的剩余物品，为个人和社会带来更大的效益。超理性消费已经发展为一种基于互联网与社会化网络平台，以社群的形式出

现，进行分享、物物交换、团购或租赁等形式对物品、信息甚至时间等
进行消费的新型经济形态。

常见的超理性消费模式可以分为两种：产品服务使用权分享系统、
资源再分配市场。产品服务使用权分享系统，即人们开始接受一种全新
的"使用"观念，愿意为产品或服务的使用价值付费，而不考虑去完全
占有产品的所有权，如 zipcar 公司提供的租车服务；资源再分配市场，
即在市场上或借助一定的平台，将自己的物品出售或免费赠送给他人，
或进行物物交换，实现物尽其用，这也就体现了超理性人的思维。

超理性消费这一新型消费模式使人们能够打破传统所有权的限制，
得到了不属于自己的产品和服务的使用权，既能节约金钱、时间和空
间，还提高了资源的使用效率，将交易内容由所有权变成了使用权，是
一种健康的、高效的消费模式。在此过程中，人与物、人与人之间的关
系也将被重新定义①，网络所带来的相互联结和深入的参与度使人们逐
渐从我的时代过渡到我们的时代。

三、超理性消费提升社会资源利用效率

"经济学最终要解决的不是市场的问题，而是社会资源的分配和配
置的问题"②。随着经济的发展，人们思想意识的提高以及消费观念的提
升，越来越多分享行为正在发生，群体的价值正在逐步被认可，人们也
更多地参与到群体消费中去。过去那种消费至上主义，正在被逐步瓦
解。超理性消费的发展鼓励人们重新利用、出售低效能源、物品，这种
"去物质化"的模式正在促进人们建成更友好的社会环境，在减少社会
资源浪费上起到了深远的影响。起初，人们参与超理性消费的初衷大多

---

① Chen Y., "Consumer desires and value perceptions regarding contemporary art collection and exhibit visits", *Journal of Consumer Research*, 2009, 35 (6): pp.925-940.

② Michael Spence, "Markets Aren't Everything", https://www.forbes.com/2009/10/12/ economics-nobel-elinor-ostrom-oliver-williamson-opinions-contributors-michael-spence.html.

都没有考虑到"绿色发展"这一理念，而是为了节约消费、赚外快、结识朋友、节省时间等。然而超理性消费之所以能在绿色发展发挥积极地作用，就是因为它本来就存在着可持续发展、绿色经济、资源节约的天然属性。就像 eBay 公司的口号："我们的目的从来不是要成为一家环保企业，因为我们在本质上就是绿色环保企业。"

而超理性消费最大的魅力在于，它突破了资本主义和社会主义意识形态的限制，在两者之间找到了一个融合点，找到了一个共同的社会资源的分配形式。这种新的社会资源分配形式，是一种清洁的、友好的、绿色的、健康的、现代化的可持续的发展形式。

分享经济时代超理性消费的四大作用和功能：消费的群聚效应、闲置产能的利用、社会公共资源的分享以及陌生人之间的信任的实现机制。第一，群聚效应。群聚效应是指当某件事情的存在已经达到足够的力量时，能够自我运转，为以后的成长提供动力。随着参与超理性消费人数的逐渐增加，参与者周围的人目睹他们参与超理性消费获得需求的满足或者是获利，吸引这些人不断参与进来。群聚效应为超理性消费提供源源不断的动力。第二，闲置产能的利用。闲置产能不仅仅是被扔弃的还有使用价值的资源，还包括平均一天只能利用三四个小时的汽车，闲置的储存空间，生产设备以及无形产品等。互联网的发展，使得这些闲置产能能够在供需双方有效的匹配。第三，社会公共资源的分享。社会公共资源即社会人所共有的资源。比如土地、道路等。这部分资源利用的越充分，产生的价值就越大。第四，陌生人之间的信任实现机制。大部分的超理性消费都发生在陌生人之间，这时陌生人之间的信任就成为交易的基础。人们在虚拟社交网络上形成的行为规范，以及声誉机制给双方带来的激励和互联网平台对于双方用户的监管，能够确保在陌生人之间安全的进行交易。

第三节 重用主义理论

随着分享经济的产生与发展，一种只求所用不求所有的理念盛行起来，这就是重用主义。重用主义理论是指在保障资源所有权的前提下，更加注重使用权的充分利用，从而实现闲置资源的高效使用。对这一理论的总结产生于权变理论[①]，权变理论的核心是西方管理学所倡导的具体情况具体分析的应变思想。针对资本主义发展后期所产生的一系列问题，引出了分享经济对于使用权利用的强调，这是适应环境变化对产权的重新认知。这一理论指导了从私有制到公用化的转变，使得资源分享成为可能，提高了资源使用效率，符合绿色发展的理念。

一、重用主义的内涵

与资本主义强调资源属于个人、主张私有制的观念相比，重用主义理论在承认传统经济学所强调的所有权的基础上更加注重资源的使用权的利用，主张"你的就是我的"，用别人的资源满足自己的使用需求。财产在满足拥有者使用需求后，很难再创造出额外的价值，分享使用权则使得财产有了更有效的利用，避免了私有化造成产品价值的浪费。众多的供求双方聚集在分享平台上分享各种资源，私人占有的资源就会演变为公用化资源，拥有使用权即可满足人们对于财产的使用需求。这催生了双层产权结构[②]的出现，财产使用权被置于上层，而占有权、支配权与收益权处在下层，财产的拥有者在保有其他权利的前提下，使用权

---

① 姚炜：《权变管理理论研究》，硕士学位论文，苏州大学马克思主义哲学，2003 年。

② 沈秋彤：《共享经济的产权分析》，《全国商情》2016 年第 20 期。

与所有权发生分离，这使得私人财产具有了公共产品的非竞争性。对于使用者而言，他们通过多次使用而不占有的分享行为，既以低成本暂时占有使用权满足了自己的使用需求，也减轻了购买压力和生产带来的环境压力。例如当前发展较快的汽车领域的资源分享，私家车存在着庞大的闲置时间，这反映了资源配置的不合理，导致车辆大量生产带来资源浪费。而在此同时，还存在一个对汽车有需求但没有可用资源的群体。重用主义指导下，车主对车辆的所有权使用权分离，通过平台将使用权按需分配，供给车辆需求方使用，实现了车辆资源的有效利用。重用主义使人们由产权观念转向分享观念，人们的消费行为由一次消费终身占有转为物尽其用，遏制了需求增加所带来的生产增加，改善了产能过剩，提高了有效需求，推动了绿色发展理念的实现。

总而言之，重用主义是在保护所有权的基础上进行使用权分享利用，从而满足资源需求的一种思想。这种只求所用不求所有思想指导着供需双方，需求者不需占有所有权，可以用他人的资源满足使用需求；供给者在保有所有权不变的前提下，进行使用权分享。在以重用主义理论为指导的分享型社会中，人们追求有效、低成本地使用物品。而且，对使用权的重视也遵守了保护环境，绿色发展的要求，符合循环经济和供给侧改革二者的统一。

二、重用主义使资源分享成为可能

在资本主义经济制度下，强调资本属于个人，即主张私有制，这在一方面促进了社会生产力解放与发展，实现物质生活极大丰富，人们受益于工业大生产，渴望占有尽可能多的物质资源，追求所有权。但在另一方面，资本主义制度也造成人们无节制地攫取资源，低水平地消耗甚至浪费资源等现象普遍存在。这引发了一系列的问题，首先，前期的挥霍性消费已经使得许多家庭债台高筑，而经济危机带来的经济萧条也让人们手中无钱可用，石油价格上涨等一系列的生活成本的提高也使得人们消费能力相对下降，人们开始质疑这种占有式消费的意义。其次，工业时代的大规模生产对于自然资源与环境的消耗也已达到极限，环境污染、资源枯竭，人们认识到自然界无法满足人类对于所有物质资源的占有需求①，人们开始从重所有权的消费时代转向重使用权的分享经济时代，这是人类顺应发展潮流所做出的灵活变通。

在分享经济中，重用主义表现为在承认资源所有权的前提下，实现资源使用权的暂时性转移。闲置资源的存在为分享经济的发展提供了基础，资源的所有者不再将资源牢牢攥在手中，他们通过第三方平台将资源分享给他人使用，所有者可以获得货币或非货币收益。根据重用的物质形态的不同，可以将重用主义的表现形式分为对实物资源的重用和对无形资源的重用。

对实物资源的重用通常以租赁借用的方式进行，互联网平台的搭建取代了传统的租赁中介，打破了出租方与租用方之间的信息屏障，能够以更为高效的方式收集供求双方的信息并进行匹配，扩展了租借可以实现的范围。并且，通过用后评价机制，供需双方间的信任关系更容易建立。这种使用权的分享已经存在于各个领域，大到人们所熟悉的房间、车辆的分享，小到玩具、衣服、珠宝首饰等都已经被纳入分享的范围。在这种商业模式中，公司的运营并不都是以拥有资产为基础的，许多分享经济平台都是轻资产运营，他们并不掌握资产的所有权，而是通过从资产拥有者手中收集闲置资产的使用权，加以管理与再分配，以此创造收益。这种方式既避免了企业持有资产的风险，也避免了生产扩大带来的资源浪费与长时间闲置。例如 Airbnb 公司本身并不拥有可供出售的房产资源，但它通过聚集世界各地闲置不用的房屋、床位，成为了一个全球性的短租房平台。另外，对使用权的重视也体现在愿意放弃对

---

① 程维：《共享经济：从拥有产权到分享使用权》，见 http://xh.xhby.net/mp2/html/2016-04/13/content_1400356.htm，2016 年 4 月 13 日。

无用物品的占有权，用对自己使用价值不高的资源去交换能创造更大价值的资源，实用高于一切这一思想越来越深入人心。这种二手商品交易交换系统的日益完善，为当下产品更新换代速度加快而产生的闲置物品提供了去处。曾经由于二手市场交易中存在的信息不对称问题，人们对这种交易方式持怀疑态度，分享经济为打破这种柠檬市场效应① 提供了解决办法，分享平台建立起买卖双方间直接的交流通道，使得二手交易信息透明化。例如旧货交易网站 Yerdle，通过 Facebook 建立好友之间的分享群，大家有不用的物品都可以拿来交换，让每件产品原本的使用寿命都得到延伸。

重用主义不仅仅限于物质资源，还包括技能、知识、时间等无形的资源。无形资源的占用不会创造价值，但通过分享扩大使用却可以给整个社会创造财富。当今社会，知识技能创造着越来越大的价值，而它们的掌握者除去在一天八小时的工作时间里将知识转化为财富，其余时间知识大多在看电视等娱乐活动中被浪费闲置。知乎、分答、网络课堂的出现，给了知识更大的平台创造价值。知识掌握者在空闲时间的一点分享可以获得物质回报以及声誉的提高，而缺乏此类知识的人们可以及时解开疑问并利用这些知识创造更大的价值。有形、无形资源一切皆可分享，重用主义推动了分享型社会的建设。

三、重用主义提高资源配置效率

在重用主义指导下，一方面降低了资产使用成本，并能通过分享为所有者带来额外的经济收益，另一方面这也符合可持续发展和绿色发展的要求。通过资源的物尽其用，盘活已有的闲置与低效使用的资源，

---

① 柠檬市场由经济学家乔治·阿克尔罗夫提出，指信息不对称的市场。即在市场中，产品的卖方对产品的质量拥有比买方更多的信息。柠檬市场效应下，往往好的商品遭受淘汰，而劣等品逐渐占领市场，从而取代好的商品，导致市场中都是劣等品。

减少不必要的物质生产，用较少的物质存量满足社会发展所需要的较大的物质需求，促进由增量发展向存量优化转型。同时，分享经济中的顺风车、顺手牵快递等概念，有利于促进节能减排，减少环境污染。例如车辆的分享，很有效地减少了车辆生产的资源需求与耗费，并且众人拼车充分利用每个座位，减少了道路上行驶的车辆数，减少了环境污染；分享单车的盛行，向大家传递了减少污染排放，保护环境的理念。每一种对使用权重用的行为，都在方方面面响应了绿色发展的号召。正如安德烈·维尼曼所说的："资源将越用越少，人们应该用一种完全不同的思维模式，寻找全新的循环方式来应对这一问题。我们需要看到每一种材料的潜在价值，这不仅是企业社会责任，更是商业头脑。"分享经济是人们找到的独特的思维模式，利用互联网大数据、云计算等新技术，进行供需的高效、快速匹配，让每份资源高效率被分配到最需要的位置，提高资源配置效率。

　　制造业作为国民生产的主体，已成为分享经济的主战场。分享经济正从分享消费资料走向分享生产资料，从消费环节的分享经济走向生产环节分享经济，从为个人消费者服务到为企业服务，从提高交易效率到提高生产的效率①。沈阳机床厂通过 i5 智能系统的研制，实现了制造领域所有权和使用权的分离，中小企业通过租赁机床使用权生产降低了加工成本，利用安装在手机终端的软件，可以看到机床的工作量、耗电量，这使制造能力的使用可以科学量化并进行合理安排利用。阿里淘工厂连接了淘宝电商与中小生厂商，淘宝电商为减少库存积压，多采取小批量多批次的方式与厂商下订单，并且其后期追加订单时间紧、任务重，这要求生产厂商向柔性化生产转变。厂商将自身接单能力量化，当作商品挂在网上，供淘宝卖家选择合适的厂家下单生产，卖家不需要拥有生产线就可以开店经营，也是通过暂时租用小厂家生产能力实现的，

---

① 安筱鹏：《制造业将会成为分享经济的主战场》，《智慧工厂》2016 年第 6 期。

这种模式很好地调节了线上品牌商"多品种、小批量、快翻新"与上游生产商"大批量、长周期"的特点①，将生产能力碎片化然后进行合理配置使用，也解决了电商找工厂难的问题。国外制造业由所有权向使用权转变的探索也取得了很多成果，例如美国的 Machinery Link 实现了农机闲忙季不同地区的调拨，德国试图通过机床联网实现租赁的按时按精度收费。重用主义指导着制造业进行产能的分享使用并得以合理的配置，一台设备满足多家生产需求，这比每个厂家购买设备管理使用省钱省力得多，以往闲置的生产力都进行了高效的调配，这有利于资源配置效率的提高，并将推动节约产能、绿色发展的进程。

第四节　非人格化交易理论

随着互联网的普及以及互联网信息技术的快速发展，人们之间获取信息的途径越来越多，非人格化交易（impersonal exchange）逐步取代了个体交易、熟人圈交易。在分享的经济环境下，互联网的出现使得资源的拥有者和寻求使用这些资源的人相互间能更容易进行匹配，为人们提供了非人格化交易的条件，人们的交易不再局限于熟人圈，而是更多地转向陌生人，实现了从人格化交易到非人格化交易的转变。非人格化交易扩大了交易的主体、空间的范围，推进供给方和需求方在分享经济平台上逐步实现多对多的交易，并拓展了交易手段的现代化、多样化，拓展了可交易资源数量并降低了交易成本，丰富绿色发展资源。对这一理论的研究，对于解决制造业资源约束的问题、降低成本、实现经济绿色发展起到指导作用。

---

① 翟文婷：《制衣工厂的 IT 化漂流》，《中国企业家》2015 年第 10 期。

一、非人格化交易理论的内涵

道格拉斯·诺斯（1995）指出"人格化交换是建立在个人之间相互了解基础上的交换。在这种交换中，由于人们的知识水准低，经济规模小，交易成本较高。"[①]所谓"非人格化交换（impersonal exchange），就是人们在交易之前，对于交易的另一方没有任何的了解，不能以任何个人形态来区分交易对方"。

人格化交易（交换）是市场经济初期的交换方式。在这种交易方式中，人们的专业化水平很低，经济活动大多在熟人间进行，交易双方之间掌握对方的完全信息，交易活动不断重复进行，专业化和分工上处于原始状态。由于缺少制度对私人财产的保障，人们就缺乏与社交圈之外的人进行财产交易的动机。人们进行交易的合约就是口头承诺，这种交易活动的开展以自身诚信的声誉为担保。由于参与交易的人主要是建立在相互了解的基础上，人们都自愿遵守已建立的规范准则。长期交易活动和道德共识的形成，基本上保证了交易的连续性。

随着分工和专业化的进一步发展，可以交换的物品丰富起来，市场规模也随之变大。除了产品间有分工，产品内也出现了分工。行业的分化使得的人们无法非常专业的区分产品的好坏，市场区域也随之扩张，买和卖不能同时进行，使得交易的复杂性增加。这个时候，就出现了非人格化交易。

现代市场经济下产权制度的确立推动了经济活动走出熟人圈，使得在陌生人之间的交易活动能够顺利进行。在这种形式下，交易对象有广泛的选择，自主交易、完全竞争、自由流动和平等机会是非人格化交易的基本特征[②]。由于扩大了交易对象的范围，参与市场交易的角色也变得多元化，除了互惠互利的平等交易，也会有买卖方依据信息不对称

---

① 诺斯：《制度变迁理论纲要》，《经济学与中国经济改革》1995 年第 3 期。
② 陈国富、卿志琼：《制度变迁：从人格化交换到非人格化交换》，《南开经济研究》1999 年第 3 期。

进行欺诈、违约等不法行为。因此为了提高交易的可靠性与安全性，就需要第三方平台的监管，分享平台的约束以及正式的法律规范制度约束。此时，当交易双方中有一方违约时，另一方可以依法起诉，此时违反方会受到法律的制裁。

基于以上分析，在此，将非人格化交易定义为：交易双方在交易之前没有任何的个人了解的基础之上进行的，以互联网为媒介、以第三方平台为保障、以分享平台为基础的陌生人之间的交易。

二、非人格化交易拓展资源交易空间

分享经济环境下，非人格化交易拓展了资源交易的空间。互联网技术的发展以及分享经济平台的出现、发展、完善，实现了非人格化交易主体范围的扩展以及交易时间空间范围的扩展。具体如下：

1. 非人格化交易拓展资源交易主体范围

随着商品经济的发展，消费者和生产者之间出现了中间人，这个中间人或者是商品批发商、代理商、经理人，或是销售员、交易员，由于行业法规的存在，这些中间人都是可靠地中间人，承担着人格化交易的中介的作用。但是在如今完全开放的点对点式的交易平台上，平台对于用户的自我管理和相互贡献发挥积极促进、监管的作用，从而替代了中间人的角色。

互联网技术的发展带动了通信媒介的变革，推动了例如 Facebook、微博和阿里旺旺等社交软件的出现。这些社交软件的流行推动了人与人之间的交流，尤其使得快速了解陌生人成为现实。并且通过使用这些社交软件，人们逐渐形成了在这种虚拟网络社区进行社交的行为规范，这就为分享经济中的主体的非人格化奠定了基础。无论是从滴滴还是到Airbnb，从蚂蚁小贷到沈阳机床厂，参与分享经济的交易双方已经跳出了原来的熟人圈进行交易。

互联网的出现改变了陌生人之间的关系，使人们可以平台的保障

下放心的与陌生人进行交易，这使得市场交流的潜力大大增加，拓展了资源交易的主体空间范围。

2. 非人格化交易拓展交易时间、空间

传统经济模式下的企业强调对资源所有权的利益保护，各项资源在整个生产流通等环节只能处在其专有的位置上，不能随意改变其运作的位置和运行的时间。传统模式利益关系仅仅是指"单一企业时间空间"与"单一资源"之间的利益关系。这样的模式下，由于各项资源所处的时间和空间不匹配，被浪费的和没有充分利用的资源无法产生经济效益。

而分享经济下交易的全方位全时空特征将传统经济模式下的时间和空间进行重组，分别碎片化了时间和空间，并建立新的时空连接。突破了原有时空固定的限制，也突破了原来的熟人圈交易：一个企业组织空间可以对分属于不同企业组织空间的各项资源要素使用权上的共享；一个特定资源也可以共享到不同企业组织空间。从而将时间与空间进行无缝隙对接，产生全新的经济模式。就供给方而言，不再需要专门的分销渠道，企业或者个人供给方通过共享平台快速精准地定位目标需求人群，就需求方而言，能通过平台迅速匹配所求，获取所需。

简而言之，分享经济下的非人格化交易拓展了资源交易的时间、空间，节约了各项资源要素无用的时间，也节省了各项资源分配不均的空间。从而实现了随时随地全方位全时空交易。

三、非人格化交易丰富绿色发展资源

随着经济的发展，一方面，地球上的资源越来越少，另一方面资源又被少数人占有，导致了资源的相对短缺。分享经济模式下，产品或服务的所有权属性变得模糊，使用权属性得到重视，人们可单纯就使用权签订契约，在这种方式下，经济活动的效率得以大大提升，能够使经济活动的范围大幅度的拓展，拓展了可交易资源的数量并降低了资源交

易成本。具体如下：

1. 非人格化交易拓展了可交易的资源数量

在分享经济的条件下，经济活动的交易范围不断扩大，几乎可以涵盖经济生活的方方面面。在封建时代，受时代的束缚，经济活动的交易大多在熟人圈内展开，很少能在陌生人之间达成交易，人们想进行交易的欲望得不到充分满足，能进行成交的资源范围很小。在资本主义时代，私有产权的存在使得陌生人之间的交易成为可能，虽然扩大了交易范围，但是在交易之前，经济活动参与者需要花费较高的成本了解对方情况，以此来决定是否进行交易，这一过程使得经济活动的效率低下。而在分享经济模式下，随着交易主体非人格化，交易范围随之扩大，也呈现先出非人格化的局面，人人几乎可以在所有领域（如人力、物力、生产能力、知识技能、自然资源等）参与分享活动，提供资源，分享资源。另外，由于人们的交易范围从一对一扩展到一对多，资源的可复制性也更加为人们提供了丰富的可交换资源。

2. 非人格化交易降低资源交易成本

有人类以来就有共享，但不是经济。经济要有成本、收益、规模、商业模式。分享经济环境下，分享经济平台降低了人们的生产成本，信息搜寻成本、谈判成本、监管履约成本等，同时平台以及资源提供者都可从中获得收益，资源使用方也获得了资源的使用价值。例如知识分享平台，为陌生人之间知识思维交易提供平台，突破地域、时间的限制。由于数据通过互联网传播，也大大降低了信息交换的成本。比如知乎分享知识的模式知乎 live，这一平台提供了很多话题，知识需求者若发现分享者的话题能够满足他的需要，就可以通过支付极低的费用，参与知识分享会。当 live 结束后，知识需求方获得了其所需的知识，知识分享方获得了经济收益。人格化向非人格化交易的转变，大幅降低了生产成本，信息搜寻成本、谈判成本、监管履约成本等。对整体而言，也使得整个社会的成本会有很大程度的降低。这也促成了现代经济的快速增长①。

分享经济以及互联网的发展，为实现从人格化到非人格化的交易的转变创造条件。非人格化交易拓展了交易的主体，空间、时间范围，实现全要素、全方位、全时空交易，降低成本，丰富绿色发展资源，促进实现经济的绿色发展。

第五节　分享经济学理论模型

总结上述四个分享经济的基本理论，可以发现，首先，分享盈余理论鼓励资源占有者分享使用权，将所有闲置资源充分利用起来，实现了公用分享，并创造社会福利。超理性消费理论资源的有效利用方面起着重要的作用。对这一理论的研究为分享经济如何实现"公用化"以及绿色发展起着指导作用。重用主义理论体现为资源需求方只求所用不求所有，在使用权分享过程中获得需求的满足，使资源分享成为可能。最后，非人格化交易扩大了交易的主体、空间的范围，推进供给方和需求方在分享经济平台上逐步实现多对多的交易，并拓展了交易手段的现代化、多样化，拓展了可交易资源数量、丰富绿色发展资源。

分享盈余理论、超理性消费理论、重用主义理论以及非人格化交易理论对于分享经济的实现起着不可或缺的作用，在本节中，将从分享经济学的研究目标、上述理论作用于实现分享经济学的研究目标的机理以及分享经济学框架构建三部分展开。

---

① 卢现祥：《分享经济：交易成本最小化、制度变革与制度供给》，《社会科学战线》2016年第 9 期。

一、分享经济学的研究目标

从宏观经济的维度看，分享经济对于提升参与主体的适应性，突破资源的约束，降低信息不对称和交易成本，提高资源的配置效率，促进经济高效增长等方面都有着重要的推动作用。在这里，将分享经济学的研究目标主要归纳为：揭示分享经济的实质、提高资源配置效率以及降低交易成本。下面分别对提高资源配置效率以及降低交易成本这两个目标进行分析。

1. 提高资源配置效率

分享经济的核心目标是提升资源配置效率。在传统经济中，资源是有限的，但资源的闲置、浪费、低效利用现象却普遍存在，导致资源的配置效率低下。分享经济就是将上述海量的、分散的资源和生产资料进行快速整合、精准调配和充分利用，通过分享资源使用权，提高资源的利用率，优化资源的配置率，使其最大限度地发挥其效用，在资源短缺的条件下满足人们多样化的需求，实现"稀缺中的富足"。

2. 降低交易成本

分享经济环境下，首先，资源的公用化降低了信息的交易成本。传统经济下由于资源的私有化和专用性以及大多数资源的不可复制性，导致了资源的稀缺。而分享经济恰恰克服了这一缺陷，实现了资源和生产资料从私有化到公用化的转变，使得资源能够大规模地复制。其次，交易风险的降低减少了交易的执行成本。在封闭的传统经济中，由于人类有限理性的限制以及交易过程供需双方交易信息的不对称，导致了交易风险极高，从而产生了高昂的议价成本、协商成本、监督成本等。而分享经济在分享平台和第三方平台的作用下可以明显降低交易风险，从而显著减少了交易的议价、谈判成本以及监督成本。再之，交易频率的增加进一步降低了交易的执行成本。分享经济使用权交易的瞬时化，随着交易频率的提高会大大降低交易的执行成本。最后，匹配的加速降低了交易成本。分享经济利用移动设备、互联网支付等技术手段实现信息资源和生产资料共享，通过共享平台直接地、有效地将需求方和供给方进行最优匹配，双方直接进行动态定价，通过撮合交易，减少参与主体间的信息不对称，从而降低交易各个环节所耗费的成本。

二、分享经济学理论的作用机理

分享经济学理论体系中主要包括分享盈余、超理性消费、重用主义和非人格化交易四大理论，这四大理论共同支持了分享经济下从私有到公用的转变。

1. 分享盈余理论

分享盈余是指拥有知识、时间、产能、资产等资源，同时有强烈分享欲望的人，把这些零散资源的使用权分享出来，供他人使用，创造多倍盈余。这一理论指导了供给方的使用权分享行为，为分享经济平台上一对一、一对多、多对多交易的实现提供了资源供给和原材料。一份资源供给多方使用，从而创造多倍社会财富。

2. 超理性消费理论

超理性消费是人们以群体的形式进行消费，突破个人利益的追求，更关注于集体利益的极简主义消费模式。个体消费者按需使用，社会资源按需分配，是一种社会层面上的理性消费。人们追求的也不再局限于个人经济报酬，此时，社会效应、社会收益、持续性、愉悦感等也成为驱动人们进行消费的重要因素。这一思想指导了资源使用权的再分配，消费者不以仅仅追求个体利益为目的，而是进行集体的协同消费，实现了社会整体利益最大化。

3. 重用主义理论

重用主义在不影响所有权的基础上进行使用权分享利用，从而满足资源需求的一种思想。人们的产权观念由此发生了转变，人们逐步转而重视资源的使用权。这一理论对供给双方都具有指导作用，将资源的供方需方聚集到平台上来，进行资源使用权的高效配置，让资源都能得到充分的利用。在分享经济下，重使用轻所有的理念深入人心，资源富足者愿意将暂时不用的资源使用权分享给他人，资源需求者也愿意借用他人的资源满足使用需求。

4. 非人格化交易理论

非人格化交易是交易双方在交易之前没有任何个人了解的基础上进行的，以互联网为媒介，以第三方平台为保障、以分享平台为基础的陌生人之间的交易。这一理论扩展了交易的时间、空间，由熟人圈交易变为陌生人交易。这种变化增加了可交易资源的数量，海量资源提高了交易的效率，降低了交易的成本，并且多样化需求都可以得到满足。

总体来讲，分享盈余激发供方分享意愿，超理性消费改变需方消费模式，重用主义转变双方产权观念，非人格化交易拓展分享范围。供需双方在分享平台上进行集中交易，通过高效的最优匹配，降低了交易成本，提高了资源配置效率。四大理论为分享经济搭建起完整体系，推进私有到公用的转变，促进分享经济的健康持续发展。

三、分享经济学理论模型构建

本章结合分享经济的理论基础与构成要素，构建了如图 4-1 所示的理论模型。

在上述理论框架与模型中，供给方与需求方分别进行资源的提供与使用，此时，两者之间可以相互转化，每一个参与方都可以成为产销者：既可以担任资源的提供者，也可以作为资源的使用者。分享平台是供需双方进行自由分享的公地，为供需方的匹配和分享提供条件。

而分享经济的基础理论则指导着分享过程的实现，保证高匹配率，实现多种模式交易（点对点、一对多、多对多交易），从而实现规模经济与绿色可持续发展。分享盈余的存在使得供给方分享的意愿远高于往日，人们将知识、资产、产能提供到分享平台上，通过扩大使用增加社会福利。超理性消费模式下，需求方的消费方式和消费观念发生改变，

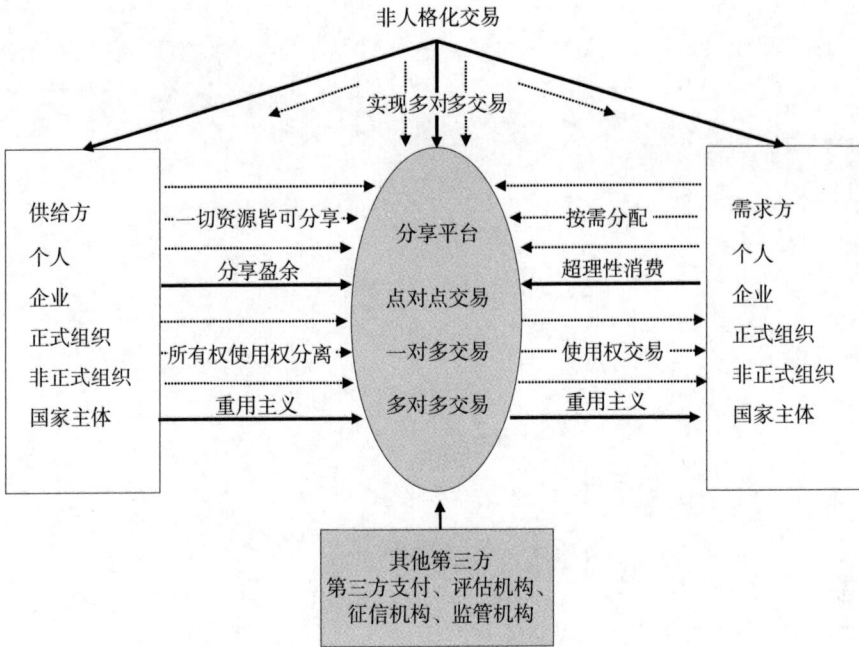

图 4-1 分享经济理论模型

人们以群体的形式进行消费、协同，从而提升资源利用效率。再者，重用主义理论的指导下，供给方愿意将资源的使用权分享到分享平台，而需求方也可以通过分享平台来获得他人的资源的使用权。最后，非人格化交易使交易的范围进一步扩大，交易不再局限在熟人圈中，通过分享经济平台进行陌生人之间的交易，提升资源配置效率、范围及主体规模。

在这四个理论的指导下，分享平台不限空间、时间的地将碎片化的供给与碎片化的需求在分享平台聚集，提高资源匹配效率。而其他第三方则服务并监管着交易的进行，为交易提供保障支撑。由此，便形成了一个分享经济生态系统，在这个系统中，资源利用效率以及交易效率都得到了大幅提高，进而产生了协同效应，实现规模经济。与此同时，也解决了资源约束的问题，为社会创造了富足的资源，为经济的绿色可持续发展提供动力与途径。

第 五 章
分享经济的理念和特征

分享经济作为一种崭新的经济模式，具有非常鲜明的发展理念、特征，这些理念和特征不仅在其发展过程中起到支撑作用，也为揭示其实质和发展规律提供很好的切入点。分享经济的理念与特征根植于分享经济的内涵范畴与学术理论本质之中，分享经济是目前资源有限条件下有效解决资源约束、产能过剩、环境保护和可持续绿色发展等问题的有力手段。分享经济强调"分享即拥有"、有效实现产权分割，通过对资源的使用即可满足需要，而不必占有资源，以利他、大众参与的理念等来实现资源的使用效率最大化；同时，分享经济凭借其开放和海量的资源，合作与按需分配的运作方式，低消耗与高效率、低投入与高产出、低成本与高收益的成本等特征。

第一节　分享经济的理念

分享经济的理念是指在这一新经济模式发展过程中展现出来的有自身典型特色的发展理念。这些理念在分享经济的发展过程中起着非常重要的作用。分享经济所体现的理念多种多样，诸如共享、利他、公众、人本、平等、自由、民主等理念，从实现资源私有到公用，坚持绿色发展的角度来说，分享经济的本质为最大限度发掘各类产品使用价值的角度，实现资源整合与交易成本的降低，因而本书突出强调分享经济下产权分离的观点，认为，分享经济的理念典型体现在分享经济平台构建于在大众参与的基础上，以供需匹配的方式，充分实现资源使用权的细分与无缝衔接，突出强调分享即拥有，使用资源而不占有资源，不用即是对资源的浪费，以利他的理念，在协同合作之中满足各方需求，实现多方共赢，以资源的优化配置带来经济的新型腾飞。

一、分享即拥有

在分享经济领域之中谈到的分享理念的内涵，是指分享经济平台之上的所有资源的共同分享及利用，强调的是对资源的使用权而非所有权，这是所有分享经济主张中共有的内核。这是现代社会消费者消费观念转变的典型表现，反映了人们对资源利用方式的新思维、新探索，是社会文明进步的表现。

"分享即拥有"这一理念的诞生，主要有以下几方面原因：

1. 分享经济对资源所有权的淡化

在分享经济模式下，人们通过使用权的暂时性转移，以租赁的形式使用商品，以合作的方式分享技能，而不是通过购买所有权来享受其提供的服务①。分享经济得以实现的物质基础是互联网第三方平台或媒介的迅速发展，移动互联等媒介的出现，使得产品和服务的生产者和消费者可以打破时间、空间、信息的分隔，实现个体之间直接的闲置资源使用权的交易，且资源匹配速度快，获得信息、资源等时效快，使得分享经济平台的各个参与方的需求都可以得到快速满足，只有在这种情况下对资源的使用权才能替代对产品占有的便利性。

---

① 安宇宏：《分享经济》，《宏观经济管理》2015 年第 11 期。

2. 现代社会资源环保意识的增强

农业文明时期以及工业文明初期，生存的压力以及物权交换的盈利模式使得市场经济下的个体注重以占有资源、消耗资源的形式满足个体需要，而随着社会文明的进一步发展，资源紧缺的问题日益突出，现代人的环保意识与资源节约意识增强，且人与人之间的联系更加密切，合作、共赢的理念日益深入人心，社会更加提倡对资源的循环利用、经济的可持续发展，基于此，分享经济应运而生，在这种新型模式之中实现需求满足的方式由传统经济模式下的苛求所有权转变为以分享资源的形式实现平台各方需求的满足，在分享经济之中，对巨量资源的分享使得个体得以瞬间、及时、高效的满足其需要，因而对资源的分享即是对资源的拥有，仅仅依靠瞬间的资源使用以及能够给人们带来满足感，而不是以占有资源为个体成就的体现。

3. 交易效率提升资源周转速度快

不可否认，现代社会的资源使用效率更快，人们的生活节奏更加紧凑，资源衰减速度也变快，但是在人们不特意注重拥有资源以彰显社会身份地位的新思维下，资源周转速度加快并不必然带来资源的衰竭。要想实现以资源所有权满足人们的各项生存、生活需要，依赖于资源数量的海量性和资源获得的便捷性，这就带来了商业模式的变革，要求产品具有重复利用性且价值转移速度放缓，现代互联网技术提供了交易匹配瞬时性的优势，使得分享经济平台上的资源可以瞬间匹配，共享单车这一新型商业模式也为具有分享理念的传统企业提供了良好的参考范式，资源的循环利用，资源的可获得性都在现代技术的支持下得以实现，有效提升了交易效率。

分享即拥有的理念在经济的绿色发展中起着基础性的奠基作用。"分享"理念是分享经济蓬勃发展的源动力，基于"分享"，才有了大众参与，大众参与下的分享经济平台因为人人愿意分享才使得资源越来越丰富，规模庞大的大众个体乐于分享所拥有的诸如闲置汽车、房屋等实体资源，企业单位乐于分享其所掌握的先进生产技能、实现协同创新，拥有丰富知识的人愿意以其盈余智慧实现群体智慧创新，"分享"理念充分调动了全社会闲置资源，而资源的丰富性是分享经济平台能够有效实现供需匹配的重要前提，有效的"分享"在社会整体层面上实现了资源的循环利用与节约，同时在分享与协作之中进一步促使社会资源流动到更有效率的地方，是对产能过剩的有效克制与先进生产力的全新拓展。

二、使用而不占有

产权是传统经济模式的核心，是市场经济下经济主体得以参与经济活动的物质基础，现行经济体制下对于产权的维护是对个体合法经济权益的保障，产权的作用主要体现在其独立性上，产权一经确定，产权主体就要在合法范围内自主地运用获得权利，只有产权明晰才能依法维护产权所有者的权利。

实际上，分享经济有效的实现了市场经济下产权分离，产权包括财产的所有权、占有权、支配权、使用权、收益权和处置权，分享经济更加注重资源的使用权，以满足需求方产品需求为目的，以分享产品使用权为方式，实现在挖掘资源使用价值的同时降低产能，提升资源使用效率，同时又极好的满足需求方需要并给予供给方收益。

传统经济活动以财产所有权的转移实现盈利，提倡消费主义，诱导了消费者购买了太多"无用"物品，分享经济提供了一种新的交易方式，刷新了市场主体对"所有权"的认识：相比起所有权，更重视物品的使用权，通过与他人共享一项商品或服务，节省资源、金钱、空间、时间，甚至获取额外的收益，同样也可以实现满足个体需求的最终目标，实现了成本—效益的最优解。

分享经济的发展既有其创新性也有其经济学的内在逻辑，产权原本即有的可分割性使得在分享经济模式下所有权和使用权得以分离。分享经济采用以租代买、以租代售等方式让渡产品或服务的部分使用权，实现资源利用效率的最大化。从实践发展看，分享经济模式目前发展比较充分的领域，诸如房屋短租、滴滴顺风车等都是典型的以分享资源使用权的方式盈利，而对于 Airbnb 的房客来说，则在传统宾馆消费方式之外出现了诸如民宿等新兴的顾客体验，更典型的摩拜单车的风靡，使得消费者无需自行购买单车，可以说分享经济较好地满足了人性中固有的社会化交往、分享和自我实现的需求，也顺应了当前人类环保意识的觉醒[1]。而随着分享经济范围的进一步扩大，股权众筹等业态的出现已经涉及到所有权的分享，这种所有权的分割又是分享经济的一个崭新的范畴，股权众筹等新兴融资模式的出现体现了分享经济理念在金融领域的拓展，也为集团企业进一步扩大融资范围，加强股权治理提供了一个新的有益探索思路。

所有权与使用权的有效分离，实现对资源的使用而不占有是分享经济实现从私有到公用的最典型理念。值得注意的是，分享经济在强调使用权的同时并没有否定资源的所有权，而且恰恰是对所有权的维护才使得市场经济得以更加有效运行，资源所有者恰恰是借助于其对资产的拥有才得以得到分享资产所获得的收益，产权明晰是分享经济正常运行的基础，而分享经济基于边际成本递减与最大程度上降低交易成本的原则，从效益的角度出发，以对资源的使用权代替必须获得资源来满足个体需求的所有权，使用而不拥有可以极大降低个体成本。

三、不用即浪费

"不用即浪费"的理念，是从资源节约与绿色发展的角度提出的，强调，没有充分发掘资源的使用权即是对资源的浪费，节约与可持续发

---

[1]　分享经济发展报告课题组、张新红、高太山等：《认识分享经济：内涵特征、驱动力、影响力、认识误区与发展趋势》，《电子政务》2016 年第 4 期。

展正是经济绿色发展的核心所在，而分享经济"不用即浪费"的理念与经济的绿色发展实现了完美契合。分享经济对资源节约的理念相关学者也有探索，戴丽认为，分享经济并不投入新的生产要素，而是将原先沉睡的经济要素，即社会闲置资源，重新投入到经济活动之中，注重对资源的节约①，实际上，分享经济的范围不仅仅局限于社会闲置资源。

分享经济模式下，闲置资源的含义及其广泛，个人闲置的汽车、房屋是闲置资源，由此催生了优步和 Airbnb，以认知盈余为基础所共享的知识也是闲置的个体资源，众筹等平台则是个体闲置资金的有效利用场所，推而广之，企业内部闲置的产能也是其拥有的一项资源，以摩拜单车、ofo 为代表的共享单车，其对一种产品使用价值的充分挖掘也是催动企业盈利的重要手段和理念。

分享经济下的核心理念是强调充分发掘产品的使用价值，一旦产品、资源、生产能力、认知盈余发生闲置，即未使用，就是对资源的浪费，这显著区别于传统经济模式之中的对资源挥霍、抛弃才是浪费的定义，突出强调只有所有资源都充分实现无缝隙使用才是物尽其用。分享经济中对资源使用价值的重新利用和充分挖掘的理念典型体现在以下三个方面：

1. 现有闲置资源的重新利用

为发掘资源的使用价值，对已有闲置资源的重新利用是分享经济目前为止最为明显的特征，比如，交通领域的 Uber 即是对社会公众闲置私家车的二次使用，顺风车的推出使得原本信息难以获取的私家车车主和需求方顾客之间借助于移动互联网平台有效实现供需匹配和瞬时交易，使得已经以货币形式实现价值的个人所有汽车以其使用权再次盈利；共享金融领域内的陆金所、人人贷、众筹网是对公众群体所拥有的闲置资金的有效使用，以小额资金实现聚少成多，有效解决小微企业与

---

① 戴丽：《循环发展新理念：分享经济》，《节能与环保》2016 年第 12 期。

个体融资需求；房屋租赁领域的 Airbnb 是对个体闲置房屋的二次使用；群体智慧领域内的知乎、豆瓣网等对高学历精英群体所拥有的认知盈余进行共享与智慧碰撞，使得个体公众得以在工作领域之外凭借自身学识获得自我实现和价值认同。

2. 产品生产、销售等环节注重以使用权盈利

分享经济在挖掘当下已有闲置资源使用价值的同时，也在各个新兴产业之中以新产品的使用价值为盈利导向。传统经济模式生产者关注的仅仅是产品的价值，以消费者提供货币价值的行驶时实现所有权的转移来弥补成本实现盈利，而在分享经济模式下，生产者或者第三方平台并不苛求于价值的实现，也不仅仅追求产品脱手，即所有权的转移，而是在保留产品所有权的前提下，仅仅依靠使用权的转移也能够实现盈利。

时下风靡的摩拜单车即是此种理念的典型体现，骑摩拜锻炼，骑摩拜游览城市景观，甚至加入摩拜单车猎人群，寻找用户违停的摩拜单车，不到一年时间，"摩拜"似乎成为了绿色出行的代名词，风靡社交网络。事实上，摩拜旗下的单车由自己生产，并非原本既有的社会闲置资源，其盈利模式并非传统自行车厂商售卖自行车来获取直接利润，而且采取了以使用权换取小额但数量巨大的现金的形式，比如使用费、押金和车体、App 广告等，每人 299 元押金，有 10 万人交了押金，那就是将近 3000 万的无息贷款，这样一笔巨大的资金足以使得摩拜以投资或者理财的形式获得数额可观的收入。

在摩拜成功的案例之中，我们可以看到互联网＋、绿色出行、高科技的影子，本质上，摩拜区别于传统制造业经济模式的地方在于，一辆自行车从生产完成到最终报废，一旦可以在市场上充分流通就能够在最大程度上保证其实现无间断、无缝隙的使用，与个体购买自行车相比，个人或者家庭其对自行车的使用至多只有每天两次的上下班过程之中，自行车大多数的时间都是处于闲置状态，摩拜这种经营方式恰恰实

现了自行车使用价值的最大化。

3. 在全社会范围内实现资源的整合利用

分享经济模式下资源整合的方式多种多样，社会优势资源，诸如资金、人才、产能、技术、市场布局、消费者市场等，只有与有竞争实力和发展前景的企业相结合才能更好地发挥其作用。因而，在社会层次中，一个行业要集中优势资源，并最大程度上实现产能共享、技能分享，才能真正实现资源的优化配置，拉动行业强劲发展。以制造业为例，具有品牌影响力和行业优势的企业，凭借自身的优势地位、先进的技术水平、良好的品牌声誉、将自身打造成分享平台，在平台上利用自身的技术、品牌、无形资产等优势资源，采用合作、合资、并购、外包等分享资源模式，可以带动实现行业内的产能分享、技术分享、品牌分享，制造业的产能过剩问题可以通过全行业的共享平台搭建得以解决，分享平台凭借信息的开放性与快速传递性，可以有效实现产能调节，化解过剩产能，从而在横向产业集群和纵向价值链角度同时实现资源整合与优化配置。

基于此，分享经济在强调资源使用权的同时淡化了资源的所有权，拥有物品所有权的企业或者个人，以有偿方式将物品的使用权出让给有需要的企业或个人，供给方凭借资源所有权盈利，而从社会层面来讲，实现了"私人物品"的二次或多次消费利用，带来其使用价值的显著提升。从传统经济学理论"收益—成本"分析的角度来看，"分享经济"是在交易费用极低甚至为零的情况下对消费者"沉没成本"的发掘和利用，使得原有的"市场交易"边界收缩至"个体经济"，实现资源的有效利用和社会福利水平的提升[1]，这将有利于消化过剩产能、避免资源浪费。

---

[1] 乔洪武、张江城：《共享经济：经济伦理的一种新常态》，《天津社会科学》2016年第3期。

四、利他主义

人的本性是"利己"还是"利他"的问题，是数百年来困扰先哲们的问题，生物学家首先对利他行为从物种进化的角度展开探索，社会科学家更多的从感情、人性的角度分析利他行为，分享经济领域的利他主义指的是，参与市场经济的多方个体，在没有明显的自私动机下，从心理满足感、自我价值实现等角度出发，实施的使个体以外的其他主体以及整个社会获利的经济行为。

这一定义，突出揭示了内在心理奖励对人的行为的激励作用，意即，利他行为满足了人的更高层次的需要诸如自我实现等需要，实际上，"利他"既是社会化大生产时代下对各个生产组织、消费个体提出的实现双方效用最大化的合作共赢的要求，也是随着人类文明的不断提升，人类对于自身认可与价值实现的精神追求的体现。

关于利他主义的争议不少，但是，"利他"理念是分享经济模式之中体现最为明显的特性之一，而且明显区别于新古典经济学的利己主义经济人假设，分享经济因而被认为对传统经济学理论提出了颠覆性挑战。实际上，古典经济学的利己主义假设是在极其苛刻的条件下对社会复杂生产生活条件进行简化而抽离出来的数理性假设，其回避对利他理念的探讨，单并不否认社会经济生活之中利他行为的存在。

分享经济的"利他"理念并不是对传统经济学经济人"利己"假设的否定，而是在分享经济时代下对"利己"主义的进行的内涵上的扩大与发展。分享经济存在的社会环境是一个飞速发展的、强调合作创新、协同共赢的新技术时代，在分享经济时代之中，单个个体仅仅追求狭义的"利己"行为是难以实现个体的成功和社会总体福利的提高的，只有参与分享经济平台的各个主体基于自由、自愿、分享的理念，积极分享其所拥有的有形资产以及创意、知识等资源以供他人使用，满足需求方的相关需要并获得物质回报或精神满足感，才能最终在互惠共赢之中推动社会资源的更加有效利用与生产能力的进一步扩大。

利他行为的经济学探索中，相关学者将利他行为分为亲缘利他、互惠利他与纯粹利他三种形式①。分享经济模式下的利他主义主要为互惠利他，典型体现在知识分享领域：

纽约大学教授克雷·舍基（Clay Shirky）所说的"认知盈余"（克雷·舍基，2012)② 是无形资产互惠利他分享的典型体现，在以认知盈余为基础催生的知识社区即是知识领域的分享经济平台，在诸如知乎等知识社区，人与人之间进行的自愿性知识交互，参与者之间交互的资源是其所盈余的知识资源，这种交互本身也是一种知识分享，是以无形资产形式表现出来的高知识分子利他、无私沟通的行为。在当下这个高度互联的世界，人们利用自己可支配的自由时间，进行零散而又集体性的知识分享、内容贡献，实现其社会参与感，满足其创造性体验③。毫无疑问，思维的碰撞，足以产生智慧的火花，分享经济平台恰恰提供了一个思想交流的平台，平台上的初始知识分享，以纯粹利他的形式诞生，最终孕育出互惠利他的结果，分享的资源越充分，最后孕育的智慧成果也就越丰盛。

社会现代化进程的不断加快伴随着社会人需求的多样化，现代人在追求物质利益以实现个体与家庭的生存的同时，更加注重自我价值的实现，利他、奉献、以知识丰富自我启迪他人是分享经济模式下支持各个参与方的重要理念。

五、大众参与

截至 2016 年年底，中国参与分享经济活动的人数超过 6 亿人，正是由于分享经济的大众参与才使其具有旺盛的生命力。2016 年 3 月，

---

① 叶航：《利他行为的经济学解释》，《经济学家》2005 年第 3 期。

② ［美］克莱·舍基：《认知盈余：自由时间的力量》，哈丽丝译，中国人民大学出版社 2012 年版。

③ 季芬：《认知盈余时代社交问答网站知识分享研究》，《中国出版》2016 年第 16 期。

分享经济首次写入《政府工作报告》，明确要"支持分享经济发展，提高资源利用效率，让更多人参与进来、富裕起来"，大众参与是分享经济拉动中国经济增长、提供就业机会、改善人民生活最为显著的优势。分享经济在重视使用权忽视所有权的特征下，以对资源使用价值的充分挖掘实现资源价值碎片化和交易供需匹配迅速完成，而海量资源的存在是大量平台交易得以完成的前提条件，分享经济以较低的准入门槛实现了大众参与，平台参与方既是供给方又是需求方，海量参与者为分享经济平台提供了巨量资源，分享经济平等的准入门槛和自由退出机制是其明显区别于传统经济活动的地方，并且为更广大的社会公众参与市场活动提供了更加丰富的途径。社会各个公众参与分享经济平台的方式多种多样，诸如闲置房屋、私家车、资金、知识技能、生产能力等诸多方面都可以进行分享，工作时间自由灵活，定价方式更加民主，良好的反馈机制是对社会信用的有力保障。

1. 低门槛平等准入

在社会信用机制逐步完善的情况下，分享经济平台的参与方的准入受到法律规范与约束，供需双方的人身安全、物品安全都可以得到合法保障，而完善的分享经济平台为众多在传统经济模式之中难以实现交易、参与市场平台的相关主体提供了平等参与的机会。尤其是相对于企业集团内部专业化人才而言的相对弱势的民众个人，也可以积极参与分享经济，在诸如分享顺风车、分享闲置房屋、分享技能，甚至是参与科技研发的平台交易之中获益。

传统经济模式下存在的公共产品等产业由于资金需求大等原因很大程度上阻碍了社会闲置小资本的进入，尤其是中小型创业者由于资金有限、社会资本范围狭小，极难进入由大型企业垄断的行业领域，而分享经济以平台的形式由于其巨大的资源整合作用使得小额资源等也可以积少成多发挥巨大作用，以共享金融为例，一元乃至一角都可以购买各式各样的理财产品，取得可观的利率回报，这就是分享经济平台的整合作用，其本质在于对分散小量资源整合成一个整体，使得分散的平民大众都可一获得传统经济模式下资金雄厚的个体才能参与市场的机会。

2. 自由灵活

分享经济模式自由灵活，对平台参与各方的参与时间、方式给予了充分的自由，使得大众个体得以在工作之外的业余时间参与分享经济，以闲暇时间实现自由兼职，例如顺风车的出现使得公职人员、朝九晚五的上班族在上下班时间也可以利用其私家车盈利，参与市场经济的方式更加灵活，从整体社会层面来看，最大程度上利用了社会空闲时间，提升了市场经济之中经济活动的效率。分享经济的快速成长改变了传统的就业方式，创造了庞大的灵活就业机会，人们可以依照自己的兴趣、技能、时间及其他资源，参与分享活动，以自雇型劳动者身份灵活就业[①]。分享经济推动了传统的单打独斗式创新创业向分享协同式创新创业演变，参与分享经济的创新创业者通过众创空间实现对接线上线下资源，大大提升创新创业效率。

3. 民主决策

传统经济活动，由于供给方的垄断性以及资源的有限性，其价格的形成过程往往由供给方单方面决定，缺乏协商、讨论、自主自愿的形成途径，且参与各方数量较少，未能发动群体大众集体参与到分享经济平台中来，而在分享经济模式下，基于民主理念和庞大的平台交易主体，分享经济模式下的交易价格是买卖双方互相报价、互相协调、双向乃至多向选择而形成的，在分享经济平台上，由于存在多个供给方和需求方，即使针对同一商品甲乙，供给侧和需求侧都存在多个不同的报价，这就类似于活跃的股票交易市场，对于供需双方来说，其价格形成过程都给予了双方极大的民主自由的空间。以滴滴出行、顺风车等为

---

① 国家信息中心分享经济研究中心、中国互联网协会分享经济工作委员会：《中国分享经济发展报告 2017》，2017 版。

例，平台上的司机和乘客同时报价，双向选择，司机可以根据路况出现"动态加价"，主要体现在早晚高峰期和偏远地区，而如果乘客想减少"叫车"时间，也可以选择主动加价，以吸引更多更近的司机接单。分享经济平台得以实现民主定价、自由选择是基于平台之中庞大的资源容量与供需双方。

分享经济最大程度上拉动社会大众参与市场经济活动，为资金少、规模小的中小企业甚至是个体提供了平等参与的机会，市场准入门槛较低，使得社会就业模式更加自由灵活，分享经济平台参与各方有自由退出、自由进入的权利，又以其民主的决策机制、定价机制为平台大众提供了更大的话语权，这又进一步促进了分享经济平台的平等、自由、民主模式的不断拓展。

第二节　分享经济的特征

分享经济是互联网技术与人类文化发展下的产物，这种经济模式以降低成本、提高资源配置效率为核心目标，因为它的到来，资本主义私人占有造成的资源浪费越来越严重，人们的生活方式也被逐渐改写。分享经济有着不同于传统经济活动的独特性质，体现在化解过剩产能、清洁生产、节能降耗和促进创新转型升级等方面。然而，分享经济为何可以促进资源有效率用、产业变革，实现绿色发展？回答这个问题需要揭示分享经济的特征和发展规律，挖掘分享经济可以使资源的私人占有转化为公用化的机制并区别于私人占有的一般规律和表现形式，从分享经济独特的开放与海量资源、合作与按需分配、低消耗与高效率、低投入与高产出、低成本与高收益等特征分析中发现其成长的规律。

一、开放和海量资源

分享经济的开放性和资源的海量性是分享经济最典型、最基础的特征。"开放"即是分享经济平台搭建的基础理念，也是分享经济模式运作的必要条件，没有开放，就无法实现资源的全方位分享。分享经济之所以能够拥有海量资源，得益于其开放的平台搭建充分调动了社会闲置资源，而在积聚了海量的资源之后，只有进一步将资源开放，实现开放、分享、共赢，才能提高资源利用效率，真正实现绿色、可持续发展。

社会生产力发达的当下社会，一方面存在着产能过剩，另一方面又有相当一部分人的生存需求尚未得到满足，供给与需求之间存在的不完全匹配问题阻碍了市场经济的进一步发展，分享经济最显著的特征即是拥有大量的开放的闲置资源，资源之所以会闲置，是因为拥有资产所有权的人并不能完全使用其所拥有的资源而造成了对资源的浪费，使用效率低下，另一方面，社会上又存在对资源有需求而购买成本较高的个体，分享经济平台的构建，恰恰满足了供给方和需求方各自的需要。拥有海量的开放资源是分享经济健康运行的前提。

1. 资源的开放性

分享经济平台的构建本身就是搭建一个开放、分享、协同、互助的中介平台的过程，而分享经济平台上的资源要实现利用效率的提高也需要后续的开放运作，分享平台上资源的开放性主要体现在如下几个方面：

首先，人人均可获得资源。开放的资源为分享经济平台的每一个参与方提供了可获得资源满足需求的均等机会，在分享经济平台之中，供需双方客户通常既是供给方又是需求方，日常生活中的每一个个体都可以积极参与分享经济平台，第三方分享经济平台掌握大量客户资源，客户为分享经济平台带来了流量和入口[①]。正是基于开放的资源，分享

---

① 张敏杰：《共享经济的发展模式与规制措施研究——基于合作消费》，《江苏商论》2016年第4期。

经济平台的交易撮合才能更有效率，供给的多样性为需求方提供了更大的选择余地，而需求的多样性又使得供给方能够及时迅速通过资产使用权获利，供需匹配越迅速，市场的交易成本就越低。

其次，资源信息充分开放与透明。分享经济依托于互联网平台，其开放性、互动性使得资源信息得以在网站上充分、及时更新，为平台参与各方提供海量的资源信息，有效降低了搜集信息的成本，同时解决了传统经济模式下的信息不对称的问题。

最后，开放公开的信用评价机制。分享经济得以健康发展的有效保障机制即是公平、公正、开放的社会信用评价机制，无论打车平台，还是租房平台，对其名下的经济产业的信息反馈大都来源于消费者的评价。消费者接受该平台的服务，付款后都有个评价系统，给予对方好评或者差评，评价反馈机制是分享经济模式下需求方对供给方的有力约束，也为其它需求方参与分享经济平台提供了借鉴，但是目前存在的恶意差评等问题无不反映出信用机制的不完善，这会极大影响交易的安全，随着分享经济平台监管措施的日益完善，开放、公正、透明的分享经济会使所有平台参与方获益。

2. 资源的海量性

分享经济平台之所以能够拥有海量资源，得益于市场交易范围的扩大。移动互联等技术使得原本不可交易的资源进入可交易的范围。

市场是资源交易的场所，罗纳德·科斯（Ronald H. Coase）认为，企业之所以会存在，是因为市场交易是有成本的，而企业的活动仅存在与一定范围之内，当企业企图扩大交易范围时，由于企业家个体认知的局限性，导致其不能更准确地将生产要素用在它们价值最大的地方，市场交易的成本也会增加，新增的资源的使用效率逐渐降低。也就决定了企业不可能无限制地扩大，以致于完全替代市场的作用①。

---

① ［美］温特：《企业的性质》，姚海鑫、邢源源译，商务印书馆2010年版。

正是因为市场交易成本的存在和企业规模的有限性，许多潜在的交易无法产生。有些资源，虽然有供给也有需求，但是，由于相互寻找、讨价还价、订立合同的成本太高，所以无法进入市场交易，只能闲置，而移动互联网的出现降低了交易费用，使这些资源变为"可交易的"，从而产生庞大的共享经济规模①。以滴滴顺风车为例，如果没有移动互联网的迅速普及，顺风车车主难以得知同行的需要车辆的顾客，顾客也无从知晓顺路的私家车的出行轨迹，一系列顺风车的普及依赖于移动互联网技术、GPS 定位系统、语音聊天功能与相关配套地图协调配合，可以说，是现代互联网技术等新型科技，打破了原本传统经济模式下以企业为中介平台的模式，在最大范围内使相当数量的不可交易的资源进入了可交易的范围，由此解放了海量的闲置资源。

分享经济所拥有的开放的海量的资源是其最显著的特征，也是其余四个特征的基础，没有海量的开放资源，就很难实现合作与按需分配，低消耗与高效率、低投入与高产出、低成本与高收益也更无从谈起，可以说，分享经济以其特有的重视使用权的方式，实现了资源的从私有到公用，既解放了海量闲置资源，又因为资源的海量性和开放性而获益匪浅。

二、合作与按需分配

当一切皆可分享时，分享经济便有了资源基础。然而庞大的公用资源使用权需要渠道转化为经济效益，这个渠道即分享经济的实现路径，通过合作与按需分配的方式来实现分享经济的资源公用化，促进资源以绿色节约的形式流通。

---

① 卢现祥：《共享经济：交易成本最小化、制度变革与制度供给》，《社会科学战线》2016年第 9 期。

1. 分享经济的合作

合作即多人共同参与其中，最后达到共同目的的过程。《美国行为科学家》杂志在 1978 年提出"合作式消费"一词，从消费层面描述了主体之间的相互合作关系。但随着分享经济对"产权"的不断分割细化，合作已经贯穿了分享的整个过程，通过合作谋求多方共赢。通过对分享的流程的和参与方的挖掘，分享经济的合作特征可以从横向式合作和多边式合作两个维度（如图 5–1 所示）进行阐述。

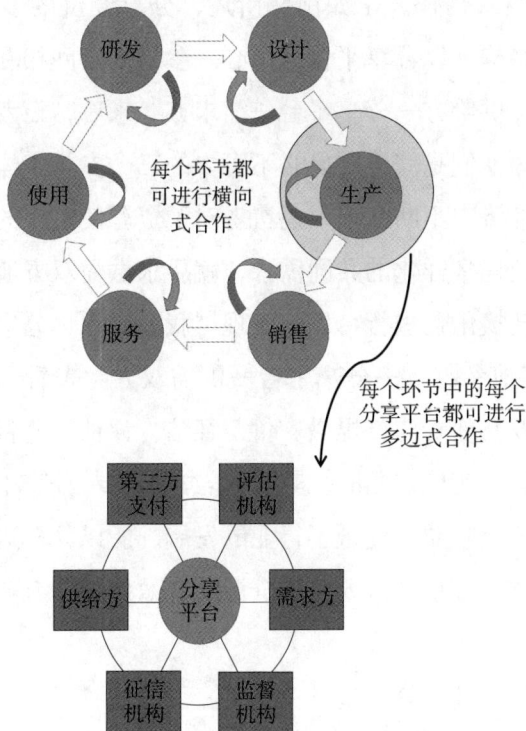

图 5–1 分享经济的横向式与多边式合作

首先，横向式合作。从资源流通的过程可以看出，分享经济的合作基因不仅体现在传统意义上消费者使用环节，还注入到流通循环中的研发、设计、生产、销售和服务等环节。流通中的每个环节，都可以横向地将拥有的资源的使用权进行分享，或者通过他人的分享获得资源的使用权，即在同一环节层面进行同类属性资源的横向式的合作分享，将资源的使用权剥离出来重新分配，最终共同完成此环节，实现资源价值的合作升级。例如在设计层面，当设计一项新的产品或服务时，企业可以通过分享平台从拥有设计资源的人群中获得个人或组织分享的创意设计，即利用群体智慧，开展横向式合作重新分配设计环节横截面某时段的剩余创意设计资源，共同完成产品或服务的设计，并实现了创意设计资源的有效利用。

其次，多边式合作。正如前文所述，分享经济的多个参与方共同形成多边平台结构，以分享平台为中心，参与方之间相互协作，达成多边式合作。从"供给方—分享平台—需求方"来看，三者之间的合作为主要合作，因为他们是完成交易必不可少的三个参与主体。随着"消费主权"在分享经济中不断深入，消费者对于资源使用权的需求越来越多样化，要满足这样多样化的共同需求，就要求供需双方通过分享平台的精准匹配随时转换角色进行合作，实现"我的需求你分享，你的需求我分享"。从"其他参与方—分享平台—供需双方"来看，分享平台连接的供需方还需要其他参与方提供支付、征信、评估、监督等服务以保证分享交易安全有效实施，同时，其他参与方通过与分享平台和供需双方的连接获得了多元收益，促进了行业的发展。所以，多边平台参与方形成了利益共同体，分享经济要实现资源的有效使用，有赖于参与方之间更深入与广泛的多边式合作。

2.分享经济的按需分配

当分享经济促使人们达成分享合作的共识后，如何使得浪费的资源真正得以有效分配成为关键，而解决方案便是按需分配，包括按需供给使用权和按需获得使用权。

一是按需供给使用权。过去，消费主义认为：消费能刺激经济发展，因为消费能促进商品的购买，加速其使用和淘汰，甚至主张不要节俭。毋庸置疑，这种非理性的消费已经观造成了大量的资源过剩，而绿色可持续发展的分享经济正是分离这些过剩资源或新产出资源的产权的使用权，从资源提供者的角度，持有所有权，将使用权分享出去。若是将分享平台比喻成一座巨大的"储物柜"，则供给的优质、低效、闲置资源的可供筛选信息条件便可被输入并储存在分享平台的数据处理中心，使其使用权暂存在每一个"储物格"之中。所有个人或组织秉持让原先浪费的资源充分有效利用的思想，按照自身的意愿需求供给某时段、某空间无需使用的资源，当参与的人具有规模效应时，所分享的资源使用权种类、数量、时空搭配能够几乎覆盖所有的需求。

二是按需获得使用权。分享平台"储物柜"汇聚海量资源、全时空、多数量的资源使用权，从资源需求者的角度，其根据类型、时空、价格、评价等需求选择所需资源，获得资源使用权。按照所需资源类型，需求者通过大数据搜索，能直接锁定到具体的同一类型资源区域；其次按照时空连接需要，在锁定的资源类型中精细筛选匹配的具体时间段和地点，即确认了大体的需求；接着按照价格的上下限，比对信用、质量评价等，灵活选择符合种类和时空条件的资源使用权；最终在庞大的"储物柜"中选定某一个资源使用权，在第三方支付的辅助下完成使用权的交易，"储物格"打开，立刻获得资源的使用权。

当愈来愈多的人在大范围内按需提供资源使用权、按需获得资源使用权并按照约定归还，如此循环往复，浪费的资源便可以通过公用化使用权产生最优组合，从而实现资源的按需分配。

三、低消耗与高效率

资本主义私人占有导致资源即高消耗又闲置浪费，传统的资源流通方式交易时过程复杂繁琐、在使用时物不尽其用，分别呈现低效率的态势。分享经济从理念和实现方式等方面既促使资源实现低消耗，又提高了资源的流通效率，从而使得各式资源在合理方式下得以节约并且有效利用。

1. 分享经济的低消耗

随着全球经济迅猛发展，以资源紧张、气候变暖、生态环境污染等为核心的生态风险逐渐加剧，揭示了资源私人占有的弊端，而分享经济的"转移使用权"能够有效化解资源的高消耗的现状，从而减少资源的浪费。

首先，减少有形物质资源的消耗。分享以节约是分享经济的天然属性之一，减少资源的消耗成为必然。分享平台以资源使用权的形式集聚与过去同等水平甚至更多的总体消费使用量的同时，社会持有资源的数目却大幅减少，暂时性的使用权能够满足需求者的总体需求。当人手一个"贴着"自己名字资源的社会被人手一个"贴着"别人名字资源的社会取代时，社会资源通过使用权的传递实现全方位、多层次地快速流通，这就能从总体层面减少物质资源的消耗。

其次，降低不可再生能源资源的消耗。工业时代以来大量且快速的工业生产消耗了庞大的不可再生能源，比如石油、煤矿等。当这些资源即将消耗殆尽时，人类开始重视地球上的可再生资源，这些公共的再生资源，用分享经济学的理念进行诠释，其所有权不属于任何个体或组织，而是属于大自然，例如太阳能、风能、地热能、生物能、水能等。分享经济下，通过能源物联网及人造的能量转化设施等分享平台，人类就能使用到这些清洁能源提供的源源不断的动力，从而代替原有的不可再生能源的高消耗。

2. 分享经济的高效率

基于资源的低消耗，经济的发展路径由传统的"生产—消费—淘汰—再生产"转变为分享经济的"生产—消费—多次消费"，其中的路径变化从交易效率和使用效率两方面体现了高效率的特征。

一是交易的高效率。首先，传统经济活动中，资源的获取需要获得其所有权，由于在取得所有权时需要斟酌其较长的使用寿命内的性价比等大问题，交易时会花费较大的时间和精力，使得交易效率低下。而在分享经济中，只需获得资源使用权时，人们只需要花费少量资金使用资源，如若该项资源不尽人意，则下次使用时重新选择其他供给即可解决问题。所以，由所有权引发的多种顾虑便打消了，人们交易时的主观意愿便能够在短时间内做出交易选择。其次，与传统经济不同，分享经济引入全时空概念，打破过去时空固定连接的运作方式——即需要某项资源时，只能在固定的时间以及固定的地点寻求。分享经济碎片化时间和空间，通过分享平台将碎片的时间和空间信息作为筛选条件，当需求方需要某项资源时，分享平台能够立刻将符合条件的时间和空间碎片重新连接起来，同时匹配资源，完成瞬时、高效的交易。

二是使用的高效率。无可否认，要使得浪费的资源得到有效利用，除了按需分配，还需要做到"物尽其用"。分享经济中多次消费的核心就在于资源能够"尽"其所用，即重复多次使用，以提高资源的使用效率。目前，分享经济渗入到各个传统存量市场，如出行工具、住宿空间、生产能力等，都是"尽"自行车、房子空间和生产设施产能的用处，使其在原先闲置时间也能得到使用，在提高其使用效率时也提升了使用价值。同时，分享经济也渗入到各式各样的增量市场，如知识技能的相关领域，不同于其他有形资源，由于知识技能依附于人本身，随着时间的增长将有更多的积淀，所以这类优质的、无形的资源能够不断地被重复使用，其使用效率能成倍甚至无限提高、使用价值无可限量。

四、低投入与高产出

分享经济的投入与产出的关系颠覆传统经济追求的"配比"效益——投入应转化为相应的产出，通过使用权的分享，"溢出式不配比"（一定投入的产出量呈现无限扩增的趋势，溢出了传统投入所配比的产出边界）反而是分享经济的投入—产出特点。基于分享经济中资源的公用化和绿色发展，生产型或平台型企业的投入能够在诸多方面明显减少；同时，资源的产出由于观念的进步和范畴的扩充，实现了高产出。

1. 分享经济的低投入

分享经济模式下的企业、组织或个人能够通过分享平台极大地减少在生产、交易阶段的投入。

首先，固定资产的低投入。就生产企业而言，在生产环节，企业或组织可以进行生产能力分享，作为资源提供者或分配者参与其中。厂房、生产设备在某段时间处于闲置或低效状态的产能拥有者可以作为供给方，将资源的使用权暂时让渡给需求者，在整体范围内分配产能的使用价值，减少投资，有效化解产能过剩的危机；在销售环节，可以减少大量门店等投入，在平台进行使用权的销售。就分享平台属性企业而言，其本质为促成交易的中介而不生产资源，采用轻资产模式，减少投入。

其次，技术开发的低投入。海量资源使用权的开放特征，为技术资源解除了禁锢的枷锁。企业、组织或个人可以通过分享平台发布技术问题获取最佳解决方案，或者从已分享的相关技术解决方案中得到相关启发。例如开放创新平台 Nine Sigma，其专注于帮助需求者与外部智慧资源相联系，获取新技术与解决方案，减少投入的同时加速创新发展。这样一来，便能节省不必要的实验研究设备投入和研发人员的研究费用投入。

再次，在分享经济的"非人格化"交易中，消费者更加愿意相信"陌生人"对于资源的留言和评分。人们在分享平台提供的社群和评级系统中对资源使用权进行"售后"交流，交流中的建议、口碑、个人喜好等评论将直接影响到分享资源日后的分享效率，帮助品牌的建立，代替了部分原本广告营销的作用效果，进而节省广告营销投入。

最后，人力资源的低投入。生产型企业可以持有所生产资源的所有权，利用自己的分享平台或其他分享平台出售使用权，从而节省销售等大型的部门的人力投入，例如 ofo 将持有的自行车摆放于公共区域，直接进行使用权的销售；平台型企业经营的是分享平台，所以只需要精简的团队人员，确保平台的日常运行维护即可。如此一来，便减少了原有复杂企业架构中所需要的人力。

如图5–2所示，在生产同样新产品的情况下，分享经济利用分享平台使企业能摆脱资金匮乏的约束，灵活周转在各方面的资金投入，减少各项资源重复性投入造成的浪费，强烈地体现出一种相对低投入的特征。

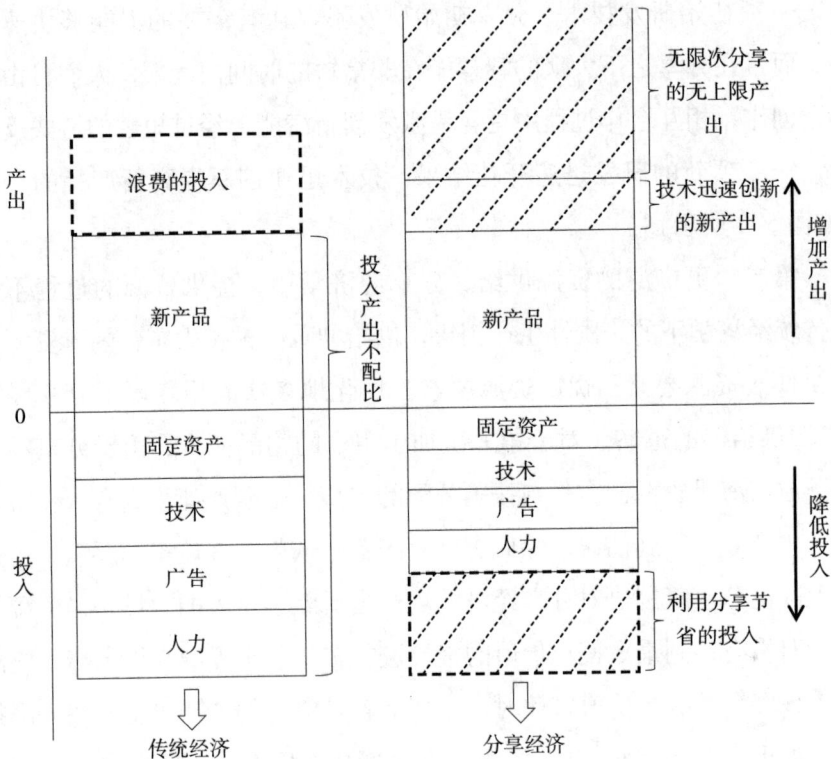

图5–2 传统经济与分享经济的投入产出比较

2.分享经济的高产出

分享经济的高产出特征不仅是相对于低投入而言的，更是由于分享经济模式营造了最优产出环境，解放了生产创造的活力，提高了产出效率。

第一，更高效的研究开发。研究人员认为，版权保护法（尤其是专利技术）阻止了信息的及时分享，拖延了研究进度，妨碍了科学家之间的合作，并且阻碍了创新。更糟糕的是，知识产权保护为巨头公司（例如生命科学公司、农药、制药公司）提供了一种阻碍创造力并打压竞争的手段①。分享经济模式下，传统的专利权保护越来越被看淡。把研发成果通过分享平台对外公开，集思广益，每个有志于改良某项初始研发技术的，可以将技术进行修改完善，利用大家分享的数据等来共同完成一项初始研发技术。分享初始研发不仅让有需要的人能够快速受益，而且在分享之下大众的智慧能在非常短的时间内凝聚，人们自由地沟通创作，相互合作过程中更容易激发创新潜能，经过短暂的链式反应后，一项项新的研发迅速开花结果，技术迅速创新提高新产品的产出（如图 5-2 所示）。

第二，更广泛的资源供给。分享经济学中，提供资源的过程不再是传统经济学下的一次性生产销售，供给的范围被扩大了，闲置资源要素、低效资源要素、优质资源要素公用化地多次利用均属于分享经济"资源供给"的范畴。对于第一次加工生产的物品而言，由于分享经济的开放与海量资源、合作与按需分配的支持，过剩产能得到有效化解利用，生产效率得到加速。除此之外，闲置、低效、优质资源要素使用权的无限次分享复制，对分享经济的高产出贡献了巨大的力量。当资源持有者对没有达到最大使用价值的资源进行多次甚至无数次地供给，便激活了该资源的剩余价值，此时，市场上各种资源的"产出量"将无限扩增（如图 5-2 所示）。这些资源的供给都从本质上体现了分享经济有别于传统经济的高产出特征。

五、低成本与高收益

分享经济通过放开使用权，实现了低成本与高收益：低成本是分享

---

① ［美］杰里米·里夫金：《零边际成本社会：一个物联网、合作共赢的新经济时代》，赛迪研究院专家组译，中信出版社 2014 年版，第 184 页。

经济于传统经济的核心区别之一，分享经济从设立成本、边际成本、流通成本等方面改变了传统经济中的成本结构，使产出商品的构成成本大幅缩减，促进产业绿色发展；与此同时，基于分享的理念，分享经济弥补了传统经济资源低效使用的不足，实现了高收益。

1. 分享经济的低成本

分享经济的低成本不仅是针对资源供给方而言的，而且基于交易双方层次进行分享经济低成本的阐述，在低投入的基础上进一步升华了分享经济能大幅度地减少商品成本和交易成本的理念。其中，商品成本包括设立成本（生产成本和传输成本）和边际成本。

首先，分享经济能大幅削减生产成本。在产品研发阶段，企业可以通过分享平台聚集各地精英思想或技术，共同高效地完成产品的研发，削减了专业研发团队和设施带来的生产成本。在新产品生产阶段，当厂房、生产设备通过生产能力分享时，摊销在产品中的制造费用能够进一步降低。同时，由于能够实现按需订制，可以进一步节省不必要的资源加工成本。如此一来，通过改造研发和生产阶段的旧模式，分享经济大幅度削减了生产新产品的成本。

其次，分享经济能实现传输动力几近免费。大自然免费提供了可再生清洁能源的使用权，人类通过制造分享转换平台来免费使用这些可再生能源转化的动力。例如，投入相关设施建设成本，可以免费利用可再生能源转化成电力，随着发电设备不断地运作，前期成本可逐渐忽略，开发太阳能、风能以及其他可再生能源的边际成本将趋于零，从而使电力几乎免费①。将转化而来的电力等传输动力运用到各种类型的设备运作中，能够大幅降低传输动力成本。

再次，分享经济能实现大规模低成本复制与边际成本无限趋于零。

---

① ［美］杰里米·里夫金：《零边际成本社会：一个物联网、合作共赢的新经济时代》，赛迪研究院专家组译，中信出版社 2014 年版，第 85 页。

资源持有者可以将资源"一次获取，多次出租"，最初的取得成本以及各种费用由每一位需求方分摊，此时成本降低，当这项资源分享的次数越多，需求方分摊的费用就越少，从而实现了大规模低成本复制资源。同时，与传统经济 U 型边际成本曲线不同，分享经济一项资源每分享一次，就相当于给需求方提供了一件"新"商品，分享次数多了，其"边际成本"也就逐渐趋于零了（如图 5–3 所示）。

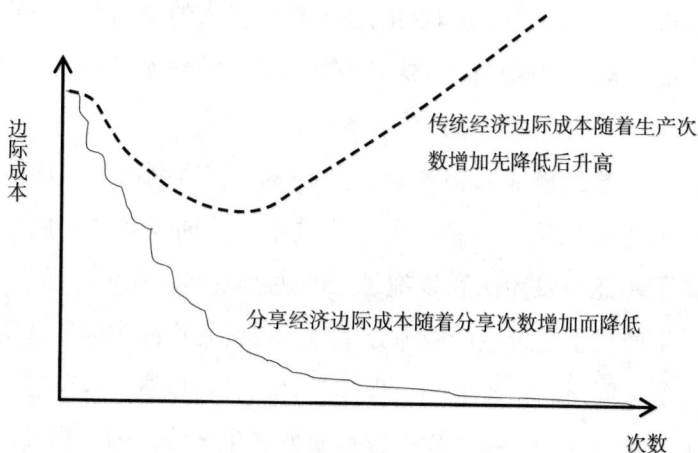

图 5–3　分享经济的边际成本

最后，分享经济能大幅降低交易成本。降低交易成本是分享经济的本质之一。第一，分享平台能够网罗供需双方所需的比对信息，利用社交网络复制社群，降低了各方的搜寻成本、信息成本、议价成本等交易成本。第二，基于大数据等技术的信用和评价体系，加强了对市场主体的信用约束，减少了信息不对称，从而减少了决策成本、违约成本等交易成本。第三，分享经济模式简化了存在制造商、供应商、渠道商等参与主体的冗长的交易流程，削减了传统模式中存在市场势力的中间环节所叠加的交易费用。因此，分享经济从整体上大幅降低了交易成本。

总体而言，与传统经济相比，分享经济从整体上降低了商品成本（设立成本和边际成本）和交易成本两方面的成本（如图 5–4 所示），减少了不必要的资金浪费。

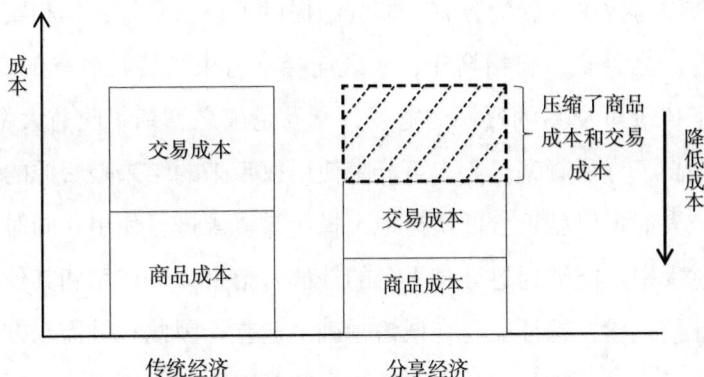

图 5-4 传统经济与分享经济的成本比较

2. 分享经济的高收益

由于分享经济具有低成本的特征，其收益相对于传统经济自然就高了许多。但除了相对于低成本的高收益，就交易双方而言，分享经济的收益是以普世性为前提的，即人人都可以成为供需双方，具有独特的魅力。

就供给方而言，由图 5-5 可以看出，供给方提高收益的途径在于保持资源价格合理额基础上拓宽可供应资源的宽度、增加单一资源的交易数量，分享经济从这两点改善传统经济活动中供给方的局限。第一，丰富了交易种类。开放与海量资源特征为一切皆可分享提供了多种类的可

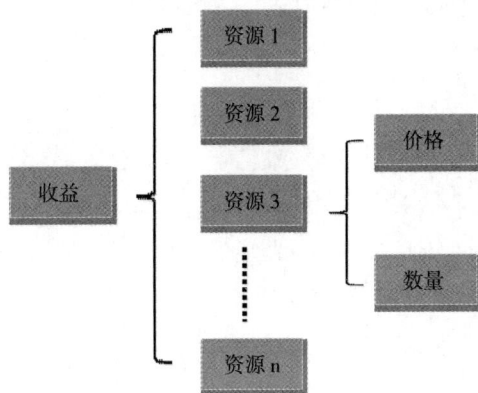

图 5-5 分享经济供给方收益来源结构

能性，合作与按需分配为分享一切资源提供了自由平等合作和实现途径的可能性。当种类、自由合作、实现途径不再束缚各种各样的交易时，便拓宽了传统可交易的资源的宽度，交易量随之增加，收益大幅提升。第二，提高了交易频率。人人可分享使用权带来的结果是资源的覆盖面非常广，人们可以就近方便快捷地选择所需资源进行使用，同时，人们在交易过程中，能够通过分享平台的社群、信用评价体系和其他参与的监督、征信机构，保证交易在诚信基础上建立。因此，供需双方更愿意选择分享平台进行交易，从而使得交易的频率得到快速提升，源自交易次数的收益迅速增加。

就需求方而言，其实现的高收益，是一种相对高收益。由于分享经济的需求方获得的是资源的使用权，使用权从广义的所有权中剥离出来，其价格相对于过去获取所有权时大幅降低，在满足人们日常需求的基础上，每一项资源都能够降低相对的价格差额，当人们生活中所需的资源都在这种模式下进行时，大量所需资源的差额收益叠加便能获得总体的相对高收益。

所以，交易种类和交易频率各自增加的影响以乘积的方式形成交互项拉动收益的增长时，便实现了供给方的高收益；同时，众多价格差的相对收益汇聚也促成了需求方的高收益。

第 六 章
分享经济的构成要素

在分享经济"不求所有只求使用"的理念以及"开放性与海量资源"的特征下，面对地球资源随生产、生活各项活动不断耗用的今天，分享经济无疑为当今资源有限的社会提供了行之有效的发展方式和方法。它通过延伸并补充双边市场，形成供需双方（云）、分享平台方（核心要素）以及第三方的多边平台结构，从而达到共赢并相互支撑制衡的完整机制。本章将基于多边平台理论以分享经济模式中相互独立又相互依赖的基础要素为起点，以分享经济平台的组织要素为框架，灵活阐述各主体要素在组织中的作用及转化方式、媒介及运行机制，试图解释如何利用要素之间合作制衡的治理关系打破传统资本主义私有制禁锢的分享经济模式的灵活体系。其所构成的多变平台具有间接网络效应、交叉网络外部性、价格非中性、需求的互补依赖性等特征。根据多边平台理论，我们构建了如下体系，如图6-1。

第一节　供需双方

刘家明曾指出，多变平台是多个群体在分享的基础上进行互动，通过平台的吸引满足多方需求，并涉及群体间的联络、协商、互动、协

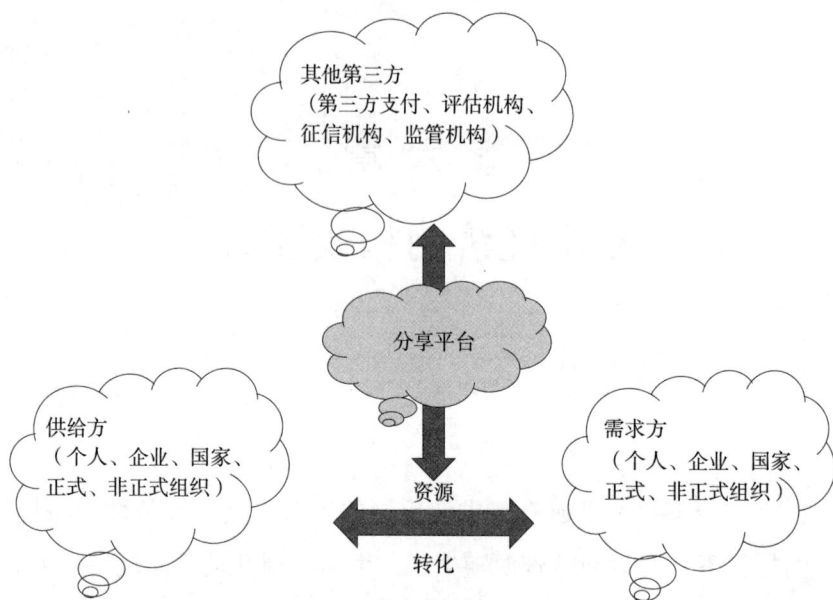

图 6-1　分享经济的构成要素

作、交易和交换等行为①。依据多边平台理论，分享经济涉及到供需双方、分享平台、其他第三方等参与主体。

《认知盈余》一书中也指出伴随户的增多，匹配的可能性增大②。同样地，在分享经济中，资源交易的实现也必须建立在供需双方规模足够大的基础上，这样分享平台才能有效将供给方提供的资源信息与需求方进行对比撮合。此外，基于云计算能够提供数据支持并具有海量性等特点，海量数据可以被高效的管理和处理③，从而形成"供给云"和"需求云"。

----

① 刘家明：《公共平台战略：来自企业多边平台的启示》，《福建行政学院学报》2015 年第四期。

② 卢现祥：《分享经济：交易成本最小化、制度变革与制度供给》，《社会科学战线》2016 年第九期。

③ 刘正伟、文中领、张海涛：《云计算和云数据管理技术》，《计算机研究与发展》2012 年 S1 期。

一、供需双方的功能

多边平台信息透明、平坦通畅、平等合作等特征不仅为多方用户提供了良好的互动平台，还为用户身份的转化提供了途径，以产消者为例，也就是说，平台中的某一个具体用户可以既是平台资源供给方，又是平台资源需求方。

从供给方面看，只要供给方拥有资源，并愿意以处理闲置品、出租盈利、以物易物等方式暂时转让资源的使用权，我们可以把供给方看作产品或服务的供应商。互联网的普及为这些资源的分享和转让提供了工具基础，也为需求方提供了更加个性化和多元化的非标产品，平台的资源整合和可重复使用大大降低了交易成本和信息的不对称程度，满足用户的利益诉求。例如 Uber 和 Airbnb 与普通出租车和酒店的对比，当消费者有租车出行的需求时，供给方可以提供不同车型、不同类型的服务，从而提供比普通化标准化的出租车服务更多元的体验服务；同样，当消费者有出行住宿的需求，Airbnb 分享平台通过提供具有民族特色、家庭温馨等特点的民宿满足了消费者各式各样的需求。因此对于供给方来说，其市场容量巨大，且外延扩张潜力显著。

从需求方来看，需求方可以是多个层面的，它是整个分享模式发展的动力。需求方是基于互联网环境的发展、绿色发展理念、低价高效使用资源的消费观念等驱动下所形成的。需求方不直接拥有资源，却可以消耗资源的价值，通过租、借等分享方式低价获取资源的使用权，从而实现低成本消费、个性化消费和绿色消费。

正是平台的连接和匹配功能，供给双方的参与具有可转化性，一个主体既可以是供给方也可以是需求方，因此可同时享有（闲置）资源的高效使用以及低成本消费带来的收入。

按照资源持有者、资源的分配者以及资源使用者的经济模式，分享的参与者都可以是各式各样的主体，包括个人主体和群体主体，而群体主体根据盈利性质分为盈利组织和非盈利组织，还可以根据组织的结构分为正式组织与非正式组织。其中除了个人主体以外，企业可以作为盈利组织的代表成为分享经济中的重要主体，国家作为特殊的正式组织在分享中起到引领监管的作用。非正式组织则以提供群体智慧为主要方式参与其中，正式组织则以它的规范以及正式性参与在分享经济中。以上五种参与主体我们将他们统称为人格化的"人"，分享平台将这些主体连接并高效分配。

二、个人主体

在分享经济模式中，个人主体具有一个非常广阔的范围与界定，它区别于集体概念，是具有行为能力、开放价值的人。分享经济中，个人不分学历、年龄、背景，是分享经济参与主体中分布最为广泛的一部分，也是群体参与主体的基础。可以说，所有的人类都可以成为分享经济模式的个人主体。

1. 个人主体的结构

在移动互联网时代，个人几乎具有与企业平等的市场地位，是具有知识、思想、能力和资源的独立集合体，互联网工具以及分享环境使个人在分享的时代拥有了更多的价值体现。分享打破了时空的界限，将虚拟与现实相连。使越来越多的人可以在不同的时间不同的地点分享自己的想法、物品等资源。正是基于这种分享的多元性，个人主体参与分享的途径与方式是多样的，参与身份多元且可转变，从而使得个人主体的参与者呈现多样化，他可以是学生、老师、公务员甚至是科研人员（如图 6-2 个人主体的结构）。这些个人主体在参与的过程中，除了满足相互的物质利益和资源诉求以外，还增加了社会"人"在社会中的参与度，使得人在分享中满足了更高层次的情感需求，除了扩大交际推动了越来越多的人加入与认可分享经济模式，自由、个人力量和个人价值被无限放大，社会进入个人帝国主义时代。

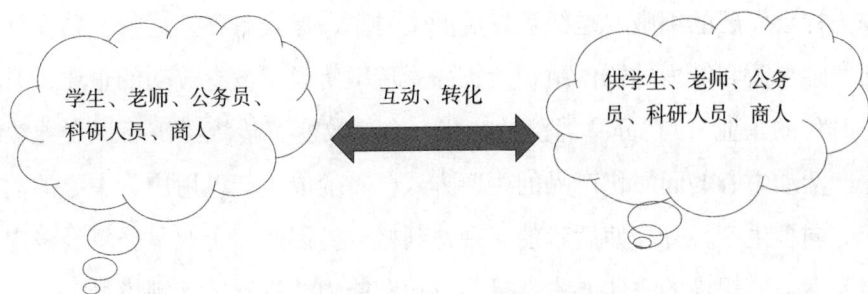

图 6-2 个人主体的结构

2. 个人主体的功能与作用

在分享经济模式中，个人主体起着非常重要的资源提供以及配置的作用。例如，人们可以通过将自己的需求发布到网上，传递到平台，平台利用 LBS、大数据分析等方法对资源进行合理有效配置，将供需连接，使资源在不发生所有权转移的前提下完成使用权的分享与过渡。个人主体是知识技能分享的主要源泉，不论是微博、微信、小红书等群体社交平台，还是知乎、在行等更加专业的知识分享平台，他们都是以个人为主要主体在平台中发布信息、转发传播信息。

个人主体作为数量最多、分布最广的主体要素形式，使得分享经济的模式网络得以在地球上遍地开花，也因此在整个经济模式运行中扮演着举足轻重的角色。例如：个人可以通过分享平台搭建虚拟组织、生活社区等；可以在分享平台上做一个独立的自媒体，发布新闻、做点评、分享经验等；还可以通过平台找到其他供应商和购买方，独立进行采购和销售成为自企业；可以进行自金融等提供借贷等金融服务。在分享经济的时代，个人主体的发挥着不可小觑的作用，为分享经济的发展带来更多的可能。

三、企业主体

作为全球化的经济模式，分享经济拥有世界范围的市场网络，涵盖各行业、各地区、各规模、各组织形态的各式各样的企业形式。企业作为社会发展的细胞，是绿色发展的生力军，是具有独立运行、独立创新、独立盈利能力的群体组织。正如张瑞敏所说"没有成功的企业，只有时代的企业"，在分享经济的时代，企业改变了传统经济下以企业为生产活动中心的同质化产品的生产方式，转变成生产以用户为中心的需求导向型生产，分享使后者的实现达到极致。因此，企业是分享经济中极具潜力、规模的主体要素，是具有盈利能力的特殊的、规模最大、数量最多的正式组织。

1. 企业主体的结构

企业主体与个人主体一起，是分享经济模式中的两大基本主体，但在参与分享经济模式的过程中，企业主体的来源与个人主体不同。企业主体之所以参与分享经济，是为了更好地实现企业的目标：企业价值最大化。不论是工业企业、商业企业还是金融企业，不论是医药企业还是文化企业，他们依托于分享经济所带来的低投入与高产出、低消耗与高效率、低成本与高收益得到了快速的发展。

为了获取盈利，分享经济可以通过多个模式为企业实现盈利，以实现企业与企业、企业与个人等多种方式组合，实现双方资源的最大化利用。不仅可以实现不同企业之间资源的有效整合，还可以提升企业的设备与能力利用率、通过雇佣临时工为企业节省管理成本。因此，分享经济中企业的参与主体不仅可以是来自不同行业的企业，也可以是分享平台的发起者，还可能是处于上下游关系的合作企业等多种身份（如图6-3）。在众多的优势与符合未来社会发展方向的共同受益下，越来越多的企业开展着企业分享经济模式转型升级工作，分享经济的影响也在进一步加深。

2. 企业主体的功能与作用（分享生产能力，不同企业在产业链中的功能，产能过剩）

企业作为分享经济中的第二大主体要素，在分享经济模式中，与个人主体相类似，可以同时扮演资源的提供者、资源分配的参与者、资

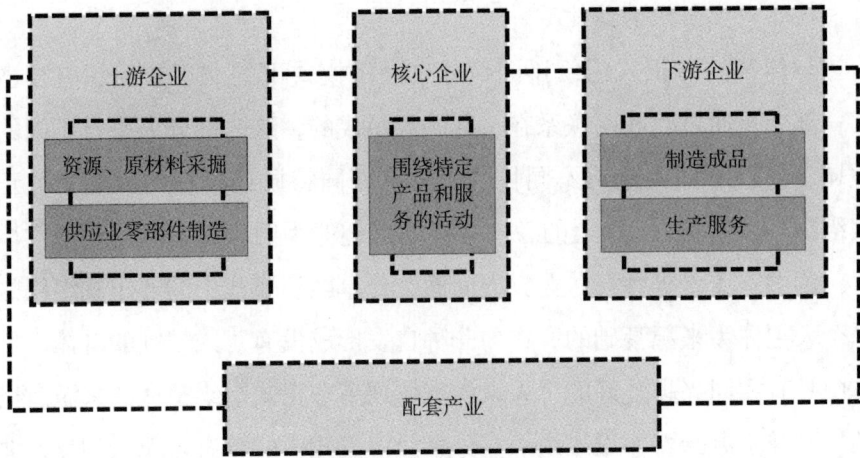

图 6-3　企业主体的结构

源需求者以及平台维护者，且企业在扮演所有这些角色时运作更具有规范性以及目的性，这是由企业的盈利目标所决定的。除此之外，与个人相比，企业具有对于市场、对于经济模式更大的影响力，并且可以通过分享生产能力在整个产业链中解决产能过剩等问题，这是其他主体不能替代的功能。此外，因为企业有着更加完善和有序的治理体系，它比个人主体在分享经济模式中具有更好的信息集合与分散效应。因此，在分享经济的时代，企业更应培养创新理念，利用众智、众筹、众包等方式让更多的主体参与到分享中来、与企业这种具有完善治理体系的组织合作。一个经营良好的分享经济企业比一群分享经济模式下的个人更能对这种经济模式的成长起到推动和促进作用。

四、非正式组织

参与分享经济的非正式组织同样具有宽泛的概念，所谓非正式组织是指在日常的工作生活学习过程中，因拥有共同兴趣爱好而自发结成的松散的非正规组织，在分享经济模式下，非正式组织可以是由任何不同的人组成的。

1. 非正式组织的结构

与传统的非正式组织不同，分享经济模式下的非正式组织有相当大一部分是通过互联网联系在一起的人组成的，这一部分人来自不同的地域，通过不同渠道与不同目的与具有相同特质或目标的人结为非正式组织，以微信、QQ上的各式各样的兴趣群为例，其中涵盖动漫、体育、读书、美食等各行各业方方面面。分享经济模式中的非正式组织是以个人主体为来源基础的，作为一种自发形成没有正式规则的群体，群体中具有相同兴趣爱好的个人来源就体现了非正式组织整体的来源。当然，这并不意味着非正式组织在分享经济模式中的可有可无，相反，非正式组织以其内部同质性的群体组合提升了分享的效率以及信息的多元传递，是分享经济模式中的重要组成部分。

2. 非正式组织的功能与作用（组织行为学理论，通过某种分享机制链接起来，形成群体智慧得到强大力量）

在非正式组织中，组织成员因为相同的爱好、兴趣等目标自发聚集在一起的群体，在组成非正式组织之前，这些成员自身就拥有一些资源，在组成非正式组织后，组织内部可以形成一个小的分享经济圈，成员们可以自主分享、选择、获取其他人的资源，这种资源包括想法、时间、实体等各式各样的类型。在非正式组织的内部，资源分享可以扩展资源的范围增加资源的数量；与此同时，非正式组织是一个相对开放的组织，组织内部以及组织外部可以共同构成一个新的资源分享渠道，结合的产物更是在某一特定领域的资源内容的深入，在进入全球化的分享经济模式中时，所带来的分享的交互将更加丰富，通过非正式的分享渠道，非正式组织所获得的群体智慧是分享经济中的强大力量。以知乎中的话题分类为例，在同一类标签下的人拥有相关领域更多的信息，同时，标签成为用户相互识别的重要标志，当某一领域提出问题，题主和答主均可以通过邀请的方式增加互动。因此非正式组织不仅可以作为分享经济的受益者，同时也为分享经济提供了大量的资源，与个人和企业要素相似，他们可以在分享经济模式中扮演多重角色，但不同的是，非正式组织的形成激发了更多的创意和思想，是分享经济中不可或缺的动力。

五、其他正式组织

在前面的讲述中，已经对分享经济模式中的非正式组织以及正式组织中具有盈利特性的企业组织的来源与作用做出了阐述，同为组织形式，分享经济模式中的正式组织与非正式组织有着显著的区别。分享经济模式中的正式组织同样也是一种自发的组织，但与非正式组织不同的是，正式组织是具有规则的团体，而本节中其他正式组织指的是企业主体与国家主体以外的正规群体，比如科研机构、专业性监督评价征信机构以及联盟协会等等，在分享经济模式中正式组织不仅可以担任供需方，还可能成为平台方，更可以让其他第三方作为监督评价机构在分享经济的运行结构中发挥作用。

1.其他正式组织的结构

与分享经济模式中非正式组织主体的来源不同的是，其他正式组织的来源更加接近分享经济模式中的企业主体的来源，是拥有特定目标、组织结构和特定功能的行为系统。但与企业不同的是，企业内部同时包括正式组织和非正式组织，同时企业也可以被看作一种正式组织。我们可以这样来定义其他正式组织，它是一种有制度规则的自发群体，群体中的个人有着共同的目的，并受到所参与组织中选拔制度与标准的约束。这就使得其他正式组织中的参与者有许多权威性的专业人士或者经验丰富的个人，分享经济模式所带来的巨大经济市场与发展潜力对他们具有足够的吸引力。在分享经济中，其他正式组织可能是科研机构或研究所等。

2.其他正式组织的功能与作用

在分享经济模式中，如果将非正式组织所带来的分享资源与所创造的新的资源比作记录历史的野史，那其他正式组织所带来的正规的制度化的资源就可以看作历朝历代官方编著的正史，二者相辅相成，缺一不可。正式组织规范分享经济模式的构成与规则，搭建起分享经济的基础与框架，非正式组织带来一些打破常规、充满想象力的灵感，拓展了分享经济模式的外延，丰富了分享经济的内容。但与前几个主体要素相同的是，其他正式组织同样可以扮演分享经济的供需双方、平台方以及其他第三方中一种或多种角色，这种角色的转换依靠平台的资源和功能实现。

六、国家主体

从内容与特征上来说，分享经济模式下的国家主体可以归类于正式组织。国家主体是相对于上述几个主体具有更为强有力的影响力与权威性。政府是国家主体行使权力、推动政策的载体。在任何时代，任何经济形势下，政府与社会的良性互动都有助于社会的和谐发展。因此，国家主体的参与不仅可以促进多领域的分享，还可以推动法律法规的完善，为分享经济保驾护航。

1.国家主体的结构

国家主体的来源是包括世界各国在内的众多参与包容分享经济模式的独立国家，也是能够对公共资源进行分配的参与主体。分享经济中，多边平台的互动合作、信息传播、平等交易等行为都是需要在内部自治外部监管的体系中完成。国家主体作为分享经济模式的重要主体，其中的法律政策、金融体制、各项规章制度以及公共资源的分配、公共基础设施的建设是分享平台赖以生存运行的基础。对于国家主体，全方面地获取世界信息、综合评价规章制度的影响是做出有利于经济发展的政策的前提。国家主体在分享经济模式中更多地扮演平时放手关键时刻插手的宏观调控者角色，作为重要的参与主体，如何实现分享经济落地、绿色可持续发展是未来全球社会发展的方向。

2.国家主体的功能与作用（监管功能）

在分享经济模式中，国家主体所扮演的角色更多的是规则的制定者、市场的监督者与经济模式的引领者。作为分享经济模式主体要素中的最为高级的组织形态，国家主体在经济模式中具有最强的公信力与引导力，这也是国家主体行使监管功能的主体。国家主体可以通过制定相应的规章措施，来引导分享经济模式的发展方向，同时对市场进行有效地监督，保证分享经济模式的有序运行。此外，社会公共资源的管理与有效配置就是通过国家主体进行合理有效的集合和支配。

基于互联网工具、绿色发展理念以及多边多元平台的协作与整合，使各个主体要素愿意并且能够在平台中找到自己的角色并满足自身的诉求。主体是基础，平台才是主体能够分享的核心，它是使单个主体资源积极分享转让的媒介，是私有到公用过程的催化剂。

第二节　分享平台

分享平台是组织要素中的核心要素，也是多边平台中的核心要素。在分享平台的发展初期，平台通过连接供给方、需求方以实现供需匹配，随着平台的定价征信监督体制不断发展完善，第三方支付机构的产生以及其他利益相关者逐渐加入，便形成了以分享平台为核心的多边市场平台。

平台提供方是指为供给方和需求方搭建交易平台的分享平台搭建者。平台分享将交易从传统的商业行为中置换更新，使交易由原先的"人格化"转变为"非人格化"。借助于分享平台，个人不再是受雇于企业的员工，而是独立的"企业主"，庞大的消费群体减少了供给方寻求客户的时间和机会成本；而需求方在平台中搜寻各式各样的产品或服务，花着相同甚至更低的价格享受了相对更好的资源；从平台方来看，分享经济平台应用网络大数据算法，精准地将闲置资源的供给端与需求端精准匹配，并引入第三方机构建立互助互利的多边平台。在平台运行中分享平台不仅表现形式多样还担任着连接匹配、存储分析和交易盈利等多项功能。

一、分享平台的形式

在分享经济模式中，分享平台是一种特有的市场要素，它的主要来源是众多平台式的中枢型分享经济企业，且主要以分享网站为主，出租者和租借者通过在网站上注册，获取得到服务的权利①。Uber、Airbnb等都是分享经济模式下新出现的平台式企业。在交易过程中，分享平台首先会获取资源持有者与需求者的需求，之后，在平台中，对供需双方进行快速高效的匹配，进而实现交易，可以说，分享平台是分享经济模式交易的枢纽。但随着分享概念不断更新发展完善，分享模式也有了更多的表现形式，有些分享平台不是以网络平台的样式呈现，比如分享生产能力的青岛啤酒厂，企业本身就是一个分享平台；此外，沈阳机床厂成功开发出的世界上首台具有网络智能的机床与平台系统——"i5智能化数控系统"，也是分享平台的一种表现模式，用户不仅可以在这个系统中分享生产能力，还能实现机床的闲置时间租赁。当然，还有些分享平台是以个人的方式呈现，比如在公园卖画的画家，个人本身就是分享平台、分享绘画技术资源。因此，分享平台不仅可以是基于互联网技术的分享网站和系统，还可以是个人、正式组织以及非正式组织等主体要素。

二、分享平台的功能

分享平台是超出传统市场具有市场功能的平台，互联网等移动技

---

① 黄骏：《对我国分享经济发展的研究》，《经营管理者》2016年第2期。

术基础和绿色发展理念为拓展延伸了平台的功能，使平台突破时空的限制将供给方、需求方以及其他参与方连接在一起，将各方的资源集合在平台方，利用云计算、大数据等手段管理各方资源并进行资源数据的存储与分析，将交易双方进行最优匹配，使得各方收益达到最大化。除了匹配供需关系，为了实现平台的健康有效的运行，分享平台还需要有其他的一些功能，比如反馈、监督等，一方面交易的参与者可以通过留言、评价等方式为其他参与者提供参考，另一方面平台可以通过分析，反馈用户信息以完善平台的信用机制。可以说，分享平台作为分享经济交易模式的枢纽，通过连接多方参与主体形成合作共赢、相互支撑制衡的体系，从而构成了完整均衡、公平高效的治理机制。（如图6-4）

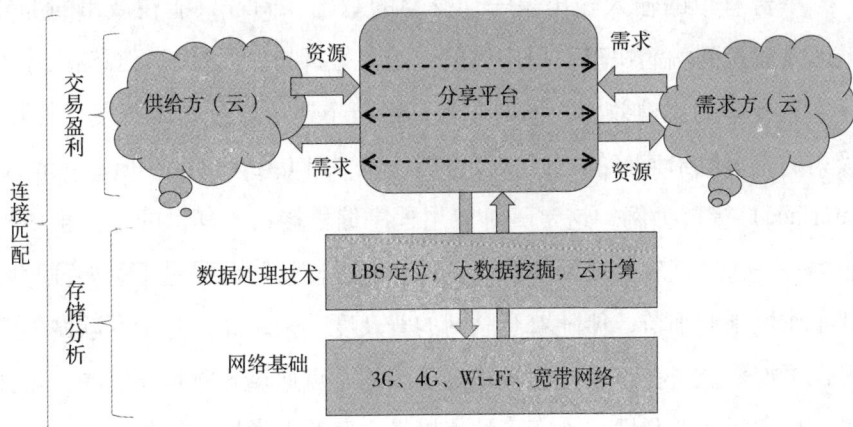

图6-4 分享平台的功能

1. 分享平台的连接匹配功能

分享平台连接着供给方和需求方，在分享平台实际运作的过程中，与前文描述角度有所不同，这里将分享平台与供给方的联系称为连接，将分享平台与需求方的联系称为匹配。除此之外，分享平台自身的运作也需要运营商的网络连接。

（1）连接功能

分享平台的连接媒介当前主要以互联网为基础。从3G、4G、Wi-

Fi、宽带网络的构成，为数据交换提供了物理保障。WLAN 的有效利用能够最大程度地发挥各种接入技术的优势①。互联网与 PC 端的结合形成传统互联网，互联网与手机端结合形成移动互联网。正是移动互联网的发展，极大地推进了分享模式大发展，使连接不再受时间空间的限制。这样的连接功能不仅可以连接供需双方以及参与第三方，还可以通过连接互联网中的不同站点实现接口的开放，从而实现资源的叠加效应。目前分享经济的分享平台以网络实现为主要形式，但也有部分资源的分享是不完全需要网络就可以实现的，比如温氏集团的股权分享、青岛啤酒和沈阳机床厂生产能力的分享以及米格实验室的科研共享等等。

平台有效的输入输出是一切交易的基础。倘若只能在城市的部分地区才能打到滴滴快车，用户体验一定大打折扣。大量的资源输入才可能实现分享的规模效应。同时，分享经济下还可通过开源将接口打开，极大的丰富供给连接的方式以及可能。以 API（Application Programming Interface）接口为例，这是一种应用程序编程接口，其目的是提供一种能力——通过某软件或硬件访问例程，既无需访问源码也不需要理解内部工作机制的细节。伴随着互联网的普及度越来越高，基于互联网的应用也更加普及，在这个过程中，有更多的站点通过开放自身资源，增强了站点之间的关联性，丰富了站点提供内容的多样性，增加了站点的用户群和服务访问量，这是简单的平台连接所不能达到的规模和数量。除了供给方资源的提供，需求方寻求资源的信息同样也是平台的资源，这是平台能够进行资源对接匹配的基础。

此外，分享平台为了实现平台健康有效的运行，仅仅通过扩大供给双方的资源规模是不够的。由于分享经济模式具有"非人格化"的交易特点，因此供需双方的匹配需要建立信用评价机制，供需资源的灵

---

① 张博、党丽媛：《WLAN 与 2G/3G/4G 四网协同运营分析》，《电信技术》2014 年第 8 期。

活性也需要具有定价功能的机制接入，此时，分享平台便会接入其他第三方，这里的第三方并不是中介，而是提供平台平稳运行的功能性机构。

(2) 匹配功能

分享平台的本质是为了实现资源的有效配置，而配置的方向和内容需要平台两端大量的资源持有者和资源需求者。正如前文描述的，分享平台的连接和管理功能将资源所有者的资源数据汇集到分享平台上，为最终与需求方实现匹配功能奠定了基础。但与传统模式人们花费大量时间成本寻找所需的合适资源不同，分享平台能够高效率地实现交易主体之间的匹配，这是分享经济去中介化的体现，供需双方不再依附传统商业组织来满足自身供给需求和消费需求，而是可以直接通过平台进行匹配，商业组织的中介作用被弱化。例如，在分享型制造业企业生产过程中，当企业内部的生产能力不能满足大量的产品订单时，企业无需借助第三方中介寻求生产商或是购买新的设备扩大生产力，只需要在已搭建的平台中寻找具有闲置生产能力的生产商进行外包或是闲置的设备进行租赁。有效降低了平台的交易成本和生产成本。总的来说，分享平台主要从资源种类、时空、定价三个方面实现高效匹配。

首先，现有的分享平台已经在各个领域提供了可分享的资源，未来将会有越来越多容纳多方资源的综合性分享平台应运而生。当供给方提供资源的丰富程度和质量保证足够吸引需求方，资源需求者会主动在分享平台浏览分类目录、搜索，从而锁定资源类型，以便快速完成时空和价格的匹配。同时，分享经济满足需求个性化的特点能够加强资源锁定，提高资源选择效率。以阿里为例，它已经建立了一个的生态圈，即渠道商、制造商和消费者等利益互取方的多重集合。它的交易流程可以简述为以下方式：由企业的贸易平台供货，消费者等通过个人交易平台进行交易，中间商可以把消费者的个性化需求反馈给制造商提供指导，配套的云计算、金融服务和支付工具就可以通过对上述的客户资源价值挖掘为中小企业提供增值服务①。我们可以看到，在这个生态体系下资源被平台有效利用组合分配。我们还可以看到，米格通过构建科研共享将来自各大高校、科研机构有关部门，及高科技产业园、创业孵化器、互联网信息平台、各种行业协会等多方连接起来，业务方面涉及设备租赁、科研服务、技术交易、科技成果转化、咨询、人才招聘等诸多方面。

此外，对接时空也是分享平台实现匹配的关键步骤。时间和空间作为抽象的可分享资源，其价值不局限在自身的分享，更大程度体现在其为供需双方提供的对接服务。分享平台连接的供给资源和用户需求处在不同的时空，其匹配能力除了取决于资源的丰富程度，还取决于需求与资源之间时间和空间的匹配程度。例如，Airbnb 将民间住宿资源对接时间（居住日期）和地点（跨地区、跨国家）来满足用户需求；Uber 将汽车资源对接当下时间和地点，即时附近的车就可以为马上为用户提供服务。所以，分享平台能够凭借精准的计算能力实现对接时空的供需匹配，从而提升了供需交易的可能性。

构建灵活合理的价格体系是分享平台实现高度匹配的最后一步。定价体制主要分为两种，分别是静态定价体制和动态定价体制。很多分享平台在发展初期以大幅折扣、补贴用户等方式来吸引、积累前期用户，希望以此方式迅速打开市场、引爆用户②，其意义在于平衡供需两端的价值。分享平台选择补贴哪一方，取决于哪一端价值增长缓慢，根据木桶效应，价值增长缓慢的用户端必定会阻碍价值增长较快的用户端的体验升级。因此定价是实现供需匹配的有效方式。以 Uber 为例，在产品定价上，Uber 公司的平台根据供需量和不同时段以及不同的服务制定不同价格，有效利用价格对供需量进行控制，从而实现双方的匹

---

① 李二亮：《互联网金融经济学解析——基于阿里巴巴的案例研究》，《中央财经大学学报》2015 年第 2 期。

② 王颖、陈威如：《如何踏上分享经济平台的"快进轨道"》，《清华管理评论》2016 年第 4 期。

配，例如在出行高峰期时段，平台会为服务供给方提供补贴，并在需求方抬价，从而达到供求平衡的效果。因此，分享平台采取让利的形式灵活定价，能够对平台的供需用户端进行价值调节，当上述假设中的需求端得到补贴，其用户好感将迅速上升，价值快速增长，从而引爆供需匹配的网络效应。综上所述，灵活供需两端的定价，将进一步提升匹配的可能性，最终实现供需双方在分享平台上的交易。

此外，分享经济还存在静态定价机制，在该机制中，商品的市场价格主要由卖方确定，尽管商品价格在较长的时间范围内也会发生改变，但是这种改变是一种阶段性的改变，价格准确性也有待考量。因此在当今多变的市场环境下，互联网技术的应用使得定价机制更富有动态性，能够实现市场价格与市场经济条件的实时匹配，使卖方与买方之间的交易匹配更优化，有效提供市场效率。

2. 分享平台的存储分析功能

分享平台的连接功能将大规模资源汇聚到分享平台上，分享平台需要对资源进行有效管理。分享平台通过存储、分析来实现对资源的分类、更新和维护，进而保证匹配功能的实现。

（1）存储功能

存储层为上层分享平台的其他管理功能和匹配功能提供可分享资源的数据源。存储管理具体体现在对原始分享资源的数据进行整合、分析、交换、存储等方面。当资源持有者将所持有资源的信息提供给分享平台时，分享平台需要对信息进行一系列的数据转化，进而以可读取的形式存储，才能进行下一步的管理和匹配。所有的数据存储在数据中心，对不同应用系统的数据进行合理有效地整合清洗，建立规范化的数据交换接口，具有灵活的可扩展性[①]。技术的进步为分享经济模式容纳

---

① 王勃、王璐：《互联网金融经济学解析——基于阿里巴巴的案例研究》，《中央财经大学学报》2015 年第 2 期。

海量的资源数据提供强大的计算机信息技术支撑。同时，这些计算技术也贯穿在以后的各个阶段，为功能的实现奠定运算处理基础。

(2) 分析功能

分析功能是平台对分享的数据、用户等资源进行管理，当海量数据存储在分享平台中后，数据需要在设备良好和环境安全的条件下得以控制、管理与分析。即平台需要基于安全的互联网环境与系统技术支持。其中计算机网络安全控制，具体包括分享平台上网络用户的安全责任、系统管理员的安全责任、正确利用网络资源以及检测到网络安全问题时的对策等内容①。通过信息、云计算、大数据等技术，确保设备的正常运转和分享平台运行的安全，随时进行异常现象排查。才能保分享平台的交易顺利进行。分享平台的分析功能主要包括数据分析与用户分析。

首先，是数据分析。传统经济模式下，生产不同类型产品或者提供服务的企业众多，并且每家企业的分销渠道不尽相同，因此各式产品或服务多样却分散，标准化程度低。在分享经济模式中，分享平台要实现有效运营，首先就是要整合各类信息、内容和应用，将不同供给方提供的各种业务和服务有机地结合在一起。具体来说，首先，运用大数据等信息技术，将分享平台上已经存储的杂乱无章的资源数据进行属性编码，同属性数据归为一大类；其次，提取大类中资源数据的个性进行标签编码，通过运算将大类中的资源数据按不同方向的个性在分享平台上细化。以分享经济中的美团和大众点评等手机 APP 为例，平台通过利用汇聚的资源通过多种数据分析技术为平台的不同参与者提供服务。首先，我们把团购 APP 看做一个平台，这个平台通过定位技术获取用户地址和商家地址，为用户提供了附近的商家；同时还可以通过与商家合作利用不同的优惠窗口提供商家信息。反过来，平台通过用户的团购数

---

① 朱远明：《计算机网络安全及控制策略》，《移动信息》2016 年第 6 期。

量、点评内容以及评分高低等反馈信息通过大数据分析将商家在 APP 中的顺序进行排序。平台通过这些技术为客户提供了便捷、价廉质优的产品和服务，也为商家吸引了客户、提供了用户消费习惯等交易数据以及用户反馈。数据分析的过程越标准，分享平台越容易管理，用户体验就越好，进而提高交易频率。

其次，是用户分析。将分享平台上的资源数据进行分类和标准化后，分析管理的第二步是进行用户分析。用户分析主要从四个方面来把握：供给方分析、需求方分析、信用分析、群体分析。供给方和需求方从不同的入口进入分享平台，用户中心分别为供给双方建立档案。评价体系和群体是降低信息不对称和提高用户体验的有效途径。平台可以通过将评价体系进行标准化处理，对用户的评价标准、意见进行分类、筛选、提取，反馈给供给方和其他需求方。群体分享则体现着分享经济自由平等的理念，陌生人之间能够有足够的空间，在具有较完善征信体系的平台中交流，打造分享经济的社群概念，让人与人之间的交谈能够促进供给方和需求方之间的交易有效率地进行，提高用户忠诚度。同时，由于标准化分析了分享平台上的各项功能，用户中心可以时刻监察用户状态，将表现异常的用户放置分享平台的隔离区，进行彻查等后续处理，防止危害的发生。

3.分享平台的交易盈利功能

分享经济下，为了实现价值利益的有效配置，交易与盈利是分享经济模式下落地发展并实现长期运营的关键，交易功能是盈利的基础，盈利功能是交易的目标。

（1）交易功能

分享平台作为交易流程的枢纽与核心，在分享经济模式下具有重要意义。在传统经济模式下，传统交易平台的作用主要是为企业的产品提供一个可以展示与售卖的渠道，与分享经济模式下的分享平台相比，这种传统的交易平台缺乏有效性与互动性，供求双方互相寻找、讨价还价、制定合同的成本太高，使得资源无法进入市场进行交易，只能闲置浪费，也导致交易对象只能被动的选择产品，并不能从供给方出发主动满足需求者的需求。在分享经济模式中，分享平台作为以互联网为基础的交易平台，它不仅是资源售卖的"展示柜"，更是一个有效的联结分配平台，一个充满互动交流的信息平台，在交易中，分享平台通过互联网广泛地获取交易主体的资源，提供信息与资源需求信息，通过有效的计算与分配，将这些需求与相对应的资源搭配在一起，使曾经"闲置"、"不可交易"的资源变为"可交易"的资源，这样可以最大限度地满足交易主体的各项需要，同时减少资源的浪费，除此之外，在交易过程中，交易主体之间还可以通过分享平台进行互动交流，更好地实现了交易双方的联结，再加上人们消费理念的转变，交易形式由过去的"以买为主"转为现在的"以租为主"①，对提高分享经济模式交易流程的效率与效果具有重要意义。

（2）盈利功能

分享平台的盈利功能是分享型企业存在以及分享经济落地发展的重要功能。分享平台通过为供需双方进行交易匹配、为第三方平台提供实现盈利的渠道，与此同时，为平台本身带来了多种盈利的方式。产品和服务供给方拥有资源或碎片化时间，通过在特定时间内让渡资源使用权或提供服务，需求方不直接拥有资源的所有权，而是通过租、借等分享方式使用物品，为需求方创造价值，从而为供给方带来一定的金钱或精神回报。分享经济平台通过双向补贴和体验等方式吸引供给方和需求方，一方面平台足够多的供给方为需求方的多样需求提供了选择，另一方面平台足够多的需求方为供给方提供了稳定持续的客源。

传统盈利模式下，收入来自面向顾客的销售行为，而成本来自外

---

① 卢现祥：《分享经济：交易成本最小化、制度变革与制度供给》，《社会科学战线》2016年第九期。

部供应商、内部运营等方面。在分享经济模式下，许多商品和服务的边际成本近乎为零，分享经济通过平台的协同分享极大地提高了资源利用率，从而极大地降低边际成本；另外，分享平台的收入来源广泛，不仅仅来自于商品和服务的需求者，同样还来自于供给者以及平台资源的使用者，企业不仅可以通过在供给方与需求方进行比例抽成，还可以利用沉淀资金投资、大数据分析等增值服务带来的收入；而其成本则主要来自于平台的运行维护、信息技术的投入和研发等费用等。因此通过降低信息不对称、降低交易成本、充分挖掘资源价值，分享平台不仅为供给双方提供了交易平台，还可以通过盈余"创造"从供需双方获得抽成、平台资源延伸服务价值、直接收取使用费用、提供广告和竞价排名等方式获得盈利，为平台的持续运行与创新提供了动力。（如图6–5所示）

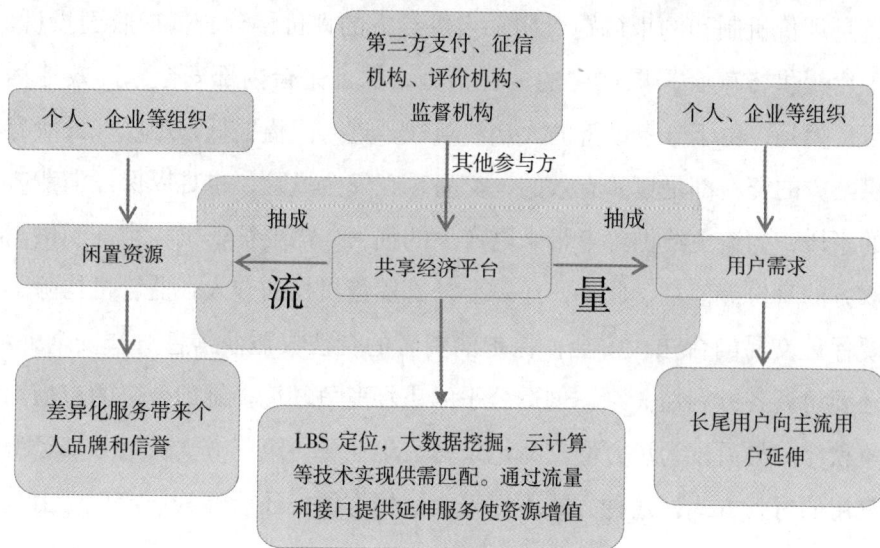

图6–5　分享平台交易及盈利功能

互联网分享平台本身成本主要来源于分享经济平台建设和维护等相关支出，没有像其他企业一样基于产品和服务的固定成本支出，成本较传统企业要低得多，属于轻资产运营，时刻践行资源节约、环境保护的绿色发展要求。可以说，分享平台的存在，调整了多方用户资源的分配关系、开放了资源的使用价值、将平等和谐注入到新的生态秩序中，促进了经济的绿色转型与发展。

第三节　其他第三方

分享经济网络的构成中，其他参与方是不可或缺的角色，如果说市场要素发挥主要功能作用，那么其他参与方就是确保主要功能实现的黏合剂。其他参与方主要包括第三方支付、评估机构、征信、监管机构。

评估机构可以被看作内部监管即平台提供方建立的监管系统，也就是评价机制和约束惩罚机制。当供给方的评价得分较低或收到投诉，平台提供方就会采取相应的惩罚措施，保证平台内部安全、高效地运行。但是，由于分享经济的大众参与性，进入门槛很低，难以保证所有供给方的资料都是真实有效的，交易存在安全风险，也难以保证消费者的素质，为避免给供给者带来财产上的损失，需要征信机构来证明供需双方的身份等信息，此外，还需要外部监管机构的介入，监管机构除了要保证交易的合法、安全，保护消费者的合法权益及信息财产安全外，还要协调各方利益关系，创造公平的市场竞争环境，维护公平的市场竞争秩序。最后，为了方便交易记录每一笔业务，第三方支付是分享经济常用的付款方式，这种方式不仅安全快捷方便，还能够从一定程度上减少刷单行为。

一、第三方支付

近几年互联网金融的快速成长，呈现出以大数据金融为代表的第三方支付、网络借贷、众筹、在线金融信息服务等众多模式。在互联网尤其是移动互联网的快速发展下，第三方支付企业的加入不仅改变了金融行业的格局，更是通过第三方支付的快捷安全逐渐成为人们生活方式中不可或缺的工具。所谓第三方支付平台，指的是依托于网络，基于电子商务的真实交易，是网络企业在收款人与付款人之间，作为第三方提供支付清算、资金保管和信用担保等服务的平台。

第三方支付模式由最初的简单的"通道"模式逐渐发展进化到为买卖双方提供资金保管功能的支付账户模式，买卖双方不仅可以直接通过第三方支付平台进行资金的收取与支付，同时还可以直接在平台上开设自己的账户、存储资金、购买理财产品。第三方支付通常是具备一定实力和信誉的企业作为第三方独立机构，并提供交易平台，以实现产品和货币的流通行为①。第三方支付在分享平台中是交易结尾中的关键步骤：支付平台按照需求方的意愿转移购买商品或服务的资金至保管区，并通知供给方为需求方提供商品或服务，待用户满意确认付款时，供给方才能收到支付平台保管区暂存的资金，此时交易结束。不仅如此，电子商务等技术的发展促使第三方支付的操作更加完善，兼具保管货款和监督交易②的作用。因此，第三方支付作为一种中介服务，在供给方和需求方之间搭建桥梁，即设立中间过渡电子账户，可随时控制资金在交易双方之间的流动，使得商品与服务的售后服务因为有了第三方支付平台控制资金进度而更加有保障。

分享经济的交易主要是在移动互联网上完成的，因此支付方式也主要以线上支付为主。我国的支付平台主要有银联电子支付、支付宝支付和微信支付等，欧美国家则主要使用 PayPal。分享经济的支付平台不仅安全快捷方便，同时又使平台提供方记录下每一笔交易的金额。但不可忽视的是，第三方支付在带来便捷的同时，其风险监管的难度也随之增加，如何管理客户在平台上的资金以及保障消费者权益成

---

① 姚洁：《电子商务中第三方支付的安全问题研究及对策》，《金融与经济》2014 年第 11 期。
② 于秀丽：《电子商务中第三方支付的安全问题研究》，《经贸研究》2017 第 S1 期。

为难点。

二、评估机构

评估机构是独立于企业的第三方，它的存在是保证评估结果公正的基础。评估机构的专业性、权威性和独立性使得其成为一种必要且有效的外部制衡机制。作为分享经济中的重要组成部分，其目的在于保证平台运行的科学性与合理性。根据评估对象分类，评估机构包括无形资产评估、企业价值评估、整体资产评估、单项资产评估、项目评估、财务报告评估等。通过评估，可以提高交易方的可信度，降低信息不对称，使得陌生人间的分享更加频繁。评估机构的最终产品是评估报告，是通过机构内部具有专业经验的权威人士调查分析所获得的具有一定可信度的报告，其评估对象不仅包括独立主体的"人"，还包括企业、非正式组织等群体，不仅可以使供给方，还可以是需求方和平台方，也就是说，分享平台的任何一方都可以被评估，这对分享的参与者来说，评估机构不仅是具有独立信用声誉的"人"，还能够提供交易的保证。从评估类型角度出发，评估种类包括质量评估、价格评估、风险评估等，只有评估的种类越全面，才能提供更具体的评估服务，进而各参与者之间能够充分了解对方，提高交易的成功率。

三、征信机构

就像本书在第四章所讲的，分享经济的四大理论特征之一就是非人格化交易，也就是说分享经济抛开了市场经济早期的交换形式，使得交易主体的范围更加广泛，有效减少了交易主体之间的信息不对称。分享经济之所以能够解决信息不对称问题的重要原因就是因为分享经济的信用体系。征信，是由第三方专业机构整合银行、政府等公共机构中所记录的信用信息，是一种基于用户过去的信用行为，预测未来的经济活动的体系。征信体系的核心产品是信用报告，被认为是"经济身份证"①。为了使分享平台及各参与方能够加深彼此的信赖程度，信用数据库是基于多年累积形成的，以政府、银行等公众机构作为渠道，征信对象为所有参与方，为分享平台供需两端的运行提供审核或参考依据。

征信机构在平台中的良好运作不仅可以增加平台交易的深度和广度，还可以通过减少信息不对称、降低交易成本来提升交易的效率、促进平台的稳定以及实现监管机构的准确监管。尤其是标准化、定量化的信用评估手段，可以大大提升平台的运行效率，对绿色可持续发展具有促进作用。

当前我国征信体系包括以中国人民银行征信中心为代表的公共征信体系和以八家征信公司为代表的市场化征信公司，其中有我们所熟知的芝麻信用管理有限公司和拉卡拉信用管理有限公司等。

以个人信用报告为例，除了个人在银行体系的信用记录以外，在分享平台买卖交易所形成的信用积分也是信用报告的一种形式。这其中最具代表性的要数芝麻信用，芝麻信用最初来源于支付宝，采用国际上通用的信用评分法，以信用历史、履约能力、行为偏好、人脉关系、身份特质五个维度构建信用体系评价用户信用。当前芝麻信用将"信用积分"运用到借还、骑行、住宿等诸多生活领域，免押金借用充电宝、雨伞以及骑行等服务，让信用成为了一种可以证明的身份。相信在未来，征信的功能还将覆盖到更广阔的领域，并切实落实到分享平台对接的供需方。

再以信用体系中的评价体制为例，当用户在分享平台中购买不熟悉的产品或服务时，参考其他消费者对供给者所提供商品或服务的评价在消费者决策中是占主导地位的。在进行一次交易前，消费者会根据以往的经验、特定的需求以及经营者的信用评分等诸多因素构成对产品的

---

① 杨雅清：《征信服务与分享经济呈协同发展之势》，见 http：//www.cnii.com.cn/platform/2016-11/18/content_1795846.htm，2016 年 11 月 18 日。

心理预期。但由于互联网时空分离及虚拟性等特点，消费者获取的信息有限，最终消费者获得商品和服务后，会将最终的感受与体验与预期判断作出对比，从而形成自己的评价形成口碑效应①。这就是征信机构信用评价机制的运作方式。但不可忽视的是，征信体系中不可避免地存在不公平评价。因此，监管机构与信用机构相辅相成，互相促进。

四、监管机构

就像前面所提到的，不论是第三方支付，还是评估、征信机构，任何一方的合理有效运行都需要监管机构的介入，才能使得平台形成相互制衡、利益共享的完整体系。可以说，监管机构是一道防护墙，确保分享经济模式在正确轨道运行。传统的监管方向主要划分为环境监管和商业监管，而分享经济节约且重复利用资源的特点使得监管方向聚焦于商业监管，监管对象为各个参与方，监管内容为供需方与分享平台的利益保障、征信体系、第三方支付的风险监管以及评估的有效性等。

在分享经济中，可以说，与市场中的众多参与者（尤其是需求者）所掌握的信息相比，政府处于信息劣势方。与普通的商业监管相比，分享经济的监管者则需要引入更多新的理念和方式。由于分享经济的资源海量性以及瞬时交易等特征，使得政府无法事无巨细地承担监管内容，所以应当破除原有的"单中心"强制管理的落后思想，树立合作监管的新理念②。需求方作为分享经济的主要参与者，不仅数量庞大而且具有能够将主观的用户体验转化为客观信息的能力，这些信息不仅可以构成对供给方的信用评价、对其他需求方的经验指导同时还可以为监管者提供信息，因此参与主体在信息数量、信息质量方面与监管机构相比，具有显著优势。但另一方面平台参与方不具备监管机构的执法权力、行政

---

① 范柯婵、张聪群：《电子商务环境下消费者网络评价影响因素研究》，《科技与管理》2015 年第 2 期。
② 刘权：《分享经济的合作监管》，《财经法学》2016 第 5 期

管制权力等优势，因此可以说，监管机构的介入可以与平台自身的自治资源形成互补，从而实现平台内部自治外部监管的平衡体系。此外，政府的行政监管应该在不干预参与方自主权的情况下与供需双方和分享平台开展深度合作，通过相互制约地监管，提高监管效率。

第 七 章

分享经济实质是从私有到公用

　　近年来分享经济迅猛发展，大有快速成为主流经济模式之势。在前述部分分别就其产生背景、实现条件、内涵范畴、理论支撑、理念特征和构成要素进行了分析。那么是什么要素促成了分享经济的勃兴？真正促进分享经济的实质是什么？在此，将对分享经济的实质进行分析。透过现象看本质，实际上分享经济的实质是通过使用权的分享实现了资源从私人所有到公众使用的转变，其目的在于通过使用权的交易低成本、大规模复制，降低市场的交易成本、提高资源的使用效率，改变传统经济发展方式下产能过剩、资源浪费等粗放式增长的经济模式，实现经济的绿色发展。以下将首先从分享经济中表现出经济参与者重视使用权的现象入手、探寻其中的原因；其次，分别从法学视角、经济学视角考察所有权与产权，认为从所有权制到使用权制的转变是分享经济时代下发展的大趋势；再次，分析由私人所有权所导致的资源垄断等特点对市场经济效率的破坏，并且从降低资源成本和丰富资源供给的角度分析了公众使用资源效率更高的情况；最后，提出在分享经济时代下一切资源都可以实现分享，并试着从社会网络、信息经济学和知识经济等方面加以解释。

第一节　从为我所有到为我所用

在分享经济模式中，分享的是资源的使用权。奥利弗·哈特（Oliver Hart）等经济学家关于不完契约的理论可用来解释分享经济中重视使用权的现象，借鉴其理论可以说明分享经济能够降低签订契约的成本，进一步阐释分享经济的实质是从私有到公用。此后，主要分析在分享经济时代，经济生活的各个领域都表现出分享使用权的现象，以下将着重分析知识技能、物质资产、劳动服务和金融领域分享的现象，并指出这些现象背后的实质是资源使用权的分享。

一、不完全契约论与分享经济的实质

分享经济已在全世界范围内迅速兴起。倘若学者们要探寻其中的原因，以诺贝尔经济学奖得主奥利弗·哈特为代表的经济学家提出的不完全契约理论可以为此提供有益的借鉴。在经济学研究的早期，学者们秉承经济活动参与者拥有绝对理性的假设，认为合同人和委托人可以预见未来发生的所有事件，并且可以通过签订一个完整的契约来规避市场未来不确定性带来的风险，而且该合约一定能够兑现。但是，许多经济学家认识到完全契约理论与现实经济活动存在矛盾，并开始着手研究经济活动中不完全契约的问题。直至今日，不完全契约理论已经进入到主流经济学家研究的范围，尤以哈特、格罗斯曼和莫尔等人的研究著名。不完全契约理论认为，现实的经济活动中存在着三种成本阻碍了一个完全契约的签订：预见成本，即由于市场中经济活动的不确定性，经济活动参与者不可能预见未来发生的所有情况，从而导致签订的契约所包含的事项总是不完整的；缔约成本，即纵使经济活动参与者预见到了未来可能发生的市场情况，也有能力控制市场风险，但是很难以一种缔约双方都没有争议的方式将其写进契约；最后是证实成本，即已缔约的有关信息难以被第三方证明。从中可以看出，在现实市场经济活动中签订一个完全契约的成本十分高昂，这些成本也是阻碍市场提升资源配置效率的原因，而分享经济模式具有交易数量大、交易金额小、以平台交易为主、交易方及时匹配、交易即时成立等特点，这就能够降低签订完全契约的成本。随着分享经济越来越活跃，对提高经济活动效率的要求也就越迫切。在分享使用权的模式下，经济活动参与方无需签订一个完全契约，只需要就重要的经济活动事项订立契约即可。与此同时，随着人类科技和知识的不断进步，原来传统经济模式下完整的契约也可以利用新的技术手段被分割成一个个碎片化的不完全契约。由于分享经济模式下即时成交的特点，使得经济活动参与方缩短了交易的周期，更无须付出预见成本与预测未来较长时间内的市场变化。此外，分享经济的交易过程是发生在一个多边平台上的，依据多边平台理论，众多的参与方能够弱化信息不对称的程度，从而降低缔约成本和证实成本。可见，分享使用权模式的实现要求不完全契约，而这反过来又进一步提高了资源配置的效率。

在此需要说明的是，虽然在分享模式下，使用权对于经济活动参与方越来越重要，但是这并不是说明晰产权界限，尤其是确认所有权的归属问题，变得无足轻重。在这里重点强调的是经济活动参与者的观念正在发生的转变。这种转变的的确确冲击了西方经济学中的一些基本假设，在古典主义经济学家和新古典主义经济学家分析经济问题的时候，是将所有权与使用权结合看作产权，他们只对产权进行了分析，并没有单独分析所有权与使用权，这是与他们所处的经济时代背景相适应的。这种观点背后的哲学意味，是与资产阶级主张的自由民主，要求保护自身财产的利益诉求相一致的。新古典主义经济学家在分析经济学问题的过程中，接受了以杰尼米·边沁（Jeremy Bentham）为代表的功利主义哲学，但明显的是，他们对边沁的思想做出了取舍，接受了关于人们追求幸福最大化的部分，而忽视了边沁在功利主义道德哲学中提出的社会道德与利他的成分。这些被西方主流经济学家所忽视的部分，恰恰是对分享经济中人们重视使用权的一个哲学支持。

最后做出一个总结，传统经济模式下签订完整契约的成本十分高昂，而在分享经济下模式下不完全契约成为经济活动中契约的普遍形式，这不仅仅是因为网络通讯技术等科技的发展，而且还是因为分享经济自身具有即时成交、多边平台等特性。这种不完全契约的普及，降低了经济活动中的交易成本，使大规模生产复制成为可能，并由此提高了经济运行效率。借助不完全契约，经济活动参与主体分享使用权的现象就易于理解，这就为分享经济实现资源从为我所有到为我所用创造了良好的条件，也为说明分享经济的实质是从私有到公用提供了理论支持。

二、分享经济的实质是使用权的分享

分享经济于 2008 年前后出现在全球范围内，在 2011—2014 年实现了井喷式增长，至今保持着快速的发展。截至 2015 年全球已经有 265 家分享经济的初创企业，2017 年 4 月 14 日常州永安公共自行车系统股份有限公司在上海证券交易所挂牌上市，成为我国国内第一家共享单车的上市公司。分享经济之所以能够在全球范围内迅速成长，原因之一在于其表现出的产权重用性，即分享经济参与者更青睐于产品或服务使用权，而非纠缠于所有权的归属问题。可以看到的是，分享经济已经渗透到了经济生活的方方面面，不仅可以分享知识技能，也可以分享物质资产和劳动服务，甚至在金融领域也能实现分享。可以说，分享经济的实质就是对信息、知识、技能、设备设施、生产能力等资源使用权的分享。

在知识技能领域，2016 年被称作知识付费分享模式的元年。虽然在此之前，知识分享的模式已经出现，例如百度知道、贴吧等分享经验见解的网站在互联网发展的早期就已出现，但是由于网民科学文化素养

的限制，这类网站的答案质量往往参差不齐，甚至出现了"劣币驱良币"的现象。此后，随着维基百科等一系列网络百科全书的兴起，虽然人人都可以成为网络百科全书的编辑，但是由于加入了内部审核机制，并且要求参与编辑词条的人员注明知识来源，这在一定程度上保证了词条的权威性，有利于科学文化知识的普及，但是这种发展模式活力不足。2016 年，网络直播异军突起，知识技能领域借助网络直播技术找到了一个新的发展模式，从而找到了新的增长点。到 2016 年 10 月，喜马拉雅 FM 激活用户规模已达 3.3 亿人，同年 12 月 3 日推出的"123 知识节"全天销售额达 5088 万。知乎平台用户规模近千万人，拥有 20 个热门的付费问答服务[①]。知识技能很好的体现出了分享经济的实质是使用权的分享。知识技能具有公共物品的属性，其一经创造就可以低成本复制，使用知识的成本近乎为零，所以对信息知识使用权的分享就变得十分便捷，所以信息知识的分享呈现出爆炸式增长的局面。

　　在物质资产领域，不仅针对消费者的分享模式方兴未艾，针对生产者的分享模式也在逐步兴起，无论是针对消费者的分享还是针对生产者的分享，经济参与者对使用权的重视程度都在不断增长。在交通出行方面，滴滴打车和 Uber 将城市中私家车闲置的座位资源分享出来，从而增加了出行车辆的供给，缓解城市打车难的问题，在这一阶段，供给方开始提供分享出行使用权的商业模式，需求方可以以极低的时间成本和物质成本满足自身的出行需求。从整个社会的角度上来看，这种分享出行的方式减少了空车率，提高了汽车资源的使用效率，降低了能源消耗。最新兴起的是在重庆等城市内出现的分享汽车，在平台注册的用户只需要一本驾照就可以随时获得汽车的使用权。在分享交通工具领域，分享的程度进一步加深，对使用权的重视程度越来越高，对所有权的忽

---

① 国家信息中心分享经济研究中心、中国互联网协会分享经济工作委员会：《2017 中国分享经济发展报告》，2017 年 2 月，见 http://www.docin.com/p-1858940312.html。

视程度也越来越高。在分享空间方面，经济参与者对于使用权的重视程度也能够得到体现，这种对于使用权的重视程度不仅体现在分享办公空间方面，而且在分享住宿方面尤为明显。很多企业出于对多种因素的综合考虑，往往会采用租借办公室的办法，可以说这一做法由来已久，但是 Wework、优客工厂等分享办公空间的平台出现，改变了这一局面。可以说分享办公空间的出现，与经济参与者对愈发看重使用权是分不开的。分享办公空间使得经济参与者对使用权的重视进一步向下纵深成为可能。最后是在生产能力方面，分享经济下经济活动参与方对于使用权的关注甚至改变了制造业领域。海尔集团的海创汇平台、美的集团的开放式创新平台、沈阳机床、长荣健豪、山东潍柴动力等传统制造企业都开始采用了分享经济的模式。不仅传统的制造业如此，现代物流业也采取了分享经济的模式，运满满、货车帮都是采用了分享经济模式的物流企业。综上可以看出，不仅是信息知识技能等资源的使用权可以分享，而且物质资料等资源的使用权也可以进行分享，并且这一分享的趋势已经渗透到了广义制造业领域，交通、空间、制造和物流等领域中资源使用权的分享已经出现了蓬勃发展，这也说明了分享是一切资源使用权的分享。

在劳动服务领域，承担所有权的物质资源不复存在，再过多地关注所有权变得没有必要。目前生活服务分享主要集中在餐饮业、家政服务业、社区配送服务、汽车后市场等领域。总体上看来，劳动服务领域还处于快速成长期。初步估算，2016 年生活服务领域的分享经济交易额约 7233 亿元，比上年增长 101%。提供服务者人数约 2000 万人，用户人数超过 5 亿人[①]。劳动服务领域的分享主要侧重于生活服务分享和医疗服务的分享。在国内和国外，生活服务分享的一个例子便

---

① 国家信息中心分享经济研究中心、中国互联网协会分享经济工作委员会：《2017 中国分享经济发展报告》，2017 年 2 月，见 http://www.docin.com/p-1858940312.html。

是分享美食，分享美食模式的出现，不仅在于帮助人们解决做饭或者吃饭的难题，经济活动参与者在使用了别人劳务的同时，还可以彼此之间进行文化的交流，从而获得额外的价值。Open Table、觅食、Kitchit 和烧饭饭等的出现就是其中的代表。逐步兴起的分享医疗也是分享经济在劳动服务领域里的一个体现。在美国，许多分享患者病症的网站已经出现，比如 PatientsLikeMe、ACOR（癌症在线资源协会）、淋巴管肌瘤病基金会、Cure Together、The Life Raft Group、自闭症研究组织、脊索瘤基金会和 LMSarcoma Direct Research 等。在这些网站上，患者可以描述自己的症状，疑似患病的人可以根据相应的描述判断自己是否真正患病。不仅如此，患有相似病症的患者还可以分享交流彼此之间获取的信息，以方便获取更多能够治疗疾病的方案。他们还可以分享心情、找人倾诉，相互鼓舞。可以看到，在劳动服务领域内，经济活动参与者"为我所用"的观念更为明显，这种人们出于自发分享劳务使用权的意愿，既能促进人与人之间的互帮互助，还能推动经济绿色增长，实现了社会向好发展。

在金融领域内，经济活动参与者似乎更重视金融资产的所有权，但是如果金融资产不能得到有效利用，就失去了其应有的价值，所以说，归根结底，金融资产还是需要被使用的，而且金融资产的使用要服务于实体经济的发展，所以确认金融资产的所有权固然重要，但是更为重要的一点是，金融资产如何被使用，被怎样使用以及使用的效率如何。共享金融还处于发展的萌芽阶段，融 360、陆金所、Lending Club、人人贷、网贷之家和众筹网是其中的代表，有关共享金融的详细情况本书已在第三章做过详细讨论，在此仅作说明。

综上所述，分享已经渗透到经济生活的各个领域，比如知识技能、生产制造、劳动服务以及金融行业。在这一过程中，每个领域都出现了资源从为我所有到为我所用的现象，分享经济的实质就是对信息、知识、技能、设备设施、生产能力等资源使用权的分享。

第二节　从所有权制到使用权制

为了更进一步深化对分享经济实质的分析，在此不再局限于上述对分享使用权现象的分析。上文已述及，分享经济的实质是从私有到公用，要从理论上加以解释，就要从不同角度对所有权和使用权加以认识。因此，如下首先将从法学的视角考察所有权的理念；其次，因为经济学视角下的产权不仅仅包括法律意义上的所有权，还包括使用、处置和收益等权利，这与法律的视角有所不同，所以有必要对经济学的产权理论进行考察；最后要说明的是分享经济能够改善传统经济视角下产权界定不清所导致的资源配置效率低下等问题，这是从所有权制到使用权制转变的原因之一，进而说明分享经济的实质就是使用权的分享。

一、法学视角下的所有权

无论是从大陆法系还是英美法系来看，所有权可以解释为人们对财产占有关系的法律体现。在大陆法系中"所有权"的概念表述还有"物权"和"债权"，财产的使用权要依附于财产的所有权。大陆法系关于所有权的理念可以溯源至罗马法中"绝对所有权"的理念，其认为所有权是对"物的一般潜在主宰或实际主宰"，这种对物的完全的、绝对支配的观念影响了诸如《拿破仑民法典》和《德国民法典》等大陆法系各国关于所有权的观念。中国也是大陆法系的国家，我国《民法通则》第七十一条规定，财产所有权是指所有人依法对自己的财产享有占有、使用、收益和处分的权利。在大陆法系国家，古罗马财产体系是以物为客体构建的，对财产权的法律调整主要集中在物权和债权。

英美法系各国立法所继承的是日耳曼法，其所有权不是绝对的而是相对的，早期的所有权，并不表示物的归属，而是说明对于土地之上权益的拥有。此后,在英美法系发展的过程中,法条很少使用"所有权"一词,更谈不上使用"物权"与"债权"等词语,而是更多地使用"财产权"等词。此外,英美法系不常使用"物"这一概念,而是使用"财产"的概念,这个与大陆法系不同的特点,使得英美法系不仅可以调整有体物的法律关系,还可以调整无体物的法律关系,从而使财产权的客体变得更为广泛。特别是19世纪以后,在英美法系的普通法中,财产的概念已经包括了任何具有潜在利益价值的物和权利,这不仅仅限于具有实物形态的物及其附属权利,还包括了不具有实物形态的无形资产及其附属权利。与大陆法系相比,英美法系关于所有权的法律概念虽然在逻辑上不是那么严密,但却能较好地体现权利与归属于主体的法律关系,也更加灵活。综上,大陆法系以往的所有权侧重于对财产归属的静态确认和实体占有,基本上是静态化、绝对性的范畴。从英美法系看,所有权一词纯粹是作为占有的对应词,其意义并不比产权包括更多的含义(拉登,1998)。

法律作为上层建筑的一部分,与经济基础之间的关系,是历史唯物主义中经济基础与上层建筑之间的辩证关系。在此将从法律中有关所有权的概念与经济学中有关产权的概念进行考察,认为经济学中的产权涵盖的氛围更广,不仅仅包括实物资产,还包括无形资产;不仅仅包括所有权,还包括占有、支配、使用、收益和处置的权利。

从总体上来看,大陆法系关于所有权的立法思维与近代西方自由资本主义时期的个人主义精神相契合,成为自由资本主义时期民法的重要原则之一。大陆法系的关于所有权的一个特点就是强调了以"物"为核心,其理念是"归属与权能"相统一,即所有权对物的权利是绝对的、统一的、完整的和不可分割的。大陆法系关于所有权严密的逻辑体系,不论是自物权还是他物权,均适用于有体物,但是一旦将其拓展到无体物上,就存在着困难。但是,从英美法系的角度来看,其所强调"财产权"的概念,与西方经济学中的产权的概念较为接近。英美法系中的所有权，与其他权利相比较，地位是平等的，既不具有大陆法系中物权与债权的概念，也不具有大陆法系中所有权对其他权利的优先性。可以看出，英美法中强调所有权的理念是利用，其关于财产权的概念与西方经济学中产权的概念更为接近，既包括了无体物的权利，又体现出权利平等的特点。

在分享经济中，以法律的视角保护私人产权固然重要，但是，在分享的过程中，经济活动参与主体已经不再只重视法律上的所有权，而是更着重于如何使用资源。在法律上，人拥有了所有权就拥有了使用权等其他一系列权利，而在分享经济中，这种观念正在被淡化，"不求所有，但求所用"的理念正在兴起。

二、经济学视角下的产权

产权问题是西方经济学研究的重要话题之一。经济学家对于"什么是产权"这一问题各抒己见。罗纳德·哈里·科斯（Ronald H. Coase）在研究外部性这一问题的时候，试图利用产权理论加以解释，其研究的切入点是私人收益与社会收益的不一致性。科斯（1937）认为"产权是对（物品）必然发生的不相容的使用权进行选择的权利的分配。它们不是对可能的使用施加的人为的或强制性限制，而是对这些使用进行选择时的排他性权利分配"[①]。他所说的使用权并非现代社会所单纯指出的使用权，而是包含了与使用权有关的所有衍生出来的权利，其所关注的重点为在不同的经济活动参与者之间分配相关权利而产生的不同效果。

德姆塞茨和阿尔钦则从产权给经济活动带来的意义来定义产权。德姆塞茨指出："产权是一种社会工具，其重要性就在于事实上它们能帮助一个人形成他与其他人进行交易的合理预期。这些预期通过社会的

---

① 徐颖：《西方经济学的产权理论》，《中国特色社会主义研究》2004年第4期。

法律、习俗和道德得到表达。产权的所有者拥有他的同事同意他以特定的方式行事的权利"。阿尔钦认为"产权是一个社会所强制实施的选择一种经济品使用的权利"。贝尔和尼科尔森从法权性质的角度来给产权下了定义，他们认为产权是一束权利的集合，是财产权利的划分与组合。菲吕博腾的产权定义更接近与产权的本质，他认为："产权不是人与物的关系，而是由于物的存在和使用而引起的人们之间的一些被人认可的行为关系。社会上盛行的产权制度便可描述为界定每个人在稀缺资源利用方面的地位的一种经济关系"①。张五常（1989）以私有产权为考察对象，认为从功能上看，私有产权包括三项权利，一是私有的使用权（有权私用，但不必然私用）；二是私有的收入享受权；三是自由的转让权。

　　产权理论能再次进入经济学的研究范畴，有两位经济学家对此做出了贡献，一位是富兰克·奈特（Frank Hyneman Knight），另一位是康芒斯（Commons）。1921 年，古典自由主义者奈特发表了博士论文《风险、不确定性和利润》，他在文中指出，经济学的任务既不是解决资源配置的优化问题，也不是最佳利用社会信息的问题，而是要建立完善的经济制度，是市场参与者能够以更理性的方式参与经济活动。这是因为现实经济活动的参与者存在着机会主义行为，并不是总是按照理性的行为行事，所以经济制度存在着道德上的随意性。康芒斯则在其著作《制度经济学》中指出，私有产权的排他性越是能够得到法律的支持，产权的交易的秩序就越好，效率也就越高，也就越能够解决经济活动参与方之间产生的冲突，从而提高经济运行的效率。

　　罗纳德·哈里·科斯（Ronald H. Coase）于 1960 年发表了论文《社会成本问题》，在文中，他认为私有产权，而非政府管制有助于解决外

---

① 吉富星：《所有制实现形式与产权结构化的研究》，博士学位论文，财政部财政科学研究所财政学专业，2014 年。

部性市场失灵的情况，并且因此形成了著名的科斯定理。虽然科斯定理一词是由他人提出的，但是这一说法得到了科斯的认可。科斯第一定理的主要意义是使外部性不再成为市场失效的理由。根据科斯第一定理，在不考虑交易成本的情况下，只要产权能够清楚界定，产权交易就可以无成本的实现外部性的内部化，政府无需采取任何措施解决外部性问题。如果考虑到交易成本，就是科斯第二定理，其主要理念是在存在交易成本的条件下，考虑到法律对交易范围的规定，产权交易无法达到帕累托最优，经济参与方只好做出有限的调整。在不能调整的情况下，交易双方只好忍受现状，或者游说立法机构改变法律规定。科斯第三定理是对于第二定理的补充，其表述为：当交易费用大于零时，清晰的产权界定可降低市场运行环节的交易成本，提高经济运行的效率。

自科斯的两篇著名论文问世之后，产权理论在传统经济学家的努力之下不断完善起来，德姆塞茨就是其中的一员。他认为，外部性产生的原因是公有产权边界划定不清，这种非排他性的产权注定会导致哈丁所说的"公地的悲剧"。而私有产权可以促进外部性内部化，因而可以激励个人考虑未来的成本收益水平，从而提高资源配置效率。当然私有化可以减少外部性并不是说私有产权条件下不存在外部性，为此德姆塞茨进一步指出，与公有产权条件下相比私有产权将这一外部性内在化的成本会大大降低。这是因为公有产权条件下，随着产权主体的增多，一项外部性会侵蚀许多人，由此产生的搭便车行为会提高谈判和签约成本。

综上可以看出，西方经济学家对于产权的分析十分丰富，但是他们将所有权、使用权、处置权、收益权等一系列权利统称为产权，这是与他们当时所处的经济环境有关。在分享经济下，使用权可以与产权相分离，经济参与主体重视使用权，忽视所有权的现象是分享经济的一个特点。西方经济学中对产权的研究确实为理解分享经济问题提供了有利指导，但是正是因为产权带来的交易成本过高等一系列问题，才导致了分享经济中参与主体从所有权到使用权的转变。

三、所有权制到使用权制

使用权可以理解为不改变财产的本质而依法加以利用的权利。根据上述对于所有权以及产权概念的梳理，可以看出，在传统的经济模式下，使用权只是作为产权的一部分，依附于所有权。而在分享经济模式下，市场表现出来的却是经济活动参与者对于使用权的重视程度高于所有权。可以说，通过使用权分享的交易成本越来越低，经济活动参与者资源所有权的需求正在让位于对资源使用权的需求。

在此试图通过借鉴传统经济学中公共物品的概念来阐述使用权在这一趋势过程中运行的机制。公共物品是经济活动参与者注重使用权而忽视所有权的一个例子。在传统的经济学中，公共物品被定义为具有消费非竞争性和非排他性的物品，非竞争性是指该物品一旦被提供，提供额外以单位资源的边际成本就为零；非排他性是指，该物品一旦被提供，阻止一个人消费该物品的代价十分高昂，这种阻止行为几乎不可能实施。在分析公共物品的过程中出现了外部性问题，外部性问题产生于一个人的活动在市场机制之外影响到了其他人，即该项市场价格没有反应全部经济活动的成本。西方经济学家也承认，传统的市场机制不可能有效地提供消费具有非竞争性的物品，即使他们具有消费的非排他性。正是由于这种矛盾的存在，使得传统私人所有下的资源配置会出现无效率的情况。由于现实经济环境中与产权相关的交易成本过高，私人所有带来的竞争难以实现社会资源配置的最优效率。而分享经济通过将资源共享，能够有效降低交易过程中以及界定产权中的交易成本，成本的降低激励着经济活动参与者更多地加入到使用资源的分享经济中来，不再过多的关注所有权。

分享经济时代下，经济活动参与主体通过一个多边平台分享使用权，使得分享经济产生了或正或负的外部性，因为在这个多边平台上经济活动参与者做出的决策一定会影响到第三方。而且，分享经济提供的产品或者服务具有了公共物品的一些性质，比如摩拜单车具有了城市公共自行车的特点。在这一方面，分享经济分享资源使用权的模式与公共物品中人们只使用而不拥有具有相似之处。传统的经济机制可能不能解决这些问题，但是借助新科学技术而产生的分享经济模式和调节机制，促使了经济活动中人们更加重视使用权的机制，在这一机制下，所有权变得不再重要，人们乐于分享资源、使用资源，利用分享的资源创造出新的社会经济效益，从而能够实现绿色经济的增长，这就体现出了经济社会从所有权制向使用权制的转变，而分享经济的具体实现机理将在第八章进行分析，在此只做说明。

第三节　从私人所有到公众使用

承接上文，分享经济因为降低了产权界定不清导致的交易成本，从而能够实现从所有权制到使用权制的转变，那么以下将试着提出分享经济模式下从私人所有到公众使用的原因。在此将从以下两个方面分别进行阐述：一是虽然私人所有制对于市场资源配置发挥了积极作用，但是其产生的消费竞争性与排他性阻碍了经济效率的进一步提高；二是从降低资源成本与增加资源供给的角度，阐述公众使用资源的经济效率相比之下会有提高。通过说明公众使用资源能够提供比私人所有更高的资源配置效率，阐明分享经济的实质是使用权的分享。

一、私人所有导致的效率低下

竞争性市场的优越性这一理念，是主流古典经济学家与新古典经济学家开展经济分析的核心理念。经济学之父亚当·斯密对经济理论的最重要贡献之一是他对竞争性市场运作的分析，他认为短期中的"市场价格"在资源拥有者私人利益的作用下会形成长期中的"自然价格"，在竞争性市场机制中发挥核心作用的个人私利，在斯密的年代，个人私利是建立在个人所有的基础之上，也就是暗含着私人的所有权在竞争性市场中会发挥巨大作用。在得出了竞争性市场优越性的观点之后，斯密便提出反对垄断与政府干预的观点。但即使是如此强调自由放任政策的亚当·斯密，也认为在某些领域进行政府干预是十分必要的。可以说，亚当·斯密已经认识到了当时社会经济运转中存在的不和谐因素，以及自由放任政策本身存在的矛盾。在此之后，古典经济学家大卫·李嘉图在进行经济分析的过程中做出的假定，就是经济体通过自身自由的调节，会达到和谐稳定的状态。但是到了古典经济学晚期，约翰·斯图亚特·穆勒的经济理论体现出折衷主义的色彩，这体现在他对自由放任政策矛盾的态度。他在一些表述中，表现出对自由主义的强烈支持，在这一方面，穆勒遵循了从亚当·斯密开始就提出的竞争是有益于社会的观点，他认为"总之，自由放任应该是通常的惯例：除非为一些巨大利益所要求，否则，对它的每种违背都是某种罪恶"[①]。但是在另一些表述的过程中，穆勒又表达出自由放任导致的市场运行存在着冲突。他也从"地主喜欢收获却从不播种"的事实中，认识到了这一冲突的存在，他写道：地主"越来越富裕，好像用不着劳作、冒险或者节省，财富就在他们的睡眠中增长一样。根据社会公正的原则，他们有什么权利要求这种财富的增加"[②]。约翰·斯图亚特·穆勒对私人财产的论述，反映出他将古典自由主义与社会改革向结合。穆勒受早期社会主义思潮的影响，作为古典经济学家的他提出，财产权不是绝对的，当社会觉得私人财产权与社会公共利益相抵触时，就会改变或者废除这些权利。

---

① [英] 约翰·斯图亚特·穆勒：《政治经济学原理及其在社会哲学上的若干应用》，朱泱、胡企林译，商务印书馆 2009 年版。

② [英] 约翰·斯图亚特·穆勒：《政治经济学原理及其在社会哲学上的若干应用》，朱泱、胡企林译，商务印书馆 2009 年版。

　　古典经济学家的代表中，只有大卫·李嘉图没有对私人财产与自由竞争进行论述，而是接受了竞争是有益的这一假定，而亚当·斯密与约翰·斯图亚特·穆勒都至少对竞争性市场或私人产权做出了论述。这可能是因为大卫·李嘉图研究经济学的方法论是抽象的经济分析，忽略其他变量而概括出高度抽象的理论模型。而亚当·斯密和约翰·斯图亚特·穆勒研究经济问题的方法论都考虑到了经济学与历史和制度背景相结合的问题。尽管亚当·斯密和约翰·斯图亚特·穆勒都坚定的支持竞争性市场和自由放任的政策，以及这背后根源——私人产权，但是，他们也承认基于私人产权的竞争机制不能解决一些领域的一些问题，这一点在穆勒的身上表现得尤为明显。他认识到私人产权导致的市场的弊端，甚至将共产主义制度作为解决市场矛盾的一个替代方案。

　　作为新古典经济学的代表人物，阿尔弗雷德·马歇尔（Alfred Marshall）对自由竞争的研究也比较深入，他认为竞争可以是建设性的，也可以是破坏性的。相比古典经济学家而言，马歇尔更多地看到了竞争所导致的"恶"的方面，他认为基于私人产权的竞争机制导致了每个人追逐个人私利而漠视他人福利，"在一个人人都十分善良的世界里，竞争就不会存在了"①。另一位新古典经济学的代表人物瓦尔拉斯与古典经济学家约翰·斯图亚特·穆勒有些相似。瓦尔拉斯同样也是一边坚持自由放任主义，同时又将自己看作一个社会主义者。他未经严格证明就认为"自由竞争所支配的市场中的生产……将引起需要得到最大可能的满足"，以及"在某些限度内，自由获得了最大的效用"②。同时，他还提出了很多政府应当干预的领域，比如政府应当废除代表着不劳而获收入的地租。瓦尔拉斯的学生维尔弗雷多·帕累托致力于研究如何评价经济体或者一个经济体内部特定市场结构的资源配置效率的问题，他认为

---

① ［英］阿尔弗雷德·马歇尔：《经济学原理》，廉运杰译，华夏出版社 2005 年版。

② ［美］哈里·兰德雷斯：《经济思想史》，周文译，人民邮电出版社 2014 年版。

如果资源配置的某种改变，使一个人的状况变好了，而其他人的状况没有变坏，那么这种改变就会增加福利。帕累托认为，竞争性市场是市场达到帕累托最优的条件，离开了这种状态，一个人的经济状况变得更好，就必定要损害其他人的利益。

在古典主义经济学向新古典主义经济学过渡时期，边际分析的先驱者之一门格尔曾经提出，"在我们学科的发展过程中，最惊人的具有最深远后果的基本错误之一，是认为因为产品在对我们来说有价值的生产中被使用了，所以产品为我们获得价值"。门格尔说这句话原本是为了批判古典价值理论，但是也可以从中看出对私人产权（至少是供给方）的不满。支持自由放任政策的经济学家认为，通过私人所有下的个人利益的调节，市场最终会达到和谐稳定的状态。但是这种均衡状态是经济学家未经证实作出的假设，现实经济活动中市场参与主体可能会因自身要获得更多利益而破坏市场静态均衡，使市场处于动态的震荡之中，最终会导致经济萧条，这也是对资本主义经济危机的一个解释。马克思在总结资本主义经济危机原因的时候也说到，生产资料私人占有和社会化大生产的矛盾最终导致了经济危机。此外，在一个竞争市场中，商品或服务的价格等于其边际成本，厂商若想提高利润，就要采取垄断的手段。在私人垄断的情况下，商品或服务的价格更高，数量更少，部分消费者剩余被垄断厂商攫取，导致了经济市场的无效率。厂商通过垄断获得的"无效率利润"还会导致更多的金融资本涌入垄断厂商，出现更多的"无效率股本"，致使金融市场也出现资源配资效率低下的情况。托斯丹·邦德·凡勃伦（Thorstein B. Veblen）也对私人产权做出了批判，他认为资本主义条件下所形成的消费模式竞赛，力量如此强大，以至于它可能在制度中产生紧张和引起工人阶级的不满，并会导致私人财产的终结。最后，在关于分配的问题上，市场不能解决最初不被认可的或者不公平的财产权问题，也不能解决当财产权尚未得到发展时的分配问题。

综上所述，不管是古典经济学家还是新古典经济学家，他们在宣扬基于私人财产的自由竞争机制的同时，也已经认识到了私人所有产生的市场失灵和经济的无效率。私人所有在经济生产、交换、分配和消费等方面，并不能像经济学家假设的那样达到稳定的均衡，在私人所有制下配置资源，难免会出现产能过剩、资源浪费与生态失衡的情况。而如果公众分享使用资源，则这些问题会得到改善，从而实现经济向好发展。

二、公众使用资源的效率更高

追求经济的增长、提高资源的配置效率是经济学家一直在探讨的问题。在分享经济下，公众使用资源能够进一步提升经济运行的效率，一是体现为分享使用权可以降低经济成本，包括为获取资源而付出的成本和交易成本；二是表现在分享使用权可以丰富资源供给。

首先，在资源等要素总量不变的情况下，经济效率的提高依赖于经济成本的降低。在这种情况下，经济成本的降低可以分解为获取资源而付出的成本和交易成本。通过使用权的分享，原先的对商品或服务的需求者变成了供给方进入市场，市场上商品或服务的供给数量增加，在其他条件不变的情况下，导致该商品或服务的供给曲线向右移动，新的市场均衡点出现在价格降低与数量增多的位置上。这样，通过分享使用权的方式，不但降低了资源使用的成本，还丰富了资源供给的数量。其次，分享经济还可以降低交易成本。亚当·斯密提出劳动分工理论一直影响着西方主流经济学家，他们认为专业分工有利于提高资源的使用效率。大卫·李嘉图的比较优势理论提出的贸易能使双方的情况变得更好的观点，也是经济学家主张自由贸易的论据。但正是因为劳动分工的专业化以及市场的自由贸易，使得交易过程中会存在额外的交易费用，阻碍经济效率的提升。交易成本产生的原因在于信息不对称、资产的专用性以及不确定性和复杂性，而通过分享使用权，恰恰能够解决和改善这些问题。在一个分享的多边平台上，由于多方机制的作用，经济活动参与方的信息不对称程度可以降到最低，合作而非博弈成为分享经济活动参与者之间的最优选择。借助互联网产生的巨大信息网络，分享经济参与者可以有效地改善资产专用性的情况，这在本书的其他章节中已经进行过详细论述。最后，面对不确定性和复杂性，使用权的分享不会像传统的经济模式那样重视一个完整契约的签订。交易过程中更多的只就重要条款签订不完善的契约。综上所述，在分享使用权的模式下有效地降低了交易成本。

分享使用权的模式不仅能够降低资源成本，而且还能丰富资源供给。通过将自身所有的物品在多边平台上分享给社会大众，原先市场中的消费者变成了产品或服务的供给方，从而增加了资源的供应。不仅如此，使用权使得产品或服务的周转率得以提高，在资源总量不变的情况下，总的资源供应也会得到提高。比如，汽车的平均使用时间只用5%，但是如果经济活动参与者能够将剩余95%的时间分享出去，那么相当于周转率提高了19倍，一辆汽车可以当做20辆汽车使用，从这种意义上讲，分享使用权的模式确实可以成为提高资源使用效率的新方式。

由此可见，分享经济通过使用权的交易可以低成本、大规模复制，丰富了交易的资源总量，降低了市场的交易成本、提高资源的使用效率，并且通过使用权的分享实现了资源从私人所有到公众使用的转变。

第四节　分享让所有权不再重要

如前所述，相比私人占有配置资源的方式，公众使用资源的效率更高，这就促使所有权制向使用权制转变，也说明分享的实质是使用权的分享。分享经济时代下，使用权的分享可以适用于一切资源，从而使所有权变得不再重要。社会经济的发展为此创造了条件，究其原因，可以总结为以下几个方面：一是经济活动参与方具有了社会人性，不再单单是理性的经济人；二是分享经济中的参与方关于经济信息是均衡的，可以缓解信息不对称的情况；三是科学技术的进步使得社会资源不断丰富，资源稀缺的时代已越走越远。通过简述上述几个原因，将要说明的是，分享经济通过使用权的分享，让使用权变得不再重要。

一、分享经济中的社会人性弱化了资源的所有权

主流经济学将人看作是孤立的、自私的理性人，这有着悠久的而历史。从重商主义时代开始，经济学家分析人们参与经济活动的动机就是个人的利益动机。时至今日，主流经济学家依然在这一假设下进行经济分析。但是针对这一假设的质疑声在经济学内部从未停止过。许多非正统经济学家认为人具有社会属性，托斯丹·邦德·凡勃伦（Thorstein B. Veblen）认为人类不只是充满欲望的群体，更是一种倾向于习惯的连贯组织，在演进的社会中寻求现实与表达。卡尔·海因里希·马克思（Karl Heinrich Marx）认为人的本质不是单个人所固有的抽象物，在其现实性上，它是一切社会关系的总和。在对人性的研究方面，管理学家相比经济学家更将人视为"社会人"。哈佛大学的乔治·埃尔顿·梅奥（George Elton Mayo）教授在其1933年出版的《工业文明的人类问题》一书中提出，工人都是"社会人"，是复杂的社会系统的成员，不是经济人。梅奥教授主持的霍桑试验一共包括五组实验，分别是照明实验、福利实验、访谈实验、群体实验和态度试验。这一著名的试验证明，人是复杂的社会人，而非"经济人"。此外，英国塔维斯托克学院煤矿研究所进行了一项类似的试验支持了霍桑试验的观点。这两项研究的共同结论是：人除了物质外，还有社会需求。通过上述研究，本书将社会人的特征总结如下：第一，社会人表现出利他行为的特征；第二，社会人需要考虑自己的非物质利益；第三，社会人需要考虑社会的其他影响；第四，社会人愿意担负社会的相应责任。

如果说管理学家将独立的个人从经济利益的束缚中解脱了出来，那么社会学家则是由点及面，他们提出了社会网络分析这一理念，关注人们的联系如何影响他们行动中的可能性和限制。自20世纪60年代始，社会网络分析这一概念逐步被社会学领域所接受，到20世纪90年代时，社会网络分析已经应用到了管理学领域，很多研究将其与推动资源整合或者与提高技术创新能力等结合起来。与此同时，随着社会资本、网络理论、新经济社会学的迅速兴起，随着新制度经济学的不断渗透，社会关系与非正式制度已经开始登上经济学的中心舞台。随后，随着信息技术的发展和一大批人力资源的投入，社会网络分析在经济学的分析中日益成熟。现如今，从分享经济已显露的端倪来看，社会网络分析可以进一步拓展，每个人作为社会人都有自己的社会网络，每个人的社会网络都可以相互联系，形成更大的社会网络，分享经济通过该网络降低交易成本，推动资源优化配置，实现经济的增长。

在分享经济时代下，经济活动参与者会追求个人私利，但与此同时，他们也会注重社会关系，具有利他精神。在分享的过程里，经济活动参与者不只注重经济利益的回报，可能更重视与人方便等自我实现与自我满足感的需要，这是经济活动参与者愿意参与到社会网络中的原因。而人与人之间形成的社会网络，将分享经济各参与方便捷、高效、低成本地链接在一起。这种社会人聚集而成的社交网络，加之分享经济参与方的社会人性，为信息更广泛的流通提供了一个有利媒介。经济活动参与者的社会人性、社会网络的迅速扩张以及信息的充分流动，成为分享一切资源的良好社会基础。正是因为在分享经济中人与人之间的边界越来越模糊，弱化了传统经济中隔离的所有权。

二、分享经济中的信息均衡强化了资源的使用权

本节所讲的信息均衡，既不是传统西方经济学中"经济人"具有的绝对完全信息，也不是全盘否定信息经济学中的信息不对称假设，而

是指在分享经济时代下，虽然经济活动参与主体不能获得关于市场经济运行的全部信息，但是通过网络科技以及大数据等技术的发展，信息不对称的程度会越来越低，并且通过共享平台中的第三方作用，信息的真实性会得到有效的保障。在这种信息均衡的条件下，分享的成本就会降低，从而为推动所有资源的分享提供了有利的条件，这种信息均衡强化了资源的使用权。

"经济人"是西方经济学分析问题的一个基本假设，这个假设将人抽象为自利的、具有完全信息的以及具有无懈可击计算能力的人。从中可以看出，具备完全信息的人是西方经济学中的一种理想的状态。但是这种理想的状态与现实之间存在着巨大的差距，风险和不确定性几乎贯穿于我们生活中的方方面面，信息不对称的情况无处不在。乔治·阿克洛夫（1970）、肯尼思·阿罗（1971）、迈克尔·罗思柴尔德（1976）和约瑟夫·施蒂格利兹（1976，1985）等，都曾经对这一现象做过深入的分析，由此衍生出了经济学的一个研究分支——信息经济学。信息经济学就是有关不对称信息条件下交易关系和合约安排的理论①。在信息不对称的情况下，逆向选择、道德风险、委托—代理以及信息甄别等一系列问题的出现，相较具有完全信息的经济环境而言，经济运行的成本会升高，从而导致经济运行的效率下降。

在分享的多边平台上，柠檬市场问题可以有效地得以解决，经济活动参与者更加重视资源的使用权，从而推动了一切资源进行分享。一是物联网、大数据以及通讯技术等科技的发展为分享资源提供了技术手段。随着社会经济的不断发展，尤其是科学技术在新世纪突飞猛进式的进步，通信媒介的变化也呈现出日新月异的局面。物联网这一科技手段将世界上的人与物连接了起来，形成了一个新的网络。人们在经济生活

---

① 胡希宁、贾小立、杨平安：《信息经济学的理论精华及其现实意义》，《中共中央党校学报》2003 年第 4 期。

中产生的信息都可以通过物联网的传感器实现实时分享，这就为大数据分析提供了有利条件。通过大数据分析，人们又可以对经济活动进行更为深入的探索。同时，通过互联网平台，人们又可以近乎免费地获取相关信息，从而使原本信息非均衡的世界向完全信息世界迈进。物联网、大数据等技术创造的一个分享信息的网络，为分享一切资源提供了便利。二是根据多边平台理论，在分享网络平台上，除了分享资源方以及资源使用方之外，还存在监管方、支付平台等多种多样的第三方，多方共同参与能够为信息的真实性提供保证，能够降低道德风险和逆向选择问题，因为平台参与方众多，经济参与主体不可能再同在传统经济中那样针对不同的主体提供不同的信息。而且信息可以在多方实现实时共享，这就有效地提高了信息造假的成本，从而保证信息的真实性。信息的真实性有利于促进经济参与主体之间的信任机制不断完善，从而推动分享资源的使用效率，强化了分享经济中资源使用权的地位。

三、分享经济中的技术进步推动了一切资源的分享

本节将说明技术进步对分享一切资源使用权的重要作用。古典经济学家忽视了技术进步对经济增长的重要作用，而知识的增长和技术的发展为分享经济提供了现实基础。

在古典经济学时期，经济学曾被称为"沉闷的科学"，这是因为一些著名的古典经济学家认为经济增长最终会趋于停滞，对未来的经济持一种悲观态度。托马斯·罗伯特·马尔萨斯牧师（Thomas Robert Malthus）就提出了这样的观点，他假定（1）食物对于人类来说是必须的，（2）人类繁衍的速度保持不变。经过分析，他认为，人类增长的速度会远远地高于食物产量增加的速度，所以他悲观地认为人类的生活是不幸的，失业、饥饿、贫穷和战争将是不可避免的。但显而易见的是，事实情况与马尔萨斯所预计的截然相反，人口增长伴随着经济发展与繁荣，虽然这个过程会出现波动，但却是历史发展的大趋势。这是因

为在古典经济学时代，技术进步缓慢，以至于经济学家将他们视为给定变量，这却忽视了技术进步对于经济增长的促进作用。罗伯特·索洛（Robert M. Solow）认识到了技术进步对经济增长的作用，并在新古典主义增长模型中将技术进步作为解释经济增长的一个要素。在分享经济时代，技术进步更是推动经济绿色发展的重要因素，这一过程依赖于经济活动参与者对使用权的分享，而技术进步又为一切资源的分享提供了现实条件。

在分享经济时代，由于科学技术进步提高经济效率，产能过剩已经成为一种普遍现象。首先是知识自身的指数式增长，知识一经创造就可以几近于无成本的方式免费使用，这加速了知识增长的速度。此外，知识爆炸已经成为信息社会下的一种状态，与科学和计算机相关的新知识不断涌现，传统学科的边界不断拓展，学科的内涵极大地丰富。知识作为一种资源，其稀缺性的特征正在逐步消失。其次，新技术、新知识和新信息的发展可以提高物质资源的利用效率，从而改变资源的供给水平，原来不能够使用的资源现在可以使用了，原来能够利用的资源现在能以更高的效率利用了，这就为更好地满足人们的需求提供了有利条件。在现代科技快速发展的条件下，知识技术能够快速涌现，随着物联网、3D 打印和人工智能等新兴技术的蓬勃发展，为打破资源稀缺，创造海量资源提供了条件，而不再稀缺的资源为经济活动参与者分享一切资源提供了物质基础。资源逐渐丰富的情况下，经济活动参与者分享资源的使用权就成为一种最优策略。与此同时，经济活动参与者可以通过新兴的科学技术创造出来的分享技术与分享平台，实现一切资源使用权的分享，这是科学技术搭建起分享的渠道，从而推动经济向绿色发展迈进。

第 八 章
从私有到公用的实现机理

正如第七章所述，分享经济的实质是从私有到公用，将所有权交易转变为使用权分享，降低交易成本，提高资源的使用效率，实现经济的绿色发展。本章基于第七章分享经济的实质，深入剖析了分享经济从私有到公用的实现机理：首先，产权"可切割"为使用权交易为实现资源公用化奠定了方式基础，同时，使用权交易的"非排他性"揭示使用权能够进行交易的实质，强化了使用权交易市场的形成；其次，制造业民主化为人人按需制造提供可能，从而进一步淡化了生产资源所有权；再次，网络化交易以强大的现代科技水平有效支撑了分享经济模式的运作，为实现绿色高效发展提供物质基础，碎片化交易是分享经济下产权分离与使用权细化的必然结果，实现了资源从私有到公用的转变；最后，分享经济的"公地"平台，以明晰的产权防止了资源的枯竭与浪费，实现资源重新利用与经济的绿色发展，从真正意义上为资源从私有到公用绘制了一个完整的实现轮廓。

第一节 产权"可切割"为使用权交易

分享经济发展如此迅猛，是因为其颇具特色的使用权交易引发了规模效应，而之所以能够进行使用权交易，是因为产权能够合理"切割"出使用权。产权一词，在英文里是一个复数名词：property-rights意味着对特定财产完整的产权，不是单项的权利①，是指财产的所有权、实际占有权、使用权、受益权和处置权这样一组权利组成②。产权具有可切割的天然属性，分享经济变革传统所有权主导的完整产权（即必须包含所有权项，且所有权一般与其他权利项尤其是使用权一同交易）交易机制，从微观上将产权可切割的性质转化为实际"可切割"，继而"切割"产权的使用权并进行交易，为最终实现资源的公用化提供实现方式。

一、产权"可切割"拓宽了产权"可交易"

产权由一束权利项构成，其权利项的可切割性是产权的天然内在属性。产权的可切割性，是指广义上的某项资源的各项产权可以分属于不同主体的性质。例如，房屋的所有权、使用权、受益权和处置权等可以拆解开来，分属于不同的主体。特定一个主体可以拥有对某项资源的完整产权，这意味着他具有行使各项权利的条件，也意味着他具有任意选择使用其中的一项或多项权利而闲置一项或多项其他权利的自由。例如，工厂的某个机器设备，其完整产权蕴含可分割性，即持有其完整产权的人具备机器挑选持有机器设备所有权、占有权、受益权而出让其使用权和处置权的自由和可能性，也具备只选择持有机器设备的所有权并使用它而闲置其在空闲时间带来其他收益的自由可能性。因此，产权具有可切割性，而不同类型的主体具有选择"切割"后不同资源不同权利项的可能性。

除此之外，可交易性也是产权重要内在属性之一。产权的可交易

---

① 黄少安：《产权经济学导论》，经济科学出版社 2004 年版，第 66 页。
② 王齐、王丽、卜盖：《关于企业所有权与产权、经营权关系问题的研究综述》，《东岳论丛，》1995 年第 2 期。

性是指资源产权的转手和让渡于不同主体之间。科斯曾强调，产权的可交易性比初始产权安排更重要，因为产权初始界定是很难保证最优配置的，必须通过流转把产权交易给对产权评价最高的市场主体，从而实现产权资源的优化配置①。因此，产权的可交易性是建立在其他产权属性基础之上所共同达成的一个目的属性。由前述分析可知，基于产权的可切割性，产权的可交易性可以划分为完整产权交易和部分权利项交易。某项资源的各项权利构成的整体可以作为交易客体，同时，权利体系中的任何一项或者几项的组合，也为可交易性提供了可能性。例如，拥有完整产权的土地所有者让渡的土地使用权和受益权，与承包者让渡的租金的完整产权，在计量达到某个平衡时，具有可交易性。

　　然而需要注意的是，产权的可切割性不等于产权"可切割"，它只是为产权的实际"切割"提供了基础依据。所以，基于产权可切割性的产权可交易性，也不能在现实中等同"可切割"下的"可交易"。在过去，即使产权的各项权利具有可切割性，人们普遍倾向于追求产权的完整性，认为拥有产权的每一项，才有归属感与安全感。随着时代的变革、信用的发展，从产权理论上的可切割性延伸到了实际意义的"可切割"继而"可交易"的领域逐渐显现，主要体现在资本借贷、房屋租赁、汽车租赁等领域。切割了资源的各项产权权利，使碎片的产权能在真正意义上"可交易"，为拓宽产权的"可交易"内涵奠定良好的开端。然而，人们逐渐意识到，这些领域"分割"的权利项，带有鲜明人格化交易和特定时段、时长的让渡特质，缺乏灵活性，这迫使人们主动探索以寻求突破口。

二、"切割"产权的使用权丰富交易基础

随着私人占有资源完整产权从而造成浪费的矛盾不断激化，人们

---

① 李全宏：《论产权可交易性的实现》，《理论观察》2014 年第 12 期。

开始思考如何化解产能过剩而又解决资源分配不均的问题。正如本书第二章所述的诸多现实需求，以使用权分享为核心的分享经济在矛盾中孕育而生，这便是人们在寻求"可切割"至"可交易"之路的重大突破。在分享经济时代来临之前，捆绑产权的所有权和使用权仍然是绝大多数人的习惯，但随着分享经济的萌芽，正是源自对资源的完整产权进行分解，单独"切割"出使用权，从而丰富交易基础。

缘何单独"切割"出使用权？主要取决三个因素：第一，使用权的实际操作意义宽广。使用权是资源产权的权利项之一，它虽然不是产权中最基本的权利，但却是最富有价值的权利。一项资源能为社会创造多少财富取决于其使用价值的大小，而使用价值不来源于所有权、处置权、受益权等其他权项，而来源于对资源产权中的使用权项的利用。如果能有效地对使用权项进行深度挖掘利用，就能够获得更多的使用价值。第二，资源所有者拥有的所有权项和使用权项绑定的资源所蕴含的实际价值潜力与所有者自身所具有的利用能力失衡。在分享经济模式普及之前，一般情况下，资源的产权所有权和使用权连结在一起的资源，所有权起到主导作用，即强调"所有"，"使用"或是"不使用"没那么重要。当看重所有权项而淡化使用权项的资源持有者持有某项资源而没有高频率使用时，资源在某些时间段被闲置，从而沉淀使用权带来的使用价值，如此一来，持有者对使用权项的利用能力与资源的可使用性就无法配比，这种失衡为"切割"出产权中的使用权提供了主观必要性。第三，大环境的现实需求。当完整产权的资源持有者普遍存在时，资源使用频率越低，代表持有者对使用权的利用能力越低，资源使用价值沉淀得越多，自身利用能力与资源实际价值潜力越发失衡。就整个社会而言，各项资源散落不能尽其用，配置效率低下，从而为"切割"使用权提供了客观必要性。

虽然"切割"使用权的必要性显现，但要真正"切割"出产权的使用权项，为丰富原有的所有权主导的交易奠定基础，还需要明确如何

"切割"。首先，清晰地界定产权的各权利项，为使用权交易创造良好前提，减少交易成本。明确所有权、占有权、使用权、受益权、处置权等权利项的内涵，从而划分其他权利项与所有权的边界，这样才能准确地"切割"，为使用权交易提供精确的交易对象，避免耗费不必要的交易成本。其次，通过划分各个权利项，明确各权利项的责任、义务，使责任、义务与对应的权利匹配，从而建立有效的执行和约束机制，减少交易成本。如果只清晰地"切割"了权利，而没有明晰一同"切割"的责任和义务，在交易的时候，会造成责任纠纷，徒增交易成本。例如生产能力分享时，生产机器损坏由谁赔偿不明确，造成经济纠纷、效率低下等问题。

明晰"切割"使用权的缘由，明确"切割"使用权的方法，才能在真正意义上为分享经济使用权的交易创造必要条件，从而丰富了原有所有权式的普遍交易基础。

三、交易使用权为资源公用化提供路径

如果说"切割"产权的使用权项增添了传统交易的基础，那么交易"切割"的使用权就扩增了传统交易的性质。传统经济中所有权主导的交易，基本上是将完整的产权进行交易，即谁所有便是谁的，使用权只归属于所有者使用，因此产权是私有化的；而分享经济的使用权交易是将"切割"的使用权从资源完整的产权中分出去，即使用权在特定时间段和特定地点归属非所有者，当一个、两个甚至多个非所有者在交错的时空使用非自己拥有所有权的这项资源，实际上就公用化了这项资源的使用权项。

实现资源产权公用化，除了要具备前文分析的"切割"使用权的基础，还要具备交易"切割"的使用权这个实现路径，才能有助于达成资源公用化的目的。如何铺就实现路径？主要包括三个环节：开放交易环境、拓宽交易主体、灵活交易模式。首先，开放交易环境。传统经济

活动中，资源交易环境局限，要获得某项资源的使用权，基本上等同于获得某项资源的完整产权。而在分享经济浪潮来袭前后，人们所处的交易环境，已经逐渐由"我所占有的和所消费的东西即是我的生存"①转变成以"分享即拥有""使用而不占有""不用即浪费"和"利他主义"为核心理念的交易氛围，当交易环境的格局越来越大，想要实现抽离出的使用权交易，也就自然而然了。其次，拓宽交易主体。"大众参与"是分享经济理念之一，其意味着分享经济平台的参与方，尤其是交易主体能够低门槛、平等地参与分享经济模式。无论富人还是穷人、白领还是工人，都可以成为使用权交易的主体，既可以将自身拥有资源的使用权项分享出去，同时也可以方便、快速、低成本获得他人提供的资源使用权，只要接受将使用权从完整产权剥离即可。最后，灵活交易模式。传统经济活动中，交易模式呈现"点对点""一对一"的特征，即完整产权由一个人手中让渡到另一个人手中，模式单一且低效。在分享经济的交易过程中，使用权的灵活性延伸了灵活的交易模式——"一对多""多对多"模式。单项资源"切割"出的使用权，通过分享平台，可供多人在不同时间、空间使用，尽可能充分利用使用权，形成"一对多"交易模式。当某类资源都"切割"出了使用权，通过分享平台进行供应，虽然互相有竞争，却因各有优势而吸引更多的此类资源的暂时使用权需求者，形成"多对多"交易模式。

交易模式的开放性、交易主体的开阔性、交易模式的灵活性使得使用权的交易得以大规模实现。与此同时，相比于传统经济活动中所有权主导的完整产权交易，分享经济中每个主体都通过"切割"或取得使用权来调整和优化所拥有资源的产权结构，从微观上调整产权结构会影响资源在宏观上的流向和流量。当宏观的交易流通中资源的产权属性大

---

① ［美］埃里希·弗罗姆：《占有还是生存：一个新社会的精神基础》，关山译，三联书店1989年版，第32页。

部分是"切割"的使用权项，这便使得少量资源方便、快捷地满足大量需求，为实现资源的公用化提供了切实可行的路径。

第二节 使用权交易的"非排他性"

"排他性"从字面上理解，就是排除他人在外的属性；那么"非排他性"即不排除他人在外的属性。所有权主导的完整产权在交易时具有排他性，从而限制了交易活力，正是因为如此，分享经济用分享基因孕育了被"切割"的使用权交易的"非排他性"，进而从各方面影响了交易的弹性，释放了交易潜力。

一、产权的排他性禁锢交易活力

排他性是传统所有权主导的产权最一般、最直观的特征。一个主体要阻止别的主体进入特定财产权利的领域，保护好特定的财产权利，这就是产权的排他性[①]。产权的排他性既强调了产权的行为性——排他性行为，又强调了产权是人与人之间的关系——产权主体排斥他人的关系[②]。不可否认，如果产权不具有排他性，产权边界将模糊且不确定，权利和责任难以划分，造成不合理的分配与使用。

所有权主导的产权的排他性既和产权主体有关，又和产权客体密不可分。就产权主体而言，对于交易对象拥有唯一的、明确的归属，这意味着产权主体在时刻准备交易的过程中就在理论上与操作上对明晰了产权的责、权、利。当产权归属于某个人的时候，排除他人从该项资产中获利，且排他性地负责该项资源在使用过程中的各项成本。与此同

---

① 黄少安：《产权经济学导论》，经济科学出版社 2004 年版，第 127 页。

② ［美］道格拉斯·C.诺思：《经济史中的结构与变迁》，陈郁，罗华平译，上海三联出版社 1994 年版，第 21 页。

时，除了私人产权主体，公有产权主体也具有排他性。公有产权虽然在内部各主体之间共同分享权利、承担义务，但与其他公有产权主体、私人产权主体之前仍具有强排他性，公有产权主体内部还要防止个人侵占集体资源。就产权客体而言，外部性越弱、再切割就无法保证使用性的资源，产权的排他性越强。例如一台手机，是微小单位资源，外部性弱，排斥多主体共同使用，其产权只能归属于一个主体。

毋庸置疑，所有权主导的产权的排他性能够维持市场秩序、避免造成交易纠纷，但同时，由于过去强调产权的排他性，导致私人占有资源完整产权成为理所应当的交易模式，引发资源浪费，从交易环境、交易主体、交易客体三方面禁锢了交易活力。从交易环境来看，产权的排他性过于强调产权的完整与保护，无论资源价值大小，人们有意无意地去介意"谁动了我的奶酪"。人类协作分享的美好品德驻足于精神世界，助人助己也只是在于出一份力，长此以往形成了在物质上"我的即我用，你的即你用"的排他社会风气，只有完整产权的交易而没有分享产权的氛围，从而限制了交易的多元化。从交易主体来看，不同产权主体之间具有强排他性，排斥他人不进行完整产权交易而使用资源。排他性虽然保护了主体手中资源的归属，却也因为考虑到签订交易完整产权契约周期长的不便性，在一定程度上阻碍了别的主体对此项资源加以挖掘利用的机会，从而限制了交易的可能性。从交易客体来看，在排他的客观环境下，交易客体本身沉淀了与完整产权相符合的价值和，包括所有累积成本，反映成市场价格，只有支付了相应的价格，才能从排他的交易主体转移归属于另一个排他的交易主体。而这种价格除了包括产权本身的成本，还包括因为签订完整契约而花费的成本等，往往过多地高于交易主体能够切实获取的使用价值，使得交易者在交易时需要再三比对，进而限制了交易的成交率。综上，产权的排他性影响交易的各个方面，限制交易的多元化、可能性、成交率，从而禁锢交易活力。

二、分享孕育使用权交易的"非排他性"

分享经济将使用权从完整产权中"切割"出来，丰富了交易基础，同时基于此，交易使用权进一步实现了资源的公用化。探究使用权交易能够引发产权变革的深层次原因，在于其具有与"排他性"截然相反的"非排他性"。那么，什么是"非排他性"？其曾出现在公共产品的定义中，认为公共产品具有消费的非排他性：任何这样的产品，即集体中的任何个人对该产品的消费无法被有效地阻止和排除①。区别于公共产品的非排他性的概念，可以概括出使用权交易的"非排他性"的含义——产权主体在产权所有权未转移的情况下，不排斥其他主体对产权使用权项的利用，并主动分享使用权于他人。

分享经济的使用权交易是对使用价值的深度挖掘，具有"非排他性"，其原因主要来自于使用权交易客观的平台性、部分性、低价性和人们主观的分享意愿。客观上，平台性是指依托于分享平台的分享经济，其交易方式平台化，形成供需方—平台—其他参与方的平台连接交易。在技术和其他参与方的支持下，分享平台营造了陌生人相互信任的氛围，通过评价体系和信用体系，陌生人交易双方在平台上陌生又真实地交流可以降低甚至免除戒备意识，减少相应的戒备成本。如此一来，交易的便捷与保证促使人们放宽了对于资源交易的主观保护，在交易氛围上为使用权交易的"非排他性"提供了摇篮。部分性是指从完整产权"切割"出来的使用权只是产权的一部分，因此使用权的交易也是部分产权的交易。对于供给方而言，这毕竟只是一部分产权的让渡，名义上资源所有者不变；对于需求方而言，只需要拥有资源的一部分产权即可满足各式各样的需求，选择多且方便。因此，这种部分产权的交易，既能够形成提供者市场又容易形成获取者市场，不但弱化了产权的排他

---

① Olson M., *The Logic of Collective Action*：*Public Goods and the Theory of Groups*，Cambridge：Harvard University Press，1965，p.4.

性，还提升了使用权交易的"非排他性"。低价性是指使用权交易的成本和价格低。就供给方而言，由于只是将各种低效、闲置或有潜力资源的使用权进行交易，所以只要花费小部分成本甚至是沉淀成本，就可以获得额外收益，从而减少排斥的必要；就需求方而言，由于其中一个需求方只是众多需求方中的一个，只是在特定时空获得一部分产权，每个需求者分摊到的资源使用权价格就很小，从而引爆高需求。主观上，分享经济特有的基于"利他"和"认知盈余"的"分享盈余"促使人们形成分享意愿，愿意分享自己的资源（包括闲置、低效和优质资源）以提高他人福利，同时，分享盈余能够创造交易双方的愉悦感，因此不仅培养了提供者的供给"非排他"意愿，还培养了需求者的获取"非排他"意愿。

综上所述，使用权交易客观的平台化、部分性、低价性和主观的分享意愿培育了使用权交易的"非排他性"。而交易的平台性、部分性、低价性和分享意愿分别是在分享经济的分享模式、分享内容、分享特征和分享理论基础的影响下渐渐形成的。因此，分享经济的发展得益于产权的"分割"，而分享文化也深层次地孕育了使用权交易的"非排他性"，它们相互作用、相互影响。

三、"非排他性"释放交易潜力

在传统经济活动中，所有权主导的完整产权的排他性从交易环境、交易主体、交易客体三方面对市场交易做出了限制，长期以来，在私人占有与资源浪费、环境污染的矛盾越积越深的同时，市场交易的活力被禁锢、交易潜力的发展被阻碍。然而，从交换到交易，人类社会的进步，总是离不开各取所需，随着技术变革和生活方式的更新，人们的需求多类型、高数量、短时间地快速增长，如果此时交易丧失了活力，那么将引发资源供需不匹配，从而导致市场混乱。所以，释放市场交易潜力，是当务之急。

分享经济的分享基因孕育了使用权交易的"非排他性"，而在此基础上，使用权的"非排他性"又能逐步解除原先交易环境、交易主体和交易客体的限制，从而促进交易潜力的释放。第一，化解交易环境的排斥性。使用权项的抽离在微观层面解脱了完整产权的束缚，"非排他性"使得资源将"某某某的"标签撕去，在分享平台上被多次重复使用。人们不会再去在意某项资源到底是属于谁的，只要富含使用价值，就不会被排斥。放大到宏观层面，在交易市场上琳琅满目的资源汇聚成巨大的使用能量，只要参与其中，可交易的资源越来越丰富，资源的稀缺性与分配不均等问题能够瞬时瓦解。此时，人们真正排斥的，将是那些游离在大环境外部的富含使用价值的资源。第二，化解交易主体的排斥性。过去人与人之间的交易总是提防对方侵占了自己的利益而排斥他人，因为资源一旦被侵占，就是全部产权被侵占。而使用权交易的内在"非排他性"打消了人们的交易顾虑，通过分享平台交易，短时间的享有资源的部分产权，侵占权益就无从谈起了。同时，在分享平台运行机制的保证下，交易主体之间在陌生的情况下能够不排斥而相互信任，使用权就能实现高频交易，使用价值可以不断挖掘，从而激发交易潜力。第三，化解交易客体的排斥性。虽然资源客观存在，但是需要依靠主体才能被利用、被交易、被流通，所以每项资源要归属于某个主体才能被使用，此时，客观上资源只能被所有者支配。使用权交易的"非排他性"看重现时碎片的价值，灵活地按市场需求供不同交易主体有偿享用，巧妙地促使资源可以由不同的主体在短时间内以低价格拥有使用权，当形成规模效应，就能突破原有市场束缚，在坚持节约资源与环境绿色发展基础上，彻底释放市场交易潜力。

第三节　制造业民主化淡化资源所有权

制造业民主化是日益追求个性需求的人们所向往的一种生活资源获取方式。技术的不断进步为人们渴求的制造民主观提供了打破各种限制的可能；在此基础上，分享经济打造了制造产业的民主化，变革了传统制造方式；同时，制造业的民主化由于民主性又从各方面淡化了资源的所有权，最终实现制造方式从私有到公用的转变。

一、技术进步孵化制造业的民主观

在"消费者主权"来临的时代，人们对于个性和方便的追求越来越高，要求越来越精细。人们开始发问：能不能按照自己的设想制造出自己想要的东西呢？当然，这里的制造并不是指 DIY 普通的手工艺品，而是指日常生活需要用到的基础工具设施，比如房屋、电脑、餐具等。这个问题在过去立马可以有很多理由予以否决。第一，缺乏专业的技术。制造业是有自己完善且复杂的工艺流程的——研发、设计、制造，不仅制造行业外的人群没有相关的制造技艺，即使制造行业内的专业人士，也只能精通流程中的一个小领域，无法完成一个物品的制造。第二，缺乏专业的设备工具。制造物品不是只依靠知识技能就可以凭空制造出来的，还需要众多生产设备、工具和零件，付出成本无法与自己制造出所想要的物品的满足感配比。第三，缺乏空闲的时间。从准备工作到最后完成制造是一个长周期，一般人无法从平常繁忙的工作生活抽离。基于以上主要原因，人们向往个性的制造想法只能被束缚在对制造企业制造出款式多样的物品的期望之中。

然而，技术的不断进步为追求个性化需求的人类打开了新大门：人工智能、物联网、大数据等新兴技术及网络方式为个性化制造奠定了基础。人工智能技术主要就是通过目前的电子计算机技术对人的思考、学习以及推理等等进行模拟，然后再推算出这些过程的原理，从而把这些原理应用到机器上，在此基础上还根据计算机智能化的性质，把计算机设计成和人类大脑极其相似的东西，然后让计算机实现人类的操作①。物联网即物物相连的互联网，平台的传感器和软件将人力、设备、自然资源、生产线、物流网络、消费习惯、回收流以及经济和社会生活中的各个方面连接起来，不断为各个节点（盛业、家庭、交通工具）提供实时的大数据。大数据也将接受先进的分析，转化为预测性算法并编入自动化系统，大幅提高生产效率②。

这些新兴的技术，为人们打破以往无法 DIY 物品的种种基础束缚。首先，打破技能和时间的束缚。人工智能能够将人类的想法通过计算表达并实际安排出来，操作的人可不具备专业知识，同时不用提供人力资源，节省时间。其次，打破工具的束缚。物联网的连接，能够将相距遥远的空间的资源瞬间联系在一起，同时运用大数据等技术，将生产地点转移变成可能。正是因为技术的突破性进步，才会为打破种种限制提供可能性，也因此孵化出了民主自由的制造观——利用现代化技术，人人都有可能自己制造出想要的物品，追求自我实现的满足感。

二、制造业民主化变革密集型生产

如果说制造的民主观是技术进步带来人们观念上的量变，那么制造业的民主化就是制造民主观不断积累质变形成的产业的变革，这变革的背后，正是分享经济在制造产业的发展表现。

在传统制造业生产中，一般采取密集型生产，包括资本密集型、

---

① 马仲雄：《浅谈电气自动化控制中的人工智能技术》，《电子技术与软件工程》2014 年第 11 期。

② ［美］杰里米·里夫金：《零边际成本社会：一个物联网、合作共赢的新经济时代》，赛迪研究院专家组译，中信出版社 2014 年版，第 11 页。

劳动密集型、技术密集型和资源密集型生产等。所谓密集型生产，就是将广义的各式生产资料汇集到一个空间集中进行集中生产，不可否认，这种生产方式是社会分工的结果。然而随着社会的发展，密集型生产的弊端逐渐显现：首先，集中生产造成资源浪费。生产前，由于生产所需的资源遍布在全国各地，统一搜寻、运送、存储的过程中势必浪费一部分资源；生产后，资源销售时由于市场环境的不确定，必然会引起一部分生产出来的资源积压无法出售从而浪费资源。其次，集中生产与个性相斥。由前文分析可知，人们的"消费主权"意识越来越高，追求符合自身需求的资源。而集中生产的研发、设计、制造时由于输入的生产资源在种类、规格、数量一定程度上是有限制的，通常是大规模标准生产，无法做到订制生产，使得其适用人群有限且易饱和。

正是由于传统制造业这些弊端，才使得分享经济进入制造产业，运用分享的理念促使制造业民主化变革传统密集型生产。所谓制造业民主化，就是指每个人都可以按照自身实际需求简单地切实参与到为自己制造物品的过程，其从三个方面变革了传统密集的生产制造。第一，变革传统的制造主体，制造主体从原来专门地点专门生产某件物品的企业改变成自由的个人、组织或企业。第二，变革传统的制造方式，无需另外斥资建造厂房，由人工智能、物联网和大数据等技术随时随地指挥生产，可以自由民主且低成本地分享获取创意设计的使用权、不同地域闲置低效的设备产能使用权，并且短周期完成生产。第三，变革传统的制造客体，制造客体所需资源从原来的调动集中的生产资料改变成就近可获取的材料资源，从而减少资源的浪费。以 3D 打印为例，其是制造业民主化的一个突破性的进展。3D 打印技术，是以数字模型文件为基础，通过逐层打印的方式来构造物体①。从制造主体来看，只要个人或自由

① 李青、王青：《3D 打印：一种新兴的学习技术》，《远程教育杂志》2013 年第 4 期。

的组织有意愿，就可以民主化地按照自己的现有设计，或者获取其他人在物联网上分享的模型创意设计的使用权，无需交由专门的制造生生产制造。从制造方式上来看，利用 3D 打印机不需要专门的生产线和研发设计团队，只需要对需要制造的物品利用计算机建模，或者付费获得现有的模型使用权，然后将模型导入，放置相应的材料，即可投入生产。从制造客体来看，制造客体所需的材料可以就近获得便宜的材料，如沙子、石头和其他可以再利用的材料，然后采用增材制造的方法累积制造物品，节约资源、降低成本。

总而言之，制造业民主化是分享经济对传统制造业变革的表现，人人都可以通过自由地分享或获取知识技能的使用权、闲置低效的生产能力使用权，民主地选择所需制造物品的样式，进行简单且短周期的操作来完成节约资源的绿色制造，使得资料公用化制造民主化。

三、民主制造弱化资源私有的根源

分享经济所带来的制造业民主化在逐渐地改变传统制造业集中生产的格局，而深究其能变革传统的根本原因时，不难发现，制造业民主化的关键步骤是淡化资源所有权，弱化资源私有。从前文分析的制造过程可以看出，谁拥有生产资料并不重要，谁设计产品也不重要，重要的是每个人能达到最终获得符合想象的资源这个目标即可。那么具体来看，民主制造为什么能弱化资源私有呢？主要有以下三个原因：

1. 民主制造在生产空间选择的民主性弱化资源私有

作为一个不具有生产制造能力的个人、组织甚至企业，通过物联网和大数据等技术，可以民主自由地选择有生产设施、具备生产能力的制造地点，将生产所需模型数据传输过去。而在选择的当下，人们不需要像传统企业那样在身边或者其他空间实实在在地拥有厂房、拥有可以制造物品的设备的所有权，而是看重哪个地方的生产设备符合要求且有闲置或低效的生产能力资源，低成本地获取那个制造空间分享的产能的使用权即可，而无需取得资源的完整产权，从而降低使用的门槛。

2. 民主制造在研发设计选择的民主性弱化资源私有

人们一开始渴望制造民主化就是因为希望能够制造出符合自己预期的物品，所以研发设计物品的民主性是最基本的诉求。当分享经济平台能够分享和获取研发数据和创意设计，研发设计需要具备专业知识技能的窘境就迎刃而解。人们在制造业的分享平台上进行开源：用代码、数字、图画、文字集思广益，各抒己见，协力使用和破解数据，打造物理版本的维基百科。当某些事物放眼群众时，它必将经久不衰、打破常规①。人们可以在分享平台表达自己的需求，低成本地获取他人为其研发设计的数据的使用权；也可以在分享平台搜寻已经存在的符合自身要求的模型为己所用。如此一来，凭借他人的智慧资源，就获得制造的基础。

3. 民主制造在生产材料选择的民主性弱化资源私有

在传统的集中生产的制造中，生产材料必须从其他地方调配到生产地点。而分享经济模式的制造业中，人们可以民主地根据想利用的生产材料的产地来选取闲置或低效的产能使用权，以就近将生产材料投入生产。在这个过程中，需求者其实兼顾产品的生产者和消费者角色，成为产消者，而实际上，生产材料在整个流程中又可能并未归属于需求者饰演的生产者的角色。所以，通过民主选择，生产材料的所有权可以不归属产消者，由生产地点代为获取，就能完成民主制造。

综上，制造业民主化由于生产空间、研发设计和生产材料的选择民主性，自由且低成本地选取各种生产所需资源的使用权，从而淡化了资源的所有权，实现制造业的制造过程由私有到公用的转变。

---

① 陈婧：《制造的民主化　维基建筑和城市2.0》，《IT经理世界》2014年第17期。

第四节 网络化碎片化交易效率更高

关于如何提升交易的效率，有学者认为，提升交易效率的主要途径是加快物流、信息流、资金流和劳动流[①]，结合分享经济的典型特征，实际上，恰恰是互联网的出现，使得这一新兴的商业模式的物流、信息流发生了颠覆性的改变，此外，分享经济之所以能够实现从私有到公用的资源重新使用，得益于其对于产权的碎片化分割，而使用权的无限分割能够顺利实现或帮助实现供需匹配又得益于互联网技术的飞速发展。网络化、碎片化交易是分享经济最显著的交易特点，互联网运行的高效性、使用权分散的充分性都使得分享经济下市场交易的效率更加迅速，从而实现了高效率、低成本的绿色发展。

一、网络化交易产生指数效应

网络是分享经济发展的基础，可以实现"人人分享"的分享经济的兴起依赖于第三次科技革命下互联网技术的发展。互联网环境下搭建的开放式无界化平台，可以方便更多的人几乎无时差地接收平台上传播的交易信息。相较于传统商业，这种新型的商业模式使得交易突破了地域限制，扩大了交易范围，提高了交易效率。

正是由于互联网为交易者提供了即时协同的可能，使得可以免费使用的互联网通讯成为促进交易的主要途径；正是由于互联网为社会化生产提供的能源分享空间，使得可以免费试用的互联网成为资源配置的重要平台。网络化平台是分享经济实现绿色发展的基础，互联网的迅速、高效、精确，使得交易的指数化发展成为可能，其对交易效率的提

---

① 唐启国：《交易效率及其提升的主要途径分析》，《改革与战略》2009 年第 25 期。

高主要体现在以下两个方面：

1. 网络平台扩大交易范围，实现大众参与。无论是分享出行、分享住房还是分享知识等都需要借助移动互联客户端来完成。这种移动互联客户端便可以理解成分享经济所依赖进行的平台。这种平台的网络化允许使用者自主地在平台中进行交易，使得交易者能够准确地掌控交易的时间、地点以及交易数量等，增加了交易满意度。平台的网络化象征着分享经济的低门槛和无界化，这允许人们自愿参与到分享交易中，从而实现了交易平台的封闭性向开放性转变，开放式的网络平台一方面可以扩大交易的范围，另一方面容易将参与者的潜力发挥到最大，在此之上进行的创新和经济的产出也容易实现最大化。移动互联网等技术的发展有限使得传统经济模式下不可交易的资源进入可交易的范围，扩大资源的可交易数量，这种对闲置资源的重新利用是绿色发展最典型的体现。

2. 有效解决信息不对称问题，降低交易成本。在传统经济社会中，人们也可以实现资源使用权的"分享"，比如传统意义上的租房等，但这种分享信息通过口头传播或者其它实体载体进行传播容易受时间、空间等因素的限制，往往会导致供需无法高效匹配的结果。互联网技术以及移动信息技术的发展使得经济社会中的信息传播摆脱了时间、空间等客观因素的限制，将网络使用者集中在一个庞大的虚拟社交群体中，实现了信息的即时传播，从而为资源在更大范围内的高效匹配提供了契机。

3. 计算机网络运行精确、快速。分享经济下的市场运行速度是极快的，其所追求的目标不仅是更短的交易时间，还有更优的交易对象的匹配。交易时间的缩短和交易匹配的优化依赖于计算机的计算精度。分享经济的受众是全球范围内的亿万人群，市场的交易量每秒达万次以上，这不仅需要计算机高频计算能力保证交易的速度，还需要高度精确的计算，分享经济平台上的交易实现依赖于计算机的匹配运算，计算机的优势在于其工作的全天候、不间断性，它能够把不定期参加匹配运算的数据信息、程序指令以及中间结果和最后结果保存起来，并能根据判断的结果自动执行下一条指令以供用户随时调用，这样就实现了供需双方的快速匹配。

二、碎片化交易实现无缝隙衔接使用

网络化是分享经济提升交易效率的技术手段，碎片化则是涉及产权分割这一经济学概念的理论变革，其为分享经济的发展提供了新的商业范式思路，分享经济模式将产权实现有效分离，产权的使用权与所有权分离使得分享经济条件下单纯地转移使用权成为可能，这种资源产权碎片化的特点有效实现了从私有到公用的转变，对产权进行所有权与使用权的分离之后，又进一步，将使用权进行碎片化分割，广大公众都可以对资源进行合理利用，这种对资源的使用权进行无缝隙衔接使用使得资源得到了最大程度上的利用，从而真正实现绿色节约发展。

基于分享经济下对于使用权的重视，由此分享经济孕育出了对产权"碎片化"的交易，即打破传统经济模式下必须交易完整产权、签订完整产权契约的交易时间长的局限，将分享商品或服务的资源及交易碎片化，从而针对交易的部分产权签订不完整产权契约，缩短交易时间，使得交易过程能够在较短的时间内瞬时进行。

碎片化的实现可以满足大众对自我、个性的相关追求。对分享经济产权进行碎片化为满足分享经济参与者的个性需求奠定了基础，这种对于个体需求的最大满足使得传统经济模式下的总体社会需求更加多样化且得到有效实现，碎片化使得供需匹配成功的可能性更大，这就有效提升了资源利用效率，降低了交易成本。本书认为分享经济中碎片化交易以以下几种方式实现了现代经济的绿色发展：

1. 资源完整产权的碎片化。分享经济对完整产权进行碎片化分割，使得所有权、收益权、使用权互相分离，既彼此合作又能独立盈利。在传统的经济体制下，繁杂的手续制度下签订一个完整的产权契约所需的时间成本和物质成本都比较高，如若将资源进行碎片化，将所有权、使用权、支配权、处置权等进行分割，便可以有针对性地高效快速地实现交易。碎片化产权的实现将资源产权划分为使用权和所有权，通过分享平台单纯进行资源使用权的交易，在满足消费者对资源需求的前提下，节省了签订完整的产权契约所需要的时间和物质成本，从而有效地避免了传统经济模式下进行资源交易存在的弊端。

2. 单一使用权的碎片化。对单一使用权的碎片化分割使得资源可以实现一对一、一对多甚至多对多的匹配，多对多交易可以显著提升交易效率。对单独的所有权或者使用权进行分割，可以实现使用权或者所有权的分散使用。对于可以被多方共同使用的资源使用权，比如对于房屋使用权的碎片化，提高资源使用权转移的效率。对于知识、技术等资源，其单纯的使用权可以同时被多人使用。对于此类可以同时满足不同需求者使用需求的资源使用权进行碎片化，将碎片化之后的产权匹配给每一位需求者，从而在整个需求群体中对资源进行最合理地配置。

3. 交易契约的碎片化。避免签订完整契约降低了交易成本，缩短交易周期。在分享经济平台上人们可以进行与商品相关权利的碎片化交易和相关交易契约的碎片化签订，相关交易契约的碎片化签订是对比于传统经济模式中完整的交易契约而言的，即不需要签订完整的交易契约，只需要针对所交易的部分商品权利签订该部分的相关契约。例如买卖双方交易某一商品的使用权，就只需要签订某个时间段内商品使用权归属的有关契约即可。这种碎片化契约的签订需要的相关法律知识较少，且条款简单易懂并且有高度的可重复性，能被更多的人接受认可并且广泛使用。人们无论是租车租房，或是交易商品，交易时签订的契约以订单的形式在平台上体现，并且由于条款简单普遍适用，无需每次交易都重新商讨契约内容，在保证交易安全性的同时让交易更方便快捷。

4.交易过程的碎片化。由于大众参与、资源共享，分享经济的交易过程被极大地细化分割。产权的碎片化，实现了将同一资源的产权同时分享给不同的人使用，提高了资源的使用效率，与此同时，分享平台上的资源提供者对分享经济的参与也体现了交易过程的碎片化特征。分享平台上传播的信息也可以被不同区域内互联网使用者所获得，从而为分散的互联网使用者和资源需求者提供了便捷平台。这种参与主体的碎片化、大众化实际上体现了交易实现过程碎片化，过程的碎片化节省了资源的使用成本，同时提高了资源的使用效率。

基于以上对于网络化与碎片化对于分享经济交易效率的提升作用分析，分享经济下的网络化交易以强大的现代科技水平有效支撑了分享经济模式的运作，是实现绿色高效发展的物质基础，网络以其扩大的交易范围，有效实现了大众参与，扩大了市场交易的广度，有效解决信息不对称问题，显著降低了交易成本，而其高度精确的运行速度深化了现代市场交易的深度，这些都带来了交易效率的提升。此外，网络，尤其是移动互联网的发展为现代人提供了更加新颖的生活方式，对于习惯使用网络和移动终端的人群来说，分享经济的 P2P 平台使得获得一些商品和服务更为便利，提升了人们在使用这些平台时的体验和满意度①。

碎片化交易是分享经济下产权分离与使用权细化的必然结果，真正实现了资源从私有到公用的转变，资源完整产权与单一使用权的碎片化最大限度上使得社会闲置资源得以无限高速循环使用，交易契约与交易过程的碎片化极大的简化了交易的流程与方式，提高了交易效率，网络化与碎片化相辅相成，既是分享经济的发展特质之一，又有力推动了分享经济的持续发展与绿色发展。

---

① 　吴晓隽、沈嘉斌：《分享经济内涵及其引申》，《改革》2015 年第 12 期。

第五节　分享平台"公地"人人可使用

分享经济实现了从私有到公用，"公用"无疑是分享经济的最终落脚点，分享平台是分享经济模式下天然形成的"公地"，平台上的资源具有公共性，人人都可使用，人人都可参与，且平台搭建了广阔的接口，其他众多第三方平台都可以接入，分享经济的这一特点类似于公共物品的非排他性与非竞争性，但又不完全等同于传统经济模式下的"公地"概念，由于分享经济下产权明晰，"公地"的最终不必然导致悲剧，完整清晰的产权分割最终可以实现从私有到公用的喜剧。

一、分享"公地"的内涵

"公地"属于西方经济学公共资源的范畴。传统经济学认为，公地作为一项资源或财产，由于不具有排他性，因而拥有许多拥有者，每一个拥有者具有对公地资源的使用权，但没有权利阻止其他人使用，从而造成资源被过度使用，最终可能导致资源枯竭。

分享经济模式运作所依赖的分享平台可以理解为是一处"公地"，社会闲置资源在此积聚，人人都有使用资源的权利，各多边平台都可以接入，社会监管部门维护资源所有者的权利和保证交易的公平公正，由此各方构成了分享经济的"公地"。

"公地"具有公用性，主要是指交易对象即资源的公用性、分享平台的公用性、所有权与使用权分离而导致的使用权的公用性。在传统市场经济模式下，我们普遍接受了私人产权这一概念，即财产的所有者享有对财产使用、交换、处置的排他性权利。但是，在人类生活的各个方面，推翻隔离、恢复分享的思想逐渐为公众所接受。人们开始要求开放公共广场分享、土地分享、知识分享、虚拟分享、能源分享、电磁频谱分享、通信分享、海洋分享、淡水分享、大气分享、非营利性分享，以及生物圈分享。通过各类资源的分享，人们是在争取公共使用分享资源的权利，实际上，分享经济所构建的"公地"，不仅仅可以实现资源的共享，且极大地降低了准入门槛，使得人人可享，又实现了"公地"的多边"公地性"，众多第三方平台都有准入"公地"的机会，基于对所有权的保护，分享经济的"公地"可以有效实现对资源的合理利用、循环利用和绿色利用，有效避免"公地"的悲剧。

二、"公地"人人可用的实现路径

"公地"的使用者范围广阔，分享经济平台在构建社会资源交易中介的同时，既实现了基于平台的资源协同分享，同时又为其他诸如监管方、支付方等第三方平台提供了参与分享经济的接口，可以说，分享平台的包容性与广阔性，既实现了海量资源的归集与重新利用，同时又为诸多第三方平台提供了一个新兴的产品与消费者市场，

1. 资源产权明晰而使用权人人享有

正是基于分享经济下的碎片化交易，"公地"平台上的资源有效实现了所有权与使用权的分离，这就使得人人都有可能获得产品或服务的使用权，而资源所有者又可以凭借其对资源的所有权而获利。例如分享单车等模式，用户只需要通过平台进行注册并交纳租金，就可以骑行任何一辆摩拜单车，这种使用权的公用性使得消费者数量大幅度增加，而单车的所有权依旧属于摩拜公司，任何破坏单车的行为都会受到来自监管部门的惩戒，这就在实现资源人人可用的同时保证了资源不被破坏，避免了资源枯竭。

2. "公地"平台开放使得人人皆可参与

结合前文所述，分享经济重要的理念特征是"大众参与"，可以说，"公地"的开放性，为广大自由工作者、个人、小微企业等客体都提供了进入平台的机会，从市场的供需主体的角度来看，分享经济的

"公地"有效降低了准入门槛，人人都可以使用分享平台。平台的公用性让分享变得现实。资源拥有者只要符合准入条件，都可以在平台上或分割资源，或整合资源，或开放资源，将资源在平台上分享，资源的所有权受到合法保护，而资源需求者则可以在平台上寻找需要的资源，由于资源的海量性和开放性，几乎所有的供需条件都可以迅速实现匹配。对供需双方来讲，平台是大家公用的领地。

3."公地"接口开放使得多方平台皆可接入

分享经济的"公地"不仅仅是资源的重新利用，还是一个广泛的商业平台，除平台提供者自身搭建分享经济平台之外，还凭借其开放性为第三方机构提供了合作与准入"公地"的机会。第三方平台主要包括监管平台和支付平台。

①监管平台。监管平台分为内部监管和外部监管。这里的第三方监管平台主要指外部监管平台，内部监管即平台提供方建立的监管系统，即评价机制和约束惩罚机制。由于分享经济的大众参与性，进入门槛很低，难以保证所有供给方的资料都是真实有效的，交易存在安全风险，也难以保证消费者的素质，可能会给供给者带来财产上的损失，这时候就需要外部监管平台，即政府与法制部门的监管。外部监管除了保证交易的合法、安全，保护消费者的合法权益及信息财产安全外，还要协调各方利益关系，创造公平的市场竞争环境，维护公平的市场竞争秩序。

②支付平台。分享经济的交易是在移动互联网上完成的，支付方式也不是传统的线下现金支付，而是线上支付。第三方支付平台与分享平台的合作是必不可少的，且对于双方来说都获益匪浅，我国的支付平台主要有银联电子支付（中国银联旗下）、支付宝（阿里巴巴旗下）、微信支付（腾讯旗下）等，欧美国家则主要使用 PayPal。分享经济的支付平台不仅安全快捷方便，同时又使平台提供方记录下每一笔交易的金额，便于计算营业收入，也杜绝了熟人刷单行为。

可以说，分享经济构建的"公地"最大限度上实现了各类参与主体对平台各类型资源的高效利用，个人、小微企业、资源所有方以及其余第三方平台都在这块巨大而又无形的"公地"上各取所需，真正实现了效率最大化与经济的绿色发展。

三、从私有到公用实现"公地"的喜剧

在传统经济学理论范畴之中，与"公地"相关联的是"公地的悲剧"，之所以会形成悲剧，是因为公地上资源的每一位使用者都知道资源将由于过度使用而枯竭，但每一个个体，都不具有公地资源的所有权，公地上的资源不具有排他性，因而，任何个体都没有阻止事态的继续恶化的权力，在这种形势下，资源需求者出于对自身利益的考虑，都抱着"及时捞一把"的心态加剧事态的恶化，由此导致最终公地资源枯竭的悲剧结局，公共物品因产权难以界定而被竞争性地过度使用或侵占是必然的结果。

而分享经济的"公地"平台，不仅不会造成资源的枯竭与浪费，反而能够实现资源重新利用与经济的绿色发展，主要原因有二：

1. 产权明晰是保障"公地"有效运作的根本原因

分享经济下的"公地"区别于传统经济学下的公地悲剧的根本所在，是分享平台上的资源都是所有权明晰的，闲置资源仅靠分享使用权而获利，分享经济的本质是通过资源利用效率最大化创造新的价值，并获得一定收益，这既是对资源供给方的回报，也是保证分享经济可持续发展的动力①。且由于内外部保障机制的存在，分享平台能够最大限度保证资源不被破坏、循环高效利用。

---

① 分享经济发展报告课题组、张新红、高太山等：《认识分享经济：内涵特征、驱动力、影响力、认识误区与发展趋势》，《电子政务》2016 年第 4 期。

2. 人本利他理念是"公地"健康运作的文化支柱

现代主流经济学的理论体系建立在理性经济人之上，这种理性经济人具有两个基本特点：一是只关注个人利益而忽视他人利益，二是只关注物质利益而漠视人的情感和精神需求①。而实际生活之中，尤其是随着现代社会的日益迅速发展、文化教育的快速普及，人的社会属性更加凸显，人的各项需要更加丰富多彩，分享平台上的资源形式多样、需要多元，对资源的占有、利用只是供需匹配的一个层次而已，基于人本精神和利他主义，分享"公地"在各方博弈之中处于一个动态平衡、相对完整且不断发展的动态过程之中。

总之，传统经济学下，"公地"的产权不明晰，公共资源的诞生大多数是因为自然原因，资源不属于任何人，因而导致了资源的滥用，形成悲剧的结果，而分享经济，在分割使用权的同时，极其注重对所有权的保护，且由于现代文化的进步，人在逐利的同时也具有社会化属性，这两者都导致，在"公地"平台上，资源真正实现了从私有到公用的绿色发展，产生了"公地"的喜剧结果。

---

① 朱富强：《"公地悲剧"如何转化为"公共福祉"——基于现实的行为机理之思考》，《中山大学学报》（社会科学版）2011 年第 51 期。

第 九 章
分享经济创造富足的资源

　　伴随着人类的进步与社会活动的开展，地球上本就有限的资源变得更加弥足珍贵，如何更好地保护资源，如何更有效地利用有限的资源成为每一个人需要思考与面临的问题。绿色发展理念在这样的背景下诞生了，所谓绿色发展，是指建立在资源有限约束条件下，高效率的持续的环境友好的发展模式，倡导的是可持续与低碳，从资源的角度来说，也就是资源的充分与循环利用。2007 年金融危机爆发后，大量的闲置资源与众多的资源需求者催生了分享经济模式的出现，这种新型经济模式通过实现拓展资源交易的范围与空间、加速要素流动与供需高效匹配以及低成本大规模复制创造出了富足的资源，这为分享经济的发展提供了条件，更与绿色发展的理念不谋而合，为人们实践绿色发展打开了一扇通向新世界的大门。除了有效利用资源与降低成本等众多优点，分享经济在绿色发展理念上更进一步，通过拓展资源交易的范围与空间、加速要素流动与供需高效匹配以及低成本大规模复制三方面实现了对于资源的创造，使资源更加富足。

第一节 拓展资源交易的范围与空间

在传统经济的交易中，交易对象，也就是参与交易的资源往往是交易主体所持有的或所生产的自身产品，这些产品往往是能给交易主体带来最大收益的，也正是因为这些资源存在的价值，才让交易主体有意愿生产与交易它们，至于低价值与低效的资源，交易主体往往拒绝生产或者将其闲置。在分享经济中，交易资源的范围被大大拓展了，不论是交易主体的低效低价值还是高效特有资源都可以在分享经济全球化的交易网络中找到其他有需求的交易主体。此外，传统经济中以交易链为方向的局限的交易模式，也在分享经济中被打破后经过互联网的重组成为全球化的交易网络，不论年龄、工作、地域的所有人、所有群体、所有组织都可以根据需要进行交易，这种非人格化的交易也使得资源交易的空间大大增加。分享经济通过对于资源交易的范围与空间的拓展，实现了对于闲置低效资源的利用以及高效特有资源的充分利用，使各种资源都能得到充分利用，在遵循绿色发展模式同时，创造了更富足的可以被使用的资源。

一、拓展资源交易的范围

在传统经济中，交易主体之间交易与转移的是对交易主体具有价值的能带来高收益的资源，其他资源则处于被闲置与无用的状态。而大部分现有的对于分享经济的研究界定的是，分享经济是通过有偿转移闲置资源来实现资源的充分利用。事实上，结合现有的研究成果与分享经济模式中的实例，例如授米平台等案例，可以发现，真正的分享经济模式可以实现传统经济与狭义分享经济的结合与升华，也就是实现对于近乎全部资源的分享，例如 Uber 分享私家车空闲座位这种闲置资源与授米平台实现的对于专家所掌握知识技能的高效或特有资源的分享，可以说"一切皆可共享"。

1. 低效与闲置资源

资源的低效与闲置都是指暂时性的被闲置或者低效，而不是说资源本身就具有低效或者无法利用的特性。某种资源自身就是无价值或者难以利用的，那分享经济也就无从通过分享来提升其利用效率，这在传统经济中同样是如此，典型的例子比如二氧化碳，至今仍未有一个真正有效的利用方法。与此同时，资源的低效与闲置往往与资源所处的平台的低效与缺乏相联系，比如汽车厂商生产的汽车的存货积压，当汽车质量不存在问题时，原因就极有可能出现在对于汽车的宣传上，也就是汽车的销售商缺少一个与消费者建立有效联系的平台，或者是这个平台对于交易环节的连接不够到位，闲置资源与低效资源就这样出现了。

传统经济中，由于具有局限性的链状交易模式与互联网技术仍处在发展状态，资源无法广泛地在市场上流通与充分地被利用，再加上在某些特有资源的利用上技术尚不完善，导致低效与闲置资源普遍存在，造成了本就有限的资源的浪费。分享经济的出现则打破了传统经济模式的局限，更加贴近绿色发展的理念。上面汽车厂商生产的汽车积压的例子中，在传统经济模式中这必然造成汽车的闲置，带来资源的浪费，但是在分享经济中，首先分享平台会通过全球化的交易网络为汽车带来更广泛的宣传，对于供需的匹配也会带来即时性高效化的联结，除此之外，分享经济的使用权分享的理念也会让车辆需求者可以按需获得车辆的使用权，厂商生产的汽车也可以有用武之地，不至于产生闲置浪费的问题。这种分享经济带来的汽车积压解决方案，其实与中国分享经济的典型企业滴滴出行非常相似，同样是致力于将车辆的闲置座位或者整车的使用权分享出去，从而充分地利用资源。查阅《中国分享经济报告2017》[①] 可以发

---

① 《中国分享经济报告2017》，国家信息中心2017年，第10页。

现，滴滴出行目前的估值为 338 亿美元，且其仍处在快速增长中，这反映出分享经济在处置低效与闲置资源方面的模式的确是极有效的，也比传统经济模式更符合绿色发展理念。

2. 高效与特有资源

高效资源与特有资源是两种不同类型的资源。高效资源可以包括企业生产的优质高回报产品与服务、高效生产设备、先进的知识理念等等，这些都是被资源持有者充分利用与挖掘价值的资源，且正处在利用效率较高的状态；特有资源大多数是依附于特定人格的独一无二的资源，比如人的想法、聪明的头脑、特有的工作技能等，它们都是唯一的或者稀少的，也存在着难以复制的特性。其实，在传统经济模式下，高效资源就已经可以被企业、个人或其他交易主体有效地挖掘价值，而特有资源由于自身对于所依附人格的独一无二的绑定，也会给特定的人格带来巨大的价值。可以说，高效资源与特有资源可以在任何经济模式中发挥价值，话虽如此，但分享经济所带来的"一切皆可共享"理念也对高效资源与特有资源的利用效率带来了巨大的提升，那么这种提升体现在何处？

高效与特有资源包括了资源持有者所拥有的对于自身而言有用有价值并且被高效利用的资源，它包括资源持有者的资产、产品与服务、知识与技能、生产能力。在分享经济模式中，分享的资产是指资源持有者所持有的资金、设备、运输工具等，比如 P2P 借贷；分享的产品与服务包括销售的产品与餐饮、家政、物流等服务，典型的案例有饿了么、同城快递等；分享的知识与技能包括智慧、专业性知识等，授米平台、猪八戒网就属于对于知识与技能的共享；分享的生产能力指向的是一种协作式的生产模式，它包括对于能源、人力、工厂等生产要素的分享，典型的例子有阿里巴巴的淘工厂。与传统经济相比，分享经济模式在这些高效与特有资源的利用上主要是通过全球化与非人格化的交易模式将原本不是很高的资源利用效率与效果进行充分的提升，分享经济的这两种特点将在后面的章节中具体说明，在这四类高效与特有资源中，知识与技能作为一种非实体的资源，在传统经济模式中大多只能以私人占有与利用的方式发挥作用，而难以被其他人接触与利用，但在分享经济的发展中，知识与技能资源已经成为分享经济市场中占有相当大比例的一部分交易对象，因此，在此以知识技能资源的分享为例来更好地说明分享经济中对于高效与特有资源利用效率与效果的提升。

根据《中国分享经济发展报告2017》①中的数据，2016年分享经济市场中的知识技能领域市场交易额约为610亿元，同比增长205%，使用者多达约3亿人，自分享经济出现以来，知识与技能的分享市场规模一直在以惊人的速度增长，这是由于人们的知识盈余、对于新知识与技能的渴求以及通信技术手段的发展共同带来的。在传统经济中，知识技能大多都被拥有者私人占有着，作为获取利益的重要资源，占有者不会轻易与其他人分享这些知识与技能，再加上通信的不发达，供需匹配的不完善，这类资源更难以以交易对象的身份出现在市场上，这不仅导致了知识与技能无法充分为绿色发展之路做出贡献，更造成了相当大部分知识与技能随时间而被遗忘与消失。直到分享经济出现，这种状况才得以好转，全球化的网络带来了更多的知识技能供给方与需求方，分享平台的联结带来了众多供需双方的高效瞬时匹配，知识与技能这种非实体资源终于可以以更有效的方式被更多的人所利用，这也体现了分享经济对于知识技能这类高效和特有资源的充分利用。

前述的对于低效闲置资源与高效特有资源的分析，体现了分享经济在拓展资源交易范围的两个方面。对于低效与闲置资源，分享经济做到了传统经济中没能做到的对于这两类资源的分享，这对于在绿色发展模式中减少资源浪费具有重要的意义；而对于高效与特有资源，分享经济又可以通过自身的特点与交易模式使得对于这两类资源的利用更加充

---

① 《中国分享经济报告2017》，国家信息中心2017年，第4页。

分，提升了资源的利用效率，通过分享使用权，做到了一物多用，体现了绿色发展的思想。分享经济的这种"变废为宝，事半功倍"的特性，充分拓展了市场中资源交易的范围，同时也体现着绿色发展的理念。

二、拓展资源交易的空间

在传统经济模式下，企业的发展追求规模化、规则化、过程化，企业之间存在明显的边界，各自占有相当一部分的资源，这其中很大一部分是闲置的，对于这部分闲置的资源企业处于竞争的考虑大多拒绝让出，这就导致了传统经济模式中的资源交易存在相当严重的壁垒，资源无法顺畅地在市场上流通，再加上通信工具的不完善，远距离的供需双方缺乏信任与联系，市场上资源交易的空间就被大大压缩了。直到分享经济模式的出现，通过网络化与非人格化的交易理念与分享平台的高效联结，使得不同地区的互相陌生的交易主体可以瞬时地发生大量的供需关系的匹配，大大拓展了资源交易市场所存在的空间，而且打破了资源交易主体之间的壁垒，使资源的交易近乎实现了全空间。

1. 拓展交易的地域空间

在传统经济模式中，资源市场中发生的交易存在明显的地域化与有限性，也就是说交易大部分是在特定的区域中进行，而且许多地方由于环境、人口、政策等一系列原因交易量非常少甚至没有交易，这导致世界上的资源无法形成一个完整的市场，许多地区的特有资源难以被人们认知和需求，这就让许多资源被闲置与浪费，再加上不同地域的陌生人之间缺乏信任与信息不对称，导致了资源交易市场规模难以扩大。分享经济模式的出现，有效改变了这种不利现象，它大大地拓展了资源交易市场的规模，让资源交易空间从零散的、区域化的小市场整合为全球化的大规模交易市场，这主要是通过分享经济模式交易的全球化网络以及交易主体之间的非人格化特征实现的。

这里的全球化网络是指分享经济模式所建立的覆盖所有人类居住

地区的交易网络，它是以互联网技术、通信技术、交通运输以及物流技术的发展与进步为基础建立起来的，互联网与通信技术的发展保证了远距离的供需双方可以发生联系与交流，为交易的开展提供便利与支持，而物流与交通运输技术的发展为资源的转移提供了条件，保证了交易的顺利完成。对于非人格化交易，美国经济史学家道格拉斯·诺斯指出，所谓"人格化交换是建立在个人之间相互了解基础上的交换。在这种交换中，由于人们的知识水准低，经济规模小，交易成本较高"，以此类推，交易的非人格化就是指在对交易对方没有了解的情况下完成交易，供需双方是相互之间没有联系的陌生人，这样的交易形式打破了原来熟人圈互惠互利的交易，为不同地域的交易主体之间带来了交易的可能性。分享经济模式下的全球化网络交易与非人格化交易这两种交易特点的共同作用带来了资源交易空间的极大扩张，全球化网络将资源的供需方完整地联系起来，非人格化交易则打破了主体与主体之间的交易束缚，当然，完善的交易监督与反馈机制也是必不可少的，在这多种条件的共同作用下，分享经济模式资源交易市场空间得到了拓展，远距离供需双方之间的交易也更容易更频繁地发生，打破了传统资源交易市场中地域的闲置。

2. 打破资源交易的企业边界

在传统经济中，组织边界一直是资源交易过程所必须要面临的难关，传统经济模式的规模化、标准化、进程化主张，带来了企业边界的存在，对所有的资源形成了制约。传统经济模式下的企业强调对物质资本所有者的利益保护，各项资源在整个生产流通等环节只能处在其专有的位置上，不能随意改变其运作的位置和运行的时间。假设一个场景，一台笔记本电脑的流通，对于商家来说，在销售时，需要有门店和销售人员将其出售给顾客，在售后维修时，需要维修人员上门或者顾客到店；对于消费者来说，需要在不同的实体店中进行试用比较才能做出选择。在整个流通过程中，地点与体系是固定的，这就使这些固化的资源无法自主地进行按需流动，而这种不同资源所处在不同的范围，由于企业或者行业边界的存在，使得资源会因为这种边界而浪费闲置。

共享经济模式强调去中心化、个性化，甚至一个人就可以成为一个具有完整体系的交易主体。传统经济模式下，对于大对数企业来讲，许多资源因为处于存量状态而闲置，没有能力跨越企业的边界溢出和流动。而去中心化的思想的扩张，意味着每个人都可以变成自己所分享资源的主人，有形和无形资源包括人本身不再只局限于一个企业内部。回到笔记本电脑流通情景之中，共享经济模式颠覆了原有的流通过程：在追求使用权而非所有权的消费理念下，就供给方而言，不再需要专门的分销渠道，企业或者个人供给方通过共享平台快速精准地定位目标需求人群，就需求方而言，他能通过平台迅速匹配所求。所以，在共享经济模式下，灵活的共享平台替代了固定的门店场所，精准的平台匹配功能代替了固定时间工作的销售及技术维修人员（他们可以通过共享平台匹配时间共享自身的劳务服务），平台上来自全国各地乃至世界各地的供给选择解决了需求者只能在附近选择的局限问题。

可以看出，共享经济模式突破了空间对原有经济模式的限制。在传统经济模式下，空间和其他资源是是协同的，在固定的地点，除空间外的其他资源产生同样的经济效益，各项资源投入高但利用率低。而共享经济的全时空特征，打破空间的限制，碎片化了空间，并将其以更有效的方式连接起来。

第二节　加速要素流动与供需高效匹配

在第一节中讲到，分享经济模式下市场通过对低效闲置与高效特有资源的全面分享、全球化网络交易与非人格化交易以及去中介去边界化交易拓展了资源交易的范围与空间，实现了分享经济资源交易市场的全要素、全时空、全开放三大特性，市场得到全面的完善，交易对象与交易主体大大增加。在这样的前提下，如何对资源进行有效配置以及如何实现供需双方的高效匹配就成为接下来要解决的问题。在分享经济模式中，快速的要素流动速度与高效的供需匹配成为有效联结供给方、需求方、分享的资源之间的粘合剂，通过以分享平台为核心的高效率市场对于供需双方的高效即时匹配和使用权的分享带来的资源快速流动，实现资源在交易市场上的快速准确多次匹配，在资源的反复利用中大量复制资源的使用权，从而创造了更丰富的资源。这种加速要素流动与供需高效匹配的机制也符合绿色发展的理念，遵守了节约资源与可持续发展的要求。

一、加速要素流动

在分享经济模式资源交易市场中，交易对象、交易主体以及其他交易要素都处于一种快速的循环流动中，作为交易对象的资源频繁在不同交易主体之间被来回分配，伴随着的是它的使用权的频繁转移，这种快速大规模的要素流动带来了分享经济市场中不可计数的交易数量，体现在数量上就是资源交易所带来的交易额，根据《中国分享经济发展报告2017》[①]，2016年我国分享经济市场交易额约为34520亿元，比上年增长103%，资源的快速准确多次转移不仅为分享经济市场带来了巨量的交易额，还体现了分享经济市场巨大的潜力和光明的未来发展前景。从分享经济自身的特点来说，这种要素的快速流动是由三方面的原因带来的，分别是使用权的转移、即时的交易以及供需双方的均衡，其中使用权的转移保证了资源的可交易性，及时的交易保证了交易的顺利完成，而去中介化与再中介化去除了交易的中间环节。

---

① 《中国分享经济报告2017》，国家信息中心2017年，第4页。

1.使用权的分享

在分享经济模式中，资源交易时所有权并不会发生变化，取而代之的是使用权的转移，可以说，分享经济的交易中交易的是资源的使用权，比如为人们所熟悉的 Airbnb，需求方付款后取得的是在住宅暂时约定期限的居住权，而不是房子的所有权，当一个需求方合约结束后，其他需求方可以继续通过这种方式获得房屋的暂时使用权，这样，房屋的使用权就可以在市场上多次的被交易，相当于为市场创造了更多的资源。由于以资源的使用权为对象的交易具有暂时性，资源在被按需分配给需求方后所停留与被利用的时间不会很久，所以资源可以在市场中一定时间内发生更多次的交易与匹配，交易对象就可以以较快的周转速度在分享经济市场上流动，作为交易主体的供给方与需求方也能够多次高效的在分享平台上进行快速即时的匹配，资源也会被多次分配给供需双方，分享经济资源交易市场中的要素实现了快速的循环与流动。

2.即时交易

不论是传统经济模式还是分享经济模式，一项交易供需双方能否迅速匹配、资源能否快速的被传递决定着交易的质量，也同时影响着交易的成本。在传统经济模式中，资源的交易存在特定的流程，从供给方寻找资源的接盘者到需求方找到并取得所需资源，这中间存在着许多过程，且在这种模式下，资源交易的真正实现往往需要几天、几周甚至几个月的时间，这种时间成本对于供需双方来说都是一种负担。而分享经济模式中的多边分享平台所具有的瞬时化高效匹配功能则让这种时间成本大大降低，监督机制的完善也让供需双方可以放心地在平台上进行交易。这种即时的供需双方的匹配大大节省了交易过程花费的时间，让分享经济资源交易市场中的交易更具有效率，这样交易就能够更频繁更及时地进行，要素也随着交易而加速流动。

3.供给方与需求方均衡

这里的供给方与需求方的均衡是指在分享经济模式资源交易市场

上，供给方可以瞬时找到适合的需求方，需求方也能够瞬时找到合适的供给方，供给与需求更容易被合理及时地满足，供给方与需求方可以得到高效且及时的匹配，这样就不会发生供给方或需求方一方过多剩余的情况。这主要是由于即时的匹配与拓展的交易范围跟空间，更大的范围与空间意味着市场上交易要素的增多，也就是分享经济市场上存在着大量的供给方、需求方以及流动的资源，而要将这些要素有机的整合起来就需要分享平台的高效即时的匹配功能。思考一下，更多的要素，更快地匹配会带来什么？就是更多的组合方式，而这些组合方式在这里就是指交易，更频繁更简洁高效的交易带来了要素更快地流动。

二、供需高效匹配

分享经济中供需高效匹配的过程是指借助分享平台的中介作用，借助互联网及移动互联网的大数据支持，在信用透明、信息对称的基础上，供需双方在市场中的交易需求能够在最短的时间内得到满足，同时分享经济平台中的云计算及超级计算机等技术支持能够大幅提升交易匹配的效率。面对现实生活中资源短缺和利用率低并存的问题，基于互联网运行的分享经济能够将各类分散的可用资源迅速整合，精确发现不同消费者的多样化需求，以此实现供需匹配在速度和效率两方面的提升，从而加速要素的流动创造富足资源。

在传统的经济模式中，供需双方之间的匹配是一个缓慢的过程。在不借助互联网平台的前提下，供需双方必须首先在现实世界中进行面对面接触，才可以实现交易的进一步进行。在生产过程中，企业与供应商、建立交易的基础是双方的信用度、供应商提供的原材料的质量及效率、企业的运营状况及还款能力等一系列综合因素，双方真正建立交易需要较长周期的考察，这就形成了相应的生产成本。而在分享经济中，交易双方的信息及信用口碑等都在互联网中展示出来，信息的对称使交易双方能够及时找到满足自身需要的交易对象，解决了实地考察的成本高周期长问题，实现了供需的高效匹配。

1. 复合的交易模式保证了供需高效匹配能有效实现。按照交易对象之间的匹配方式可分为"一对一""一对多"和"多对多"三种交易模式。在前两种交易模式中，留给交易对象的可选择空间都相对较小，交易规模受到一定的局限，多存在于传统经济模式下。而在分享经济模式中，企业不仅可以选择"一对一"和"一对多"的交易模式，也会采用"多对多"的交易模式，实现三种交易模式并存的复合交易模式。供给方和需求方都能获得充足的信息，在掌握这些信息之后进行综合分析，选择最终的交易对象。复合交易模式大大增加了交易对象的选择余地，交易参与者可在众多可供选择的方案中挑选一个最适合自己的方案，实现交易。这种交易模式也扩大了分享经济的交易规模，从而使得行业中更容易产生规模效应，实现供需的高效匹配。

2. 智能大数据促进了交易的及时匹配，提升了交易效率。分享经济拓展了交易的范围和空间，要素进行跨时空的再分配，离不开大数据的技术支持。大数据对分享经济的作用不在"大"，而在于"有用"。不同于传统数据的测量，大数据更加注重的是对分享经济中各主体信息的记录。大数据针对用户在互联网上的行为进行数据分析整理，形成消费习惯总结、信用评价等记录。这些数据形成的信息网降低了生产过程的前期考察准备成本，对交易的匹配过程产生了直接的促进效果。

为了更好地保证交易的及时性和交易的效率，分享经济平台在交易的过程中通过优化算法等技术手段进行交易的撮合。Uber 公司在这一方面算是可供借鉴的典范。Uber 的创始人最初创办公司正是出于提升供需匹配效率的想法。软件会通过优化算法，根据道路信息、交通拥堵情况、周围司机行车路线等因素，进行综合判断后指派抵达时间最短的司机来接送乘客。这一打车软件解决了人们在出行方式选择上的一大痛点，同时省去了用户亲自开车的劳累以及寻找停车位的苦恼，因此在短时间内便风靡全球诸多国家。Uber 成功的重要原因之一是对于交易效率的显著提升，这是基于它的"中心调度＋按需分配①"的规则，在此基础上，通过不断学习且自我完善的算法体系，软件可以使得平台上的一切订单匹配过程尽可能地合理高效。同时，软件还制定了"浮动定价"的机制，对供需平衡进行调节，从而能够大幅度地提高汽车使用率②。高峰期间提价的措施体现了市场经济规律，同时也是提高交易匹配效率的重要办法。

第三节　低成本大规模复制使资源更富足

在传统经济模式下，受硬性的资源约束以及在市场交易过程中存在信息不对称的影响，市场上供需难以达到均衡状态，有的商品供大于求造成了一定的资源浪费，与此同时有的商品供不应求导致有些特定需求难以满足。分享经济凭借其低成本的特征，可以对分享交易和分享平台进行大规模的复制，形成规模效应，进而整合高效、闲置、低效资源为可供分享的资源，在不改变资源约束的水平下使分享资源更加富足，从而实现绿色发展。

一、在平台公地实现低成本大规模复制

低成本大规模复制是指在分享经济中，将商品使用权从所有权中分离出来，只交易商品的使用权，通过增加资源的使用频次达到降低生产成本、交易成本、边际成本等成本的效果，实现交易及平台的复制可以在保持较低的成本水平，从而保证分享经济交易和平台的复制可以大

---

① 张雨忻：《Uber 和它的复制者们告诉你：如何再造一个 Uber?》，2015 年 7 月 13 日，见 http：//tech.qq.com/original/biznext/b098.html。

② 吕本富、周军兰：《分享经济的商业模式和创新前景分析》，《人民论坛·学术前沿》，2016 年第 7 期。

规模进行，进而实现规模效应，使资源更富足。

1. 分享经济通过降低成本实现规模化的复制。分享经济在生产过程中通过分享技术专利降低使用者的研发费用，分享生产技术及工厂设备等分摊分享者的制造费用，同时又可以满足需求方的个性化需求，节省了不必要的加工成本，降低了生产成本；在交易过程中通过简化传统模式下的交易流程，削减了传统人格化市场中间环节的交易费用，基于互联网及移动互联网大数据支持下的信用约束实现信息对称，"多对多"的交易模式可随时进行供需匹配，形成规模效应降低交易成本；在商品的使用过程中资源所有者出售使用权获取收益，资源需求者以更低的成本解决了对该资源的暂时需求，通过对商品使用权的重复交易，进行多次有效配置，初始购买成本分摊给每一位使用权购买者，降低商品的边际成本以趋近于零；闲置资源和低效资源都包含沉没成本，将这些资源进行挖掘和重新利用，摊销了其维护成本，同时需求者也不需要购买新的资源，相较于新生产出的资源，这些资源相当于"零成本"。成本降低了，资源便更加容易获得。

2. 分享经济通过复制性使资源更富足。分享经济的复制性包括生产的可复制性、交易的可复制性以及平台的可复制性。生产的可复制性是在低成本的基础上实现的，生产成本的降低，使原先因高研发费用或高制造费用而无法实现规模化的生产得以实现。比如青岛啤酒的生产，青岛啤酒拿出自己的配方，分享给分散在全国各地的啤酒酿造企业，这些企业节省了配方研发费用，分享配方的边际成本无限减少已趋近于零，而青岛啤酒以低成本获得数十家企业的产能、厂房、设备、人才等，实现了生产过程的复制，降低了较高的制造费用及运输成本，获得了规模化的生产。消费者喝到的青岛啤酒，都来自附近方圆 100 公里的啤酒厂。交易的可复制性，是指交易对象通过分享经济的交易模式可以在消费者中间多次交易流通，通过众多使用者对交易对象的重复使用大大提高了交易对象的利用效率，实现资源在全社会范围内的高效配置，有利于资源的可持续发展。女性衣物是一种利用率极低的物品，据调查显示，英国女性平均每年花费在购买衣服上的费用超过一千英镑，然而70%以上的衣服穿过一两次以后便不会再穿。LE TOTE 便是针对这一资源的浪费诞生的一家服装分享平台。可供租赁分享的服装涉及日常通勤、宴会礼服等各种类型，人们的各种着装需求都可以在平台上得到满足。原本只能利用一两次的衣物通过分享平台 LE TOTE 在他人身上再次得到使用，实现了多次交易重复利用，提高了使用效率，有利于可持续发展。平台的可复制性是指分享经济平台的运作模式可以进行复制，从而扩大分享经济的影响力，实现规模效应。美国 Uber 公司成功推动了分享汽车的发展，中国的滴滴出行便是对其商业模式的复制创新。航天二院的云制造模式、海尔的开放创新生态系统 HOPE 都是研发生产分享模式的复制。生产、交易以及平台模式的可复制使资源更加富足。

3. 分享经济能实现低成本大规模的资源复制。当分享经济能够高产出创新资源，同时人们不再束缚于私有产权独享时，大规模的产品、创意、设计，解决问题的方法等资源能够同时被复制使用。因为人们清楚，收益的增长不再依靠所谓的"独家秘方"，所以大规模低成本的复制源头资源，将会成为趋势。分享经济下，全民面临参与供给的局面，生产不是专业厂商的专利，原创的小说、搞笑视频、微电影在平台中发布。在供给愈来愈丰富的时候，这些资源的成本已渐渐降低，而复制成本则几乎为零。当分享经济的理念足够深入人心时，不同人能够自由地使用极低的成本复制使用同一个解决方案用于解决自身遇到的相同类型问题。在这样的背景下，分享经济能实现大规模低成本的资源复制便不再是稀奇的事情了。

二、低成本大规模复制的表现及原理

分享经济的复制性（低成本大规模复制）解决了传统经济模式下

的资源约束问题，保证了可交易资源的充足，其具体表现为使用权的重复交易及交易的规模效应。

1. 使用权的重复交易

使用权的重复交易是指分享经济的交易对象不再是商品的所有权，而是商品的使用权，一件商品的使用权可以进行多次交易，而且可以由多主体分享使用权，完成一件商品使用权的多次重复交易。

分享经济能够实现使用权重复交易的原理是分享经济不再追求对商品所有权的占有，更强调通过交易平台，在不改变商品所有权的前提下交易商品的使用权。而且，由于商品所有权和使用权的分割，商品所有权始终归属于该商品购买者，使用权则可以在不影响所有权归属的情况下重复交易，购买该商品使用权的消费者即可享有其使用权，实现了商品使用权的多主体分享。相对于所有权的交易，商品使用权的交易具有可多次重复的特征。首先，分享经济中交易的商品多是耐用品，使用频数的增加带来的商品的边际折旧很小，这确保了在使用权基础上的交易可以一直进行直至商品报废。其次，分享经济的交易只针对商品的使用权，将所有权与使用权分割不仅降低了交易的契约成本，原本需要在交易契约中设计针对所有权交易的种种条款简化为只需要设计针对商品使用权交易的有限条款，有效地降低了交易契约制定的难度。再次，因为使用权交易的频繁进行，针对同一种商品使用权的交易，交易契约可以在跟不同消费者交易时重复利用，进一步降低了契约成本。最后，分享经济中分享平台的利用，扩大了交易的范围，提高了交易的可能性，提供了有效的交易撮合机制，为使用权的重复交易提供了平台支撑。

2. 交易的规模效应

交易的规模效应是指分享经济交易的大规模广泛引起交易边际成本减少进而使经济效益增加的现象。分享理念的兴起及分享经济平台的引入，让越来越多的经济参与者认识到分享经济的社会意义和发展前景，参与到分享经济的浪潮中，参与分享经济交易的主体规模庞大，使交易形成规模经济，各生产要素的有机结合形成了 $1+1>2$ 的效应。一个行业是否具备产生规模效应的可能性，关键在于该行业中是否存在足够数量的企业；而从更微观的角度来看，规模效应的产生与行业中的交易规模有密切关联，若行业中存在足够庞大的交易量和交易规模，则更有可能实现行业整体的规模效应。

分享经济之所以能够实现规模效应，一方面是因为分享经济作为一种新兴事物出现在市场中，受网络上广告的宣传影响以及对新鲜事物的好奇心理，其商业模式对未曾接触过分享经济的消费者而言有一种吸引力。另一方面，分享经济的平台商在某一领域的分享经济拓展新市场的初期，总会开展某些优惠活动充分发挥分享经济低成本的优势进行市场推广，低成本使得分享经济在短时间内就能迅速打开市场，获得数量庞大的消费者群体。再加上人们的从众心理，社交圈中一旦有人开始使用分享平台，那么总有跟随者想要尝试同样的事物。最重要的，随着目前全球环境的恶化和资源存量的锐减，人们对如何才能实现人类的持续的、绿色的发展忧心忡忡，分享经济的出现为人们打开了新的发展思路，保护环境、节约资源的理念促使人们更热衷于尝试更加"绿色的"经济模式——分享经济模式。分享经济不再是出售产品，而是意在分享一切可用资源，不仅包括低效资源和闲置资源，还包括有效的、优质的资源，这种模式十分契合绿色可持续发展理念。在未来的时代，每个人都会变成产消者①，即每个人既是商品的生产者又是商品的使用者，生产者和消费者不再是固化的角色，通过分享自有物品的使用权将两种身份统一起来。分享经济是"一次获取，多次出租"，分享平台通过一系列技术可以实现一项资源在供需双方中重复交易，多次进行有效配置，

---

① ［美］杰里米·里夫金：《零边际成本社会》，赛迪研究院专家组译，中信出版社 2014 年版，第 XXI 页。

而这项资源最初的取得成本以及后期可能发生的各种费用由每一位需求方分摊，较之传统模式下获取和使用资源的全部成本而言每一位资源的使用者承担的成本降低。一项资源每分享一次，就相当于给需求方提供了一件"新"商品，当这项资源分享的次数越多，需求方分摊的费用就越少，对每一位需求方而言使用资源的"边际成本"便会逐渐降低甚至接近零。另一方面，分享经济中资源的所有权和使用权被分割，人们逐渐摒弃原来的思想，由"占有即存在"的非理性的"消费主义"向"使用价值"回归，在适度消费的同时，引导人们重新思考经济生活的本质①。分享经济的发展令人们不再受资本主义私有制观念的约束，而是引起了人们对如何通过改变自己的生活方式实现全人类绿色发展的思考。人们愿意拿出手中的闲置资源或低效资源，通过分享平台，使他人能够享受使用权自己也获取收益，而资源需求者也通过支付较低的价格满足暂时需求而不再需要购置新的资源，这是一种跟随时代步伐的绿色经济模式。

三、低成本大规模复制带来富足的资源

对分享交易和分享平台的大规模复制，在尽可能多的利用已有资源的前提下实现了市场上供需双方的均衡，并且因为减少未利用资源的使用为今后经济的发展保证了富足的资源，为实现人类社会的健康、可持续的绿色发展带来了正面效应。

1. 使用权的重复交易使资源得到重复利用。以绿色出行为例。大家对于北京的交通情况都略知一二，城市中汽车保有量很高，以往返通州的线路为例，时常会发生车辆排起长龙的状况。但如果大家稍作留意，就会发现这些汽车里基本就只坐一两个人，剩下的座位就是可以用来分享的资源。而假若能够充分利用分享经济中使用权可同时由众多主

① 乔洪武、张江城：《分享经济：经济伦理的一种新常态》，《天津社会科学》2016年第3期。

体分享的特点，一辆车如果坐四个人，就省去了马路上几辆车所占据的空间，从而可以起到缓解拥堵与减少污染的作用，促进城市可持续发展。若市民都能够习惯用分享经济的方式出行，那么汽车里的空闲座位就会实现合理的利用，价值会得到最大程度的发挥。同时这样的出行方式如果成为一种习惯，人们上下班的出行需求得到有效满足，汽车增长量就会相应放缓，这种方式正是倡导人们放弃创造资源的旧式思维，转向重复利用现有资源的新式思维，是非常环保的绿色经济模式。

滴滴中的顺风车就是这样的出行模式。开车上班的通勤族可以寻找同路的乘客，同时搭载多位乘客，避免空座的闲置浪费，而在上下班高峰期往往存在打车难的情况，没有车的上班族可以提前预约一辆顺风车，从而快速、舒适地到达公司。而且，与一般的快车、专车不同，顺风车平台中的司机与乘客在出行时间与路线方面都具有较强的固定性，司机和乘客相识后更有可能每天都一同出行，实现重复交易。乘客作为需求者，购买新车的欲望降低了，出行车辆的利用率提升了，缓解了城市交通拥堵。

2. 参与主体规模的庞大，带来了丰富的可交易的资源品种。最近短短几年，市场中掀起了一波分享的浪潮，许多创业者抓住这个契机，学习复制 Uber 的运作模式，按照分享和效率的理念，在各个领域创办了众多不同类型的分享经济公司。目前，分享经济的渗透速度远远超过人们的想象，以下 10 个行业是目前分享市场中最火热的领域：①出行业；②旅馆业；③快递业；④家居服务业；⑤个人服务业：理发、按摩、美甲等；⑥餐饮服务；⑦旅行服务；⑧汽车后服务业；⑨健康业；⑩物流服务业[①]。许多人们曾经以为只能自己占有的东西，如今都可以通过分享平台分享给他人并赚取收益。

---

① 吕本富、周军兰：《分享经济的商业模式和创新前景分析》，《人民论坛·学术前沿》2016 年第 7 期。

　　这十大领域大多属于服务业。诚然，提及分享经济涉及的领域，多数人首先想到的是服务业，但分享经济并不只存在于服务业之中，同样逐渐渗透至制造业以及设备设施等领域中。未来制造业的发展趋势与当下在服务业中流行的分享经济模式息息相关，服务业各类生产要素都会进入分享经济模式，而在制造业中将逐步构建"大平台＋众多品牌商"的格局，研发、生产、采购等全部的供应链环节及各种要素也都会受到分享经济模式的深刻影响。制造业中的分享经济又被称为"分享制造"，指以公平、透明的原则，将制造业的可用资源合理匹配、分享。分享制造的实现是借助互联网平台的双边连接作用，通过打破行业壁垒、打通行业信息不对称，来实现制造业设备、技术和人才的供求匹配合理化、高效化。对于生产能力的分享，"阿里巴巴淘工厂"是一个典型代表。淘工厂是一个服务于淘宝卖家的工厂整合平台，通过收集各工厂的空闲期等信息，进行整合协作式生产，从而灵活地满足卖家的个性化需求。平台上的工厂会对近30天内的空闲期进行公示，实现产能的商品化，方便卖家在平台上快捷地搜索到档期匹配的工厂，促使淘宝卖家和工厂之间建立委托生产关系。一直以来，制造业中的供需双方之间存在信息不对称的问题，分享制造则利用分享的理念使企业之间实现协作生产，整合了生产能力，在降低成本、提升效率的同时，也使着眼于客户需求的定制化服务变得更为容易。分享领域的横向扩张，丰富了可供交易的资源品种，从而有利于实现规模效应。

　　分享经济对使用权的重复交易秉承"一次购买，多次出租"的商业思维，体现了分享经济实现从所有权私有到使用权分享的实质，符合可持续的绿色发展的先进理念。传统的经济模式下主要基于生产资源要素的不断投入，以提高产量扩大生产规模来获取利润，这就造成了市场参与者的非理性亢奋和生产者对生产量的"唯数量论"，对资源和环境造成了极大的破坏。分享经济则着眼于对存量闲置资源的激活以及对低效资源和优质资源的高效整合和利用，减少为了满足消费者需求而开发和利用存量资源的数量，对使用权进行重复交易最大程度地提高资源使用效率，减少人类对资源的占用和对环境的破坏，规避私人占有对经济发展的影响，促进经济社会绿色可持续发展①。

---

① 郑志来：《共享经济的成因、内涵与商业模式研究》，《现代经济探讨》2016 年第 3 期。

第 十 章
分享经济可降低交易成本

　　历史上任何一种新的经济形态的产生并普及的关键在于能否通过组织或模式的创新使得交易成本最小化[①]。正如科斯发现企业的存在是为了节省交易成本一样，分享经济是代替过高交易成本的传统经济而存在的新型经济形态，其本质就是降低市场交易成本。这里的交易成本是指参与各方达成一笔交易所需支付的全部直接成本、间接成本、潜在成本和沉淀成本，包括信息搜集、议价、谈判、协商、执行及监督甚至违约等一系列交易过程中所花费的所有成本。传统经济的缺陷在于参与主体信息不对称导致消费需求不足，从而阻断产销链，高昂的交易成本造成供给过剩和资源闲置与浪费。而分享经济形成一种全新的供需模式和交易关系，通过去中介化和再中介化的过程，利用分享平台对参与各方进行自主匹配，实现近于零的边际成本，尽量降低搜寻成本和充分挖掘沉淀成本，进而实现资源交易的成本最小化。从整个社会层面来看，分享经济可以降低交易成本，以有利于实现社会资源的合理分配和高效利用，从而促进绿色、低碳、经济的发展。

[①]　卢现祥：《分享经济：交易成本最小化、制度改革与制度供给》，《社会科学战线》2016年第 9 期。

第一节　去中介化再中介化

分享经济的发展是一个去中介化后再中介化的过程。去中介化是指供需双方不再依附传统商业中介，参与各方自发地直接进行联系。同样，分享经济又是再中介化过程，个体服务者虽然脱离商业中介，但为了更广泛、更便捷地接触到需求方，他们需要依附并接入互联网的分享平台，分享平台从而成为参与主体的"新中介"。传统经济模式下"供给方—中介—需求方"的单向生态逐渐被分享经济模式下"供给方—分享平台—需求方"的多向分享生态所取代，最终形成"破坏式创新"，达成新经济形态下的纳什均衡。

一、去中介化促使供需双方快速交易

分享经济模式下资源供需双方去中介化进行直接进行匹配，极大提高了交易效率。而在传统经济模式下，终端用户的消费需求要得到满足必须借助于商业中介所提供的资源。商业中介是人们经济发展历程中的里程碑式的产物，为减少交易成本、细化社会分工以提高经济运行效率作出了极大贡献，成为市场交易中必要的中介组织。商业中介的高度组织化决定了它们提供的主要是单一、标准化的资源，在以商业中介为中介的市场交易中，一方面，劳动者必须依附于商业中介间接向终端用户提供劳动资源以获得劳动报酬；另一方面，劳动者作为终端用户其消费需求需要通过商业中介所提供的资源得以满足，即供需双方并不是直接交易的，必须借助商业中介作为中介组织间接地进行交易。而且，在商业中介的层级交易中，供给方与需求方之间涉及到供应商、制造商、渠道商等交易主体，众多交易主体带来巨大的交易成本。由于传统经济商业模式以产品为配置对象，供给方需要承担较高税费，这些费用会通过产品"成本＋利润"定价方式转移给下级需求方，下级需求方通过产业链也会传导给再下一级需求方，除各级供给方内部成本传导累加外，供给方与需求方之间还存在着交易成本，交易成本与市场效率相对应，存在市场势力的中间环节会形成较高的交易成本①，这种较长的产业链条造成了交易成本不断累加，所以最终到达终端用户的产品就会形成高于市场正常价格。但是随着社会经济的进一步发展，商业中介提供的模式化、标准化、规范化的资源已经不能满足消费者们追求个性化、定制化、多样化的消费需求，商业中介作为中介机构在减少交易成本、提高经济效率方面的作用逐渐减弱。

分享经济的出现，打破了原有劳动者对商业中介的依附，他们可以直接向最终用户提供资源，实现了供需双方自发地直接联系，这一过程就是分享经济的去中介化（deinstitutionalization）过程。分享经济的去中介化是指供需双方不再依附传统商业中介来满足自身供给需求和消费需求的满足，供给方直接向终端用户提供资源，使得供需双方的需求得以直接进行匹配，从而大大节约了中介费用。例如 P2P 借贷使得资金供给者和资金需求者不再需要依附于银行等金融中介进行资金调配，而是双方直接进行自主匹配；打车软件使得服务者与乘客不再需要出租公司等商业中介，服务者与乘客可以进行直接匹配。以上不难看出分享经济是去中介化的过程，使得金融、出租车等众多行业脱媒，供给方与需求方直接进行匹配，双方直接进行动态定价，没有中间商利润侵蚀，具有明显的成本优势。

如图 10-1 所示，传统经济模式下，产品要实现从生产到消费的跳跃，主要依赖于中间环节规模庞大的渠道商和分销商，如资产评估机构、会计师事务所、律师事务所等，可统称为商业中介。供给方将资源

---

① 郑志来：《供给侧视角下分享经济与新型商业模式研究》，《经济问题研究》2016 年第 6 期。

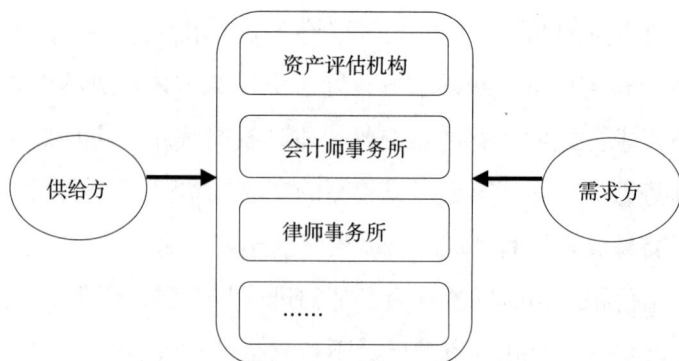

图 10–1 传统经济模式

出售给中间商，需求方再从中间商购买，在整个资源流转过程中，供需双方一般不会见面，需求方对资源质量、价值、出厂价格等信息也无法知悉，在交易过程中处于弱势地位。然而，在分享经济模式下（如图 10.2），中间规模庞大的渠道商和分销商逐渐被挤出市场，买卖双方直接进行议价交易和互动。可见，分享经济推动了整个产业价值从供给方到需求方间的重新分配，中间食利阶层逐渐剥离，供需双方的交易成本降至最低。此外，更为突出的是，在分享经济模式下的去中介化过程中，参与用户基于信任自愿参与并直接同他人分享物品，交易双方属于公平、对等的关系，而这也是分享经济区别于既有租赁服务的差异所在（Kim et al.，2015）[1]。在 Smolka & Hienerth（2014）[2] 看来，分享经济就是通过分享资源直接给任何使用有形或无形资源的密集个人用户赋能，使得市场交易双方变成对等关系。由此，参与主体间自发平等地进行互动，从单一线性博弈转为动态多次博弈，突破了时空因素的局限，极大地降低了交易成本。

---

[1] Kim J，Yoon Y，Zo H，*Why People Participate in the Sharing Economy：A Social Exchange Perspective*，PACIS 2015 Proceedings，2015.

[2] Smolka C，Hienerth C，*The Best of Both Worlds：Conceptualizing Trade-offs between Openness and Closedness for Sharing Economy Models*，2014.

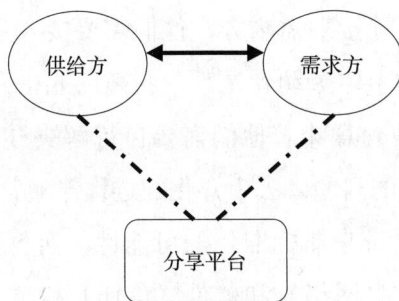

图 10-2 分享经济模式

约瑟夫·熊彼特（Joseph Alois Schumpeter, 1934)① 提出，只有通过不断的技术创新和改造，从内部革新经济结构即不断破坏旧的、创造新的经济组织结构，才能实现"产业突变"，最终改变人类生存的时空状态。全球范围内的参与方都可以在社会分享中低成本地进行相互合作，将海量资源从所有者的束缚中解放出来，具有破坏式创新的潜力②，而"破坏式创新"的过程就是分享经济去中介化的核心体现。正是在分享经济这种去中介化的条件下，出入门槛随之降低，可以增加供需规模，从而使资源更加丰富、需求更加多样化，进而扩大规模，更易产生倍增效应。基于信息流基础上的资源流聚合，使需求方具有无限广阔的选择权，促进资源的平滑分享。而分工基础上的合作分享以及突破物理空间约束的特点，则极大地降低了交易成本。

二、再中介化推动供需双方精准交易

分享经济的再中介化是指以分享平台作为再中介化组织，在这个平台上供需双方直接进行多种模式的交易活动。个体服务者虽然脱离

① Schumpeter, Joseph A, *The Theory of Economic Development: An Inquiry into Profits, Capital, Credit, Interest, and the Business Cycle*, New Brunswick, New Jersey: Transaction Books, 1934.

② 李真：《分享经济的勃兴和挑战——经济学和法律视野下的分析》，《当代经济管理》2016 年第 8 期。

中介，但为了更广泛地接触需求方，他们需要接入互联网的分享平台。传统经济中，优秀的个体劳动者是难以脱离商业中介而存在的。因为，脱离有组织的商业中介意味着他们需要自行解决办公场地、资金、客源、营销等非常繁多的问题。去中介化的过程伴随着前端供给能力快速释放，为资源的供给带来非标准化的可能性。而再中介化就是介入分享平台，由硬件（信息网络）和软件（信任）构成的并由第三方创建的市场平台，解决了办公场所不足、资金短缺和客户分散等问题①。如图 10-3 所示，通过建立不同于传统中介的分享平台，撮合交易，获取使用费，从而达到双方收益的最大化。这些分享平台并不直接拥有固定资源，而是利用移动设备、互联网支付等技术手段有效地将需求方和供给方进行最优匹配，为参与主体提供一个虚拟市场（包括市场中的交易规则、信任机制、交易安全等技术保障）。在分享经济的平台下，供给方的创造力被激发，他们更倾向于提供非标准化的资源，以降低资源的

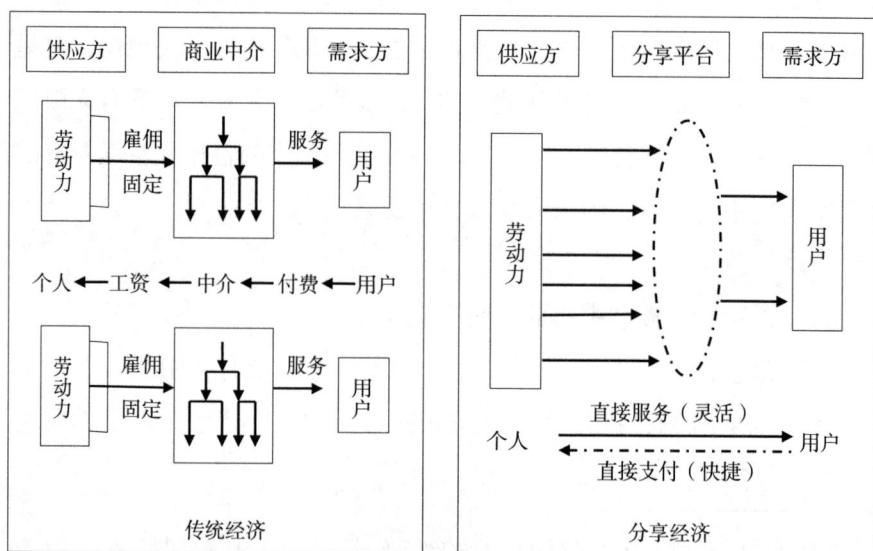

图 10-3　传统经济模式与分享经济模式对比

① 刘倩：《分享经济的经济学意义及其应用探讨》，《经济论坛》2016 年第 9 期。

固定成本。分享平台的出现，既能在前端帮助个体劳动者解决办公场地（WeWork 模式）、资金（P2P 贷款）的问题，又能在后端帮助他们解决集客的问题。同时，分享平台作为供给方和需求方的"新中介"，其集客效应可以促使单个商户更好地专注于提供优质的产品或服务。个体服务者脱离商业中介后，成为独立的劳动单位，与分享平台的关系比较灵活：他们可以接入多个平台，可以根据需求方的需求自主地调节资源提供时间，不再受商业中介的制度束缚；另一方面，这种灵活的关系反而促使并激发他们提供更多样化、个性化和有创意的资源。

分享经济中的分享平台是实现再中介化的一个基本条件，如 P2P 借贷中资金供给者和资金需求者需要借助于 P2P 网络借贷平台实现资金供需匹配；服务者和乘客需要借助于打车软件实现供需匹配。分享平台起到了一个中介枢纽的作用，若将每一个资源和参与主体都视为一个节点，那么分享平台为每一个节点的资源爆炸和迸发提供了无限的可能，实现"一对一""一对多"以及"多对多"的点对点式多交易模式。每一个人不再需要是一个组织的成员，只需以个人的身份加入到分享平台，在这个平台里把闲置资源、低效资源和高效资源全部释放出来。分享平台提供丰富的资源可以吸引参与者，同时建设网络社区附载的沟通工具和反馈机制，促进需求方的自我表露与沟通了解，促进社区成员间信息交流和知识分享，对所有交易主体进行审核并充分发挥协调调配功能，建立了相互信任并交易的体系，降低了参与主体之间的交易成本。具体来看，对供给方而言，每个参与主体都可以成为资源的供给方，只需要分享资源使用权，所以供给方外延扩张潜力显著，其市场容量巨大，能够形成巨大的"资源供给池"。个体可以通过平台直接对接用户，不必再依附于传统专业机构，实现"大规模业余化"[1]。克莱·舍

---

[1]　分享经济发展报告课题组：《认识分享经济：内涵特征、驱动力、影响力、认识误区与发展趋势》，《软科学》2016 年第 6 期。

基（2012）① 眼中，人与人之间形成一种临时的、短期的、当下的组合，而不是一种长期契约。另一方面，越来越多的企业、机构也会参与到分享经济中来，通过众包、众创等方式组织整合社会资源，参与到创新活动中来，大大提升创新效率，并大幅降低成本。供给方来源的动机基于降低供给成本、提高资源配置效率，并获取额外收益，"分享资源——转移使用——获取收益"形成动态的产业闭环，具有内在张力和可持续性。对需求方而言，每个参与者也都可以成为资源的需求方，需求方不直接拥有资源的所有权，通过租、借等分享方式满足资源需求，供给方资源的性价比优势带来需求方获取同样资源的相对收益，形成了分享经济庞大的"资源需求池"。而且，分享经济赋予需求方参与权，选择权和主动权，基于分享平台进行透明交易降低需求方的成本支出。

从分享平台本身来看，没有基于资源的固定成本支出，其成本来源于分享平台维护等相关支出，属于轻资源运营②，降低了固定成本支出。在平台之上可以实现网状点对点的多交易模式分享，如图 10-4 所示，平台的价值随着分享主体的加入和分享资源的增多呈指数级增长，平台的开放程度越大，平台价值的增长幅度越大，从而平台的价值越大。从平台技术支持来看，分享平台依托位置服务（LBS）、大数据、云计算等成熟的移动互联网技术，实现了分享的便捷化和多样化，大大降低了分享的交易成本，包括搜寻成本、联系成本和签约成本等。此外，分享平台作为"新中介"会对交易成员进行背景审查，发挥协调调配功能，降低了主体之间的违约成本。在分享平台产生之前，这些交易因为过高的交易成本而根本无法实现；而基于分享平台的再中介化出现后，参与主体可以直接通过分享平台进行交易，减少交易方之间的信息不对称，从而降低生产、流通、分配和消费中的经济交易成本，提高经

---

① ［美］克莱·舍基：《人人时代》，胡泳、沈满琳译，中国人民大学出版社 2012 年版。
② 郑志来：《供给侧视角下分享经济与新型商业模式研究》，《经济问题探索》2016 年第 6 期。

济交易效率及经济福利。

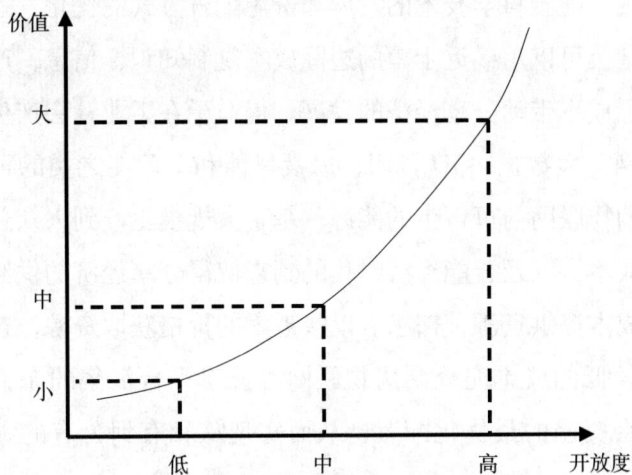

图10-4 平台类型

　　分享经济的再中介化改变了传统经济的运行环境，形成了一种新的供给模式和交易关系。传统生产方式是企业组织生产要素提供产品，在生产环节的组织化程度很高，用户主要是分散的散客。而分享平台提高了用户的组织化程度，将每一个用户的消费需求变得更加精确，"柔性生产"和"准时供给"成为普遍性的生产方式，预示着精细生活时代的到来。分享经济借助分享平台，将供给方的资源使用权暂时性转移，增加了参与主体的信任度，提高了交易质量，实现了资源要素的社会化，通过降低交易成本为供需双方创造价值，实现了双方的帕累托改进，从一次消费终身占有到物尽其用，促进了社会经济的绿色可持续发展。

第二节　近于零的边际成本

　　零边际成本是指随着技术的进步，在不考虑固定成本的前提下，当生产率达到理论的最高点时，每生产一件额外产品的成本为零。在分享经济时代，随着科学技术的发展和资源配置方式的优化，边际成本越来越低，甚至可以用接近于零的边际成本复制知识、信息、产品等。近于零的边际成本带动分享经济的发展，得益于在工业社会产生并得到发展的互联网、大数据、3D 打印，以及风能和太阳能之类的可再生能源等。普及的物联网与可再生的能源、基于大规模生产到大众化生产的骤降的生产成本、以及智能经济时代的到来使得分享经济的供给方以接近零的边际成本提供资源，需求方以接近零的价格获取资源，这样，参与主体均以较低的成本充分利用物联网等分享平台汇集的海量资源，可以完成社会资源的最优化配置，从而实现从私有到公有的绿色可持续发展。

一、物联网与能源再生减少交易成本

《经济学人》发布的全球商业环境指数报告指出，移动通信和云计算等相关领域的新开发，再加上政府支持力度的加大，将物联网推向全球经济舞台的中央。作为历史上首次智能基础设施革命，新兴的物联网是第一个通用技术平台，能够推动生产力的巨大飞跃，将大多数经济组成部分的边际成本将至接近于零。它将连接一个智能网络中的每个个人、每家企业、每种机构和每类平台，而该智能网络包括通信互联网、能源互联网、物流互联网等，一切分享要素都将内置到物联网的系统内，使得人类生活在更加互联的世界，进入信息透明化的时代。

反过来，智能力量所释放的生产力在整个第三次工业革命基础设施的各环节都发挥了作用，它将继续产生更大的影响力，使产生绿色能源、制造和交付大量资源的边际成本接近于零。思科公司预测，到2020 年，物联网将通过节约成本和增加收益创造 14.4 万亿美元的价值。通用电气在为 2012 年 11 月发布的一份研究报告中指出，到 2025 年，由智能工业互联网带来的效率提升和生产力进步将惠及所有经济领域，影响"大约一半的世界经济"①。智能基础设施将为每个联网主体提供持续的大数据流，然后利用高级分析方法处理数据，从而创建自动化的物联网系统，以此改进海量资源的利用效率，并将整个价值链的边际成本降低到接近于零，从而极大地降低参与主体间的交易成本。

同通信物联网行业一样，能源行业的研发初期和每一代新技术投入市场运营都需要高昂的投资成本。第二次工业革命形成了集中式分布的通信和化石燃料的能源矩阵，在目前的分享时代下，维持该模式的成本日渐上升，由此产生了趋近于零边际成本的通信和可再生能量矩阵。随着互联网通信将分散的可再生能源整合起来以实现接近于零的边际成本生产和分享，维持上述新兴矩阵的成本正在显著下降，绿色能源的价格逐渐降低，接近于传统的化石燃料和核燃料的市场价格。虽然建立利用可再生能源的基础设施前期固定成本较高，但是随着建设这种先进电力设施的成本逐渐下降，投资回收期将不断缩短，生产和传播信息的边际成本可以忽略不计。能源互联网将给消费者带来更多节能效益，足够收回建设基础设施所花费的前期费用。而且，与信息一样，一旦设施和相关技术研发、建成并投入运行后，开发太阳能、风能、地热能、生物能以及其他可再生能源的规模实现倍增，其边际成本将趋近于零、几乎是免费的了。利用边际成本近于零的可再生能源，可支撑全球物联网的建设、运行及维护，这将大幅降低执行成本，使经济活动中的交易成本得以降低。

互联网技术和可再生能源已经开始联合打造一个能源互联网，它将改变能源的生产和社会分配方式。在分享经济的能源时代，全世界的个体都可以在家里、办公室和工厂中随时随地随需地生产自己的可再生能源，并且在能源互联网上分享绿色可再生能源，就像现在我们在互联

---

① ［美］杰里米·里夫金：《零边际成本社会——一个物联网、合作共赢的新经济时代》，赛迪研究院专家组译，中信出版社 2014 年版。

网上发布和分享信息一样。当利用通信互联网管理绿色能源时，地球上每个人都将在真正意义上成为能源的供应方。随着经济模式向协作分享完成转变，扩大可再生能源规模、充分利用绿色可再生能源构建可再生能源体系，使得地球上的每个人都能以近于零的边际成本生产绿色能源，并通过接近于零边际成本的物联网进行分享能源的绿色活动已成为分享经济时代的伟大任务。

二、从大规模到大众化生产骤降成本

随着分享经济的发展，长期占主导地位的传统经济行将就木。第三次工业革命的新生产模式已经登上公共舞台，并随着物联网基础设施的其他组成部分一起呈指数增长，使得生产模式从大规模生产向大众化生产转变，这主要归功于 3D 打印的发展，它是分享经济下伴随物联网产生的生产模式。

嵌入物联网基础设施的 3D 打印过程意味着，世界上任何人都可以成为产消者，都可以采用开源软件生产产品，以供使用或分享。但其生产过程本身所需材料仅为传统制造的十分之一，并且所需劳动力也非常少。由于 3D 打印可以建立在接入物联网配套基础设施的基础上，所以它能够以较低成本进行交易，其原因主要有以下五点：

1. 生产中使用的能源是由物联网搜集的可再生能源，其边际成本接近于零。由此，3D 打印将以空前低的成本生产更尖端复杂的资源，使信息化制造过程接近零边际成本。

2. 3D 打印的理念是开放的、开源的，其设计理念为资源的生产是成千上万的用户互相学习、共同创造的动态过程。这样，利用 3D 打印的用户既免除了知识产权保护的限制，又显著降低了资源的打印成本，比需要考虑诸多专利和成本因素的传统生产模式更具有优势，边际成本又一次接近零。

3. 所有资源都可以通过全球蓬勃发展的互联网营销网站以近乎零

边际成本进行市场推广、资源宣传，这种新型分布式营销方式正在以极低的边际成本，带动供需双方参与到全球竞争市场中，将小型主体放到了和大型主体平等竞争的市场中，使得小型主体能够以大型主体成本的几分之一触及全球用户市场，大幅降低资源的营销成本，边际成本再次接近于零；

4. 需求方通过电子支付的方式得到资源，而资源的传输动力则由边际成本几乎为零的可再生能源提供，通过接入物联网基础设施，从而显著降低供应链环节及成品资源交付环节的物流成本，所以边际成本还是趋近于零；

5. 集中化工厂采用资本密集型的规模经济，建设成本高昂的固定的生产成本，并进行大批量生产，但这种做法缺乏灵活性；而 3D 打印不需要投入巨资建造工厂，也不需要利用较长的研制周期变革生产模式，它仅仅通过改变开源软件，就能够以极低的额外成本为单个用户或批量用户打印生产定制化的资源，具有很强的灵活性和流动性，允许信息化制造者在任何地方都可以打印，并能够迅速转移到任何可以连接物联网基础设施的地方，这无疑使得边际成本趋近于零。

通过引入新的通信技术、再生能源以及随之而来的生产和分配模式使边际成本趋近于零，而这种生产与分配模式将以分享与协同的方式来组织，并最终与对等和横向扩展的规模让海量个体成为产消者，这就是所谓的大众化生产。大众化生产使得分享经济和横向协作的规模经济成为可能，即坚持不懈地追求能够提高效率和生产力的新技术将推动边际成本接近于零，从而使得诸多资源的潜在自由和经济多样性具有现实的可能性。

三、智能经济时代到来降低交易成本

物联网系统构建于一系列协议之上，计算机网络则能够通过这些协议实现相互交流。尽管物联网的物理网络是由一些大公司通过铺设电

缆、提供有线和无线连接、流量路由以及数据存储等建设起来的，但这些公司仅仅是供应商和推进者。此外，还存在一些网络公司和非营利网络组织为物联网提供内容服务。然而，物联网本身是一个虚拟的公共广场，任何可以支付物联网接入费用的人都可以进入这个广场，并加入对话。物联网已经将27亿人连接起来，在网络平台上，访问和发送各种形式信息的边际成本都接近于零。

物联网的高度发达可以让组织、非正式组织和个人等创新主体方便快捷地获取海量的信息和创新资源。物联网的发展不仅带来信息大爆炸、更可以带来海量的资源，甚至可以在物联网上获得任何需要的资源，而且这些资源发布、传递和获取具有速度非常快、时效性非常强等特征。不管是个人、政府、组织或非正式组织都可以非常便利地利用互联网平台发布和获取创意、方案、技术、资金、设施、大众智慧等各类资源信息，使得技术开发成本急速降低。不仅如此，各类具有相同兴趣、爱好或者从事相关领域研究的主体还可以便利地建立网络虚拟社区，从而可以进行交流沟通和研究，为各类参与主体提供所需的充分信息。这种基于利用群体智慧的基础上进行的交易降低了相应的人力资源成本。

随着IT、电脑、自动化、大数据、算法和人工智能嵌入互联网，正在使生产过程和提供丰富多样资源的劳动力边际成本快速下降，直至接近于零。分享经济各个领域的工作逐渐实现自动化，可以将人力劳动释放出来，并转移到不断发展的社会经济中。在以充裕为中心而不是以稀缺为中心的经济环境中，智能技术将充分施展自身的力量。运用通信技术、互联网和社交媒体等手段，将志趣相投的参与主体聚集在一起，共同创造横向规模经济，提高能源利用效率，并引用可再生能源技术。这意味着能效信息的收集过程被简化，从而使可再生能源的获取更容易且更便宜。个人用户将在边际成本趋近于零的条件下越来越多地通过协作生产、消费和分享自己的资源，这就带来了经济生活的全新组织方式，超越了传统经济的市场模式，降低了传统的交易成本。

利用零通信边际成本管理接近零边际成本的可再生能源，这会为社会构建物联网基础设施和改变经济模式提供关键的操作平台。智能经济可以对分布式的、点对点对等的、基于物联网的横向规模经济进行成本管理。产消者会自费生产绿色能源，并使用无线设备监控能源的使用和分配，由此，维护信息安全的边际成本趋近于零。而且，使用无线网络和远程设备对能源互联网上的能源进行编程、管理和调度，具有灵活性、移动性和简洁性的特点，能够起到降低交易成本的作用。总之，IT计算、无线通信和互联网技术越来越多地被用于组织和管理信息、绿色能源、电力、3D打印、社会化媒体营销，以及清洁运输和物流，最终构建了近于零的边际成本社会，从而可以低成本地进行分享交易。

此外，传统经济下资源单一地注重拥有现状，而在智能经济时代更加注重各种资源的使用记录，在用户使用 App 的过程中，他们所填写的各种个人信息都会被记录，软件还会通过用户积累的消费行为归纳出每个用户的消费习惯。针对某一个用户，通过一个 App 所搜集到的相关数据或许琐碎、零散，就像是一堆组不成句的单词一样没有多少价值，但如果多个 App 之间能够实现数据的分享，使这些零散的数据在分享的过程中缔结起彼此的联系，所形成的信息网将极大程度地降低现实世界中人与人、人与物之间建立连接的成本，促进交易的直接匹配进行，从而在一定程度上降低交易成本。

第三节　匹配程序降低成市和价格

降低交易成本不仅可以通过去中介化再中介化和近于零的交易成本实现，而且能够借助匹配程序得以实现，进而降低交易价格。具体来说，供需的匹配程序是指借助某种信息中介平台的撮合，使得供需双方各自在市场中的交易需求能够在最短的时间内实现匹配，同时能够大幅提升交易撮合的效率。可以说，在连接供需双方的各种经济模式中，分享经济是一种能使资源得到最优化匹配的绿色经济模式。面对现实生活中资源短缺和利用率低并存的问题，基于互联网运行的分享经济能够将各类分散的可用资源迅速整合，精确发现不同消费者的多样化需求，以此提升供需匹配的速度、优化供需匹配的效率，实现经济的绿色发展。

一、分享平台实现自主匹配

在传统的经济模式中，企业无法准确把握消费者需求，产能过剩、库存高压普遍存在，供需双方之间的匹配是一个缓慢的过程。在不借助互联网平台的前提下，供需双方必须首先在现实世界中进行面对面接触，才可以实现交易的进一步延续。以打车出行为例，在分享经济模式出现前，人们要想乘坐出租车出行，就必须首先来到街头，在路边等待空车。相信每个人都有过站在路边迟迟等不到空车而备受煎熬的经历，尤其是在下班高峰期，一些出租车由于要赶去交班而经常发生拒载的情况，雨雪天气的时候路上的出租车更是比平时少了很多。对于站在路边的路人，出租车司机也无法准确判断其是否有打车需求。而在城郊等一些偏僻区域，出租车司机往往短时间内无法等到回城的乘客，无奈只能空车返程，浪费了时间、油费以及可用资源。

分享经济模式中分享平台的诞生很好地解决了这些问题。可以说，分享平台是连接供需的最优化资源配置方式。在分享经济模式下凡是在平台上“下单”的都是有需求的，需求变得清晰可见。与此同时，分享平台可以快速调动各类社会资源，提高供给的弹性和灵活度，能够较好地适应并匹配不断变化的消费需求。这样，分享平台实现了供给方和需求方直接匹配，提高了资源配置效率，降低了资源配置成本。金融领域资金供给者和需求者不再完全依靠商业银行进行资金调配，而是通过股权融资、P2P 等分享金融平台实现直接匹配；房屋租赁领域旅行者不再完全依靠商务酒店提供服务，通过 Airbnb 平台实现住房个性化服务；

汽车租赁领域出行者不再完全依靠出租车提供服务，通过 Uber 或滴滴平台实现出行定制化服务。而且，交易结束后，平台之上基于网络的互动评价系统可以及时反映供需双方的意见和要求，有利于反馈需求的满意度和提高供给的有效性。

实际上，分享经济中的分享平台就是一种匹配程序，是供给者与需求者之间的桥梁，使潜在的交易变成现实的交易，潜在的需求变成现实的需求。平台的参与者越多，信息资源越充足，系统撮合匹配的可能性越大。资源数量的庞大，加上信息传递的高速，促使市场中商品与服务的供需趋近合理。分享平台作为匹配迅速、交易成本低廉的新型经济模式要素，不同于传统经济的重资源运营，不直接拥有分享资源，更多地定位于供需匹配，降低交易成本，提高市场效率。分享平台的运行机制是把社会中可分享的资源通过时间、空间进行"切割"，并对这些资源进行再分配，在这一过程中需要依托移动支付、云计算、智能大数据、位置分享（LBS）等互联网信息技术和通讯技术的广泛运用。在这一过程中，分享平台成功地将参与者连接起来，大幅降低了市场信息不对称程度，提供即时、便捷、高效的技术支持、信息服务和信用保障，使得海量的供给方与需求方得以迅速建立联系，实现了资金供需双方直接、快速、高效、智能地进行最优匹配，达到各方效益的最大化。

二、匹配程序降低交易成本

面对资源短缺与闲置浪费共存的难题，分享经济借助分享平台能够迅速整合各类分散的闲置资源、低效资源甚至高效资源，准确发现多样化需求，自主、快速、有效地将需求方和供给方进行最优匹配，实现了"多对多"的大规模、网状交易，参与主体间直接进行动态定价，通过撮合交易，减少了之间的信息不对称，一方面压缩了产业链条，降低成本转移累加；另一方面降低了市场无效损耗，进而降低市场交易各个环节所耗费的成本，达到主体间成本的最小化。

　　分享经济的价值在于在拥有某项资源的供给方与需要这种资源的需求方之间，对某一时间以可接受的交易成本创建一个匹配①。具体而言，分享经济的匹配程序是根据资源和生产资料的需求方群体，将具有相似特征的供给方进行细分，并深入需求方的核心要求和人文特点，进行适应性功能开发和品牌定位，将最合适的资源和生产资料推送给最方便的需求方，实现供需双方的最优配对，交易完成后，对需求方评价进行完善的收集和处理反馈。思科的报告指出，2020 年物联网所节约的成本和产生的收入将达到 14.4 万亿美元。Priceonomics 也在 2013 年的一个研究②中给出了具体的数据，即与传统旅店价格相比，Airbnb 平台上的选择可以帮助住房者节省 21.2%—49.5% 的成本。与传统经济下的交易相比，分享经济正是由于分享平台上的供求双方直接匹配交易，才大大降低了供给和需求双方的交易成本，这不仅体现在金钱成本上，还体现在时间成本、机会成本、沉没成本等其他隐性成本上。

　　用以支撑匹配程序的分享服务网站、智能手机、社交网站和在线支付等信息技术支持降低了交易成本：网站信息平台为供求双方提供结对机会，可以直接将主人与租用者连接起来；以带有 GPS 定位功能的智能手机和平板电脑为代表的信息终端可以让需求者了解资源概貌；社交网络平台提供了查看他人并建立信任的途径；分享交易都通过网上付费，网上支付系统解决了资金交付事务。这些都使分散的交易具备了形成更大规模的可能性，提高了供给和需求匹配的效率，缩短了信息甄别和信息传递过程，易于形成社交族群化，形成人员和资源的规模效应，从而使得资源分享比以往更加便宜、更加便捷。

---

① Dervojeda, K., K. Verzijl, F., *Nagtegal*, *M. Lengton. The Sharing Economy*, *Accessibility Based Business Models for Peer-to-Peer Markets. Business Innovation Observatory*, European Commission Case Study, 2013, No, 12.

② 吴光菊：《基于分享经济与社交网络的 Airbnb 与 Uber 模式研究综述》，《产业经济评论》2016 年第 3 期。

在匹配程序中，对于供给方来说，在分享经济中，供给方利用的是过剩产能，大幅降低了成本。基于互联网技术的匹配程序发展提高了交易过程中信息透明度，增加了违背交易的成本，同时也降低了操作难度。分享平台匹配程序的搭建取代了传统的商业中介，供给方无需受雇于公司，同时平台上广大的需求方更是减少了供给方搜寻的时间成本与机会成本。对于需求方来说，供给方成本的降低有利于需求方以低于传统经济下交易方式的价格享受同质的服务，同时非标准化资源的提供更是满足了需求方个性化、多元化的诉求。从流通的角度看，匹配程序需要有完善的信息分享机制，能够快速传递供需情况，快速、低成本的实现供求的精准匹配。以住宿和交通行业的分享经济为例，对于房子、汽车拥有量较多的经济主体，在满足其消费需求之后仍然有多余的部分，把这部分拿出来进行分享从而创造部分收入，从而可以比较低的边际成本进行交易，降低了市场交易成本。

三、匹配程序降低交易价格

就理论而言，分享经济模式的匹配程序可以使边际成本非常低，甚至无限接近于零。因此分享经济下资源和生产资料的均衡价格也会比较低，这是由供需结构和资源、生产资料的成本共同决定的。分享平台的规模经济效应和范围效应大大降低了分享成本，从而降低分享价格。在美国绝大多数主要城市，Airbnb 上的公寓价格要比酒店价格平均低21%。根据经济学一般理论，在同等收入水平下，资源成本的降低会提高实际收入，带动总购买能力的上升，从而增加有效需求[①]。当供给的步伐紧跟需求的扩张，总需求和总供给相对平衡，交易价格会相应地有所下降，从而增加实际购买力，释放经济活力。

---

① 宋寒、祝静、代应：《碳交易市场不完善下供应链企业间剩余碳排放配额分享机制》，《计算机集成制造系统》2016 年第 9 期。

对于物质资源的交易而言，交易成本主要考虑的是可变成本，随着交易量的不断增大，不变成本分摊在单个产品的量可以忽略不计。但是信息资源的交易成本则正好相反，信息产品的交易成本主要包括前期资源的研发成本，后期的交易成本主要是拷贝复制，可变成本几乎可以忽略不计；又考虑到信息资源的分销渠道和生产者的利润，信息资源的交易价格构成如下：信息资源的交易价格 = 不变成本 + 可变成本 + 利润 = （沉没成本 + 可转换成本） + （生产成本 + 流通成本） + 利润[1]。分享经济模式下的匹配程序利用移动设备、互联网支付等技术手段实现信息资源和生产资料共享，通过共享平台直接地、有效地将需求方和供给方进行最优匹配，双方直接进行动态定价，通过撮合交易，充分挖掘沉没成本和可转化成本，从而降低交易各个环节所耗费的成本（包括生产成本和流通成本），达到双方成本的最小化与收益的最大化，而且交易成本的降低幅度远远大于利润的增长幅度，因此具有明显的价格优势。

分享经济的匹配程序可以促使供需的均衡点整体向右下方移动，从而起到降低交易价格的积极作用。如图 10-5 所示，与传统经济相比，

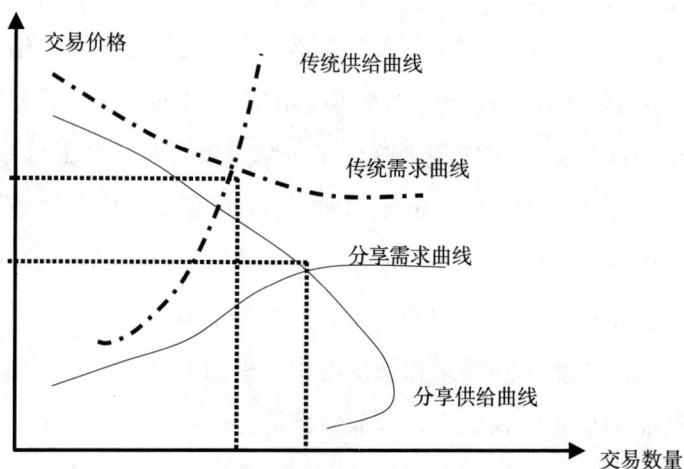

图 10-5 分享经济与传统经济的供给—需求曲线对比图

---

① 李要贤：《谈沉淀成本对网络信息经济定价分析的影响》，《会计论坛》2007 年第 5 期。

需求价格随交易数量的上升而下降的幅度更大，而且当交易数量增加到一定程度后，再反向减少时，需求价格仍会保持继续下降的趋势。而供给价格随着交易数量的递增出现上升幅度减缓的趋势。随着交易数量的不断增加，供给价格逐渐趋于稳定。由此得出，分享经济的均衡分享数量较多，均衡分享价格较低，供需双方的收益均有所增加。

第四节　降低搜寻成本与挖掘沉淀成本

除了前述三节的方式外，降低搜寻成本与挖掘沉淀成本也是降低交易成本的主要手段。重要新制度经济学的代表人物科斯（R. H. Coase，1937)①认为，交易成本是获得准确市场信息所需要的费用，以及谈判和经常性契约的费用。可以说，交易成本的大部分来自于事前的资源搜寻成本。因此，降低搜寻成本是节约交易成本的入手点。而在交易的过程中，由于资源具有不确定性、稀缺性，以及缺乏开放性，使得参与主体需要耗费大量时间、精力等，从而使获取信息和新知识成本十分昂贵，所以充分挖掘沉淀成本是节约交易成本的另一重要手段。

一、信息透明大幅降低搜寻成本

搜寻成本是指需求方为找到适合市场资源的可接受价而支付的各种费用、时间、精力及各种风险的总和，主要指搜寻信息过程中耗费的时间成本。科斯说过，因为交易成本太高，许多潜在的交易无法产生。而交易费用中的大部分是搜集信息的费用。分享经济可以降低获取信息的成本，也就降低搜寻成本。基于大数据下的信用记录加强了参与主体的信用约束，而社交网络的扩展有利于实现规模效应。这些变化都直接

① R. H. Coase，*The Nature of the Firm*，Economica，1937.

导致主体边界的变化和主体之间关系的变化，从而降低搜寻成本：

1. 交易边界的模糊化降低搜寻成本。传统经济具有清晰营业场所、市场、资源、人才、设施等组织边界。在交易之前，经济活动参与者需要花费较高的成本了解对方情况，以此来决定是否进行交易，这一过程使得经济活动的效率低下。而与传统经济相比，分享经济可极大地突破交易边界的束缚，交易组织变得更加扁平[1]，组织的边界逐渐模糊，个人对组织的依赖也逐渐降低。交易可以跨越时空，人与人可以通过交易形成市场，通过合作形成组织，组织与组织之间形成了跨越时空的产业生态网络[2]。通过积极寻找外部主体进行合作分享，而不是将资源局限于主体内部，从而充分高效率地利用内外的资源禀赋，使得组织边界具有模糊性、动态性、可渗透性和灵活性的特征，以期快速降低交易活动的搜寻成本。分享经济改变了传统的产销关系，更加注重人性，注重参与感，参与主体拥有自愿平等的选择权，传统的供给方与需求方之间的敌对关系变为合作关系，有利于知识的交流和资源的分享，从而大幅降低了企业间的搜寻成本。

分享经济可以最大限度地打破组织边界的束缚，充分利用了互联网的无边界的特点，克服了传统经济下的物理空间、局限和时间约束[3]，使海量的、丰富的信息资源和生产资料进入分享平台进行分享、交易。Zervas 等人（2014）[4] 在其研究中以德克萨斯州首府奥斯汀市为例，分析了 Airbnb 的增长情况与影响，计算结果显示，Airbnb 市场供给每增加 1%，相同市场内的旅店整体收入就会降低大约 0.05%。可见，资源的交易边界越模糊，信息搜寻的难度越低，收集信息资源所付出的

---

① 段从清、杨国锐：《从科层制到扁平化——再论企业组织变革下心理契约的重建》，《中南财经政法大学学报》2005 年第 6 期。

② 宋逸群、王玉海：《分享经济的缘起、界定与影响》，《教学与研究》2016 年第 9 期。

③ 吴晓求：《互联网金融：成长的逻辑》，《财贸经济》2015 年第 2 期。

④ Zervas G，Proserpio D，Byers J，*The Rise of the Sharing Economy：Estimating the Impact of Airbnb on the Hotel Industry*，Boston U. School of Management Research Paper，2014.

代价越小，交易的搜集成本就越少。因此，分享经济充分利用群体智慧和信息的外部性，在分享平台实现了资源和生产资料的全开放，减少了进入和退出障碍，降低了交易的信息搜寻成本，一定程度上减少了参与主体机会主义行为和不确定性。

2. 交易主体的适应性降低搜寻成本。在传统经济下，由于缺乏正式的私有权产协定和信息传递机制，因此交易活动只局限于熟人圈内。交易主体为了降低双方信息不对称的程度，经常会建立长期合作的伙伴关系或者建立战略同盟，通过这样一种类似于内部化的方式以降低信息搜寻等交易成本。互联网技术的发展带动了通信媒介的变革，推动了例如 QQ、微信和微博等社交软件的出现。这些社交软件的流行彻底突破了传统电讯联络的熟人范围与有限关系，实现了无限关系与无线范围的拓展，重构了陌生人之间的关系。加之分享经济下产权制度的确立推动了经济活动走出熟人圈，使得在陌生人之间的交易活动能够顺利进行。

在分享经济下，资源的所有权属性变得模糊，使用权属性得到重视，人们可单纯就使用权签订契约，在这种方式下，经济活动的效率得以大大提升，能够使经济活动的范围大幅度的拓展，资源在陌生人之间的交易成为可能。互联网及互联移动减少了获取价格信息的成本，比较的成本，如图 10–6 所示，参与主体的适应性越高，交易的搜寻成本越低，反之相反，二者成反向关系。这主要是因为分享经济使得过去认为不能的潜在交易变成了可交易的，更重要的是它解决了从人格化交换到非人格化交换中的问题，使远距离的陌生人的交易成为可能，解决了信息不对称中的一些问题，避免了欺诈性不公平交易[①] 和搜寻成本，从根本上提高了交易质量，有利于促进双方福利的增加。

---

① 刘建军、邢燕飞：《分享经济：内涵嬗变、运行机制及我国的政策选择》，《中共济南市委党校学报》2013 年第 5 期。

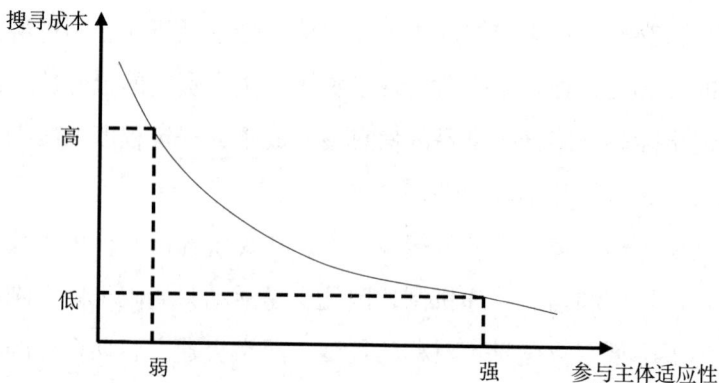

图 10-6　参与主体适应性与搜寻成本的关系图

3. 交易过程的信任化降低搜寻成本。

分享经济的发展改变了人与人之间的关系，利用互联网，人们实现了跨越时空的交流，人们不仅可以分享信息、发布内容，还同时可以进行交易，以及合作完成某一特定目标。基于互联网的分享平台并不仅仅是一个技术支撑，或者一个简单的"中介"服务提供者，利用平台提供的信息进行交易，遵守平台制定的规则，接受监督，并通过平台进行交易，那么平台就变成了陌生人之间可以进行分享的基础：彼此共同拥有的资源，并基于此建立起信誉体系，在此之上才能进行合作。人们在分享平台上形成的行为规范，以及声誉机制给参与主体带来激励，信息更加透明与对称，交易得到网络"自监督"，让信任可以实现。这就能够确保经济活动在降低搜寻成本仍然能够顺利进行的切实保障。

分享经济充分验证了埃莉诺·奥斯特罗姆（2000）[①] 提出的观点：在有些情况下，社群对资源的使用和管理的交易成本比市场和国家下的交易成本还要低，这是因为社群在不断沟通和协调基础上所做的制度安排比外部强加（如政府）的制度更有效，互联网营造的无数个或大或小的

---

① ［美］埃莉诺·奥斯特罗姆：《公共事物的治理之道：集体行动制度的演讲》，余逊达、陈旭东译，上海译文出版社 2000 年版。

公共空间为集体行动创造了更好的条件，并且互联网基础上的集体行动还不受时空的限制。基于信任，交易不再以关系为前提而进行联系，而是以联系为实现前提，构建各式各样的关系。通过分享经济形式，人与人之间尤其是个人与陌生人之间的交流与信任逐渐加强，这有助于在社会中构建和谐的人际关系，从而有效降低交易的搜寻成本。

二、公众使用充分挖掘沉淀成本

制度经济学（Streit and Wegner，1992）①认为，当产权被投入交易或者与别人拥有的生产要素中的产权结合的时候，除了排他成本外，还会产生协调成本。当人们通过缔约在市场中运用他们各自的产权时，这些成本就是交易成本，而契约一旦达成，交易成本就归于"沉淀成本"。马塔（Mata，1992）②认为，沉淀成本是指交易承诺之后，在退出时不能得到补偿那些成本，它也被称为承诺成本、不可补偿成本、资源不流动性成本或交易专用性成本。换言之，沉淀成本是指初级市场上资源购买价格与二级市场上资源再出售价格的差额，往往与历史或真实时间因素变化有关成本是否沉淀取决于决策时成本是否得到完全补偿③。而Dixit 和 Pindyck（1994）④则指出，沉淀成本是任何交易成本的一种潜在特征，具有普遍性。所以，如果忽视对沉淀成本的挖掘，不仅会影响交易成本，甚至会引发资源浪费或低效，从而会导致"不经济"的增长。

---

① Streit，Manfred，Peter Wegner，"Information，Transaction，and Catallaxy，Reflections on some Key Concepts of Evolutionary Market Theory"，in：Ulrich Witt，（ed），*Explaining Process and Change. Approaches of Evolutionary Economics*，Ann Arbor：University of Michigan Press，1992，pp.125-149.

② Mata，J.，"Sunk Costs and Entry by Small and Large Plants"，in Geroski and Schalbach eds，*Entry and Market Contestability：An International Comparison*，Oxford：Blackwell，1991.

③ 汤吉军：《沉淀成本效应的行为经济学分析》，《江汉论坛》2009 年第 8 期。

④ Dixit. A.，Pindyck. R，*Investment under Uncertainty*，Cambrige：MIT Press，1994.

　　传统经济下，资源具有私有化和专用性，而私有化和专用性资源的交易成本是产生沉淀成本的客观条件。其中，资源专用性是指资源被转为他用所带来的损失。威廉姆森（1985）① 将专用性资源划分为四类：设厂位置专用性、物质资本专用性、人力资本专用性和特定用途的资源。信息资源或生产资料的设计仅适用于特定交易用途，在其他用途中会降低价值。如果供需双方之间关系过早结束，就会使供给者处于生产能力过剩状态。专用性资源或生产资料一旦从初始交易活动中退出，其进行再交易的机会成本很小，甚至没有，因而无法通过资源再出售价格得到完全补偿，从而会出现沉淀成本。而且，在既定资源出售价格不会降低的情况下，交易成本的存在也会导致沉淀成本，特别是当交易成本提高购买价格或降低资源再出售价格，因信息不对称出现"柠檬"问题，使专用性资源在交易过程中很容易产生沉淀成本②。之所以如此，是因为供给双方对资源的质量存在信息不对称，致使通用性资源价值也会大打折扣，很容易产生沉淀成本。对于私有化资源，其很难转化成他用甚至公用性质的资源，而且大多数资源具有不可复制性，不能进行大规模地复制，这种特性也是产生沉淀成本的重要条件。此外，传统经济商业模式供给方与需求方之间涉及到供应商、制造商、渠道商等交易主体，众多交易主体带来巨大的交易成本，沉淀成本也随之增加。特别需要指出的是，交易成本本身往往具有沉淀成本性质，这是因为交易成本往往是时间和精力支出，这些支出往往具有非货币支出性质，很难转为他用而变成沉淀成本。

　　分享经济恰恰克服了这些弊端，实现了资源和生产资料从私有化到公用化、从专用化到通用化的转变，集中群体智慧对其使用价值进行重新深度挖掘，使得能够大规模地可复制，形成海量创新资源池，通过

①　Williamson, O.E, *The Economic Institutions of Capitalism*, The Free Press, 1985.

②　Akerlof. G, "The Market for Lemons：Quality Uncertainty and the Market Mechanism", *Quarterly Journal of Economics*, 1970 (84), pp. 488-500.

以下作用方式使得资源充分地流动起来，以对沉淀成本进行充分挖掘：

1. 降低资源的不对称性。分享经济依托互联网及大数据技术，缩短了信息甄别和信息传递过程，易于形成社交族群化，其主要表现形式为社区化。社区经过讨论，并通过主动表达信息和信息传导机制，将过去消费者和服务提供者的记录和评论呈现给新的市场参与者，内部信息被充分挖掘，在运行过程中可以有效减少各参与主体之间的信息不对称（asymmetric information），促进资源和信息平滑分享，在更大程度上避免了不平等交易，提高了交易质量，实现了双方的帕累托改进①，进而大幅度挖掘契约达成过程中的沉没成本。

2. 突破资源的约束性。分享是人类处理资源约束、加强社会联系而必然产生的社会经济行为②。分享经济充分利用互联网的优势，汇集全方位、全时空、全领域的海量资源于分享平台之上，不受空间、时间、范围的限制，从网络中获取资源或向分享平台贡献力量，便利了信息、知识、智力、思维、技术、生产资料的扩散。其通过整合和开放资源，追求创新，对信息的获取和剩余资源的支配以及取得合作剩余都不再以权威为约束③，释放了一部分资源，可以有效地提升了信息和资源、供给和需求匹配的效率，形成人员和资源的规模效应，实现了资源的倍增，缓解了资源的稀缺性，从而实现对沉淀成本的深入挖掘。

3. 开放资源的使用性。分享经济是将个体所拥有的作为一种沉没成本的资源进行社会化利用，其以资源的重复交易和高效利用为表现形式，强调资源的使用价值，倡导以租代买。资源的需求方通过分享平台暂时性地从供给方那里获得使用权，以相对于购置费用而言较低的成本完成使用目标后再移转给其所有者，通过将闲置资源、低效资源甚至优

---

① 沈秋彤：《分享经济的产权分析》，《全国商情》2016 年第 20 期。

② 李真：《分享经济的勃兴和挑战——经济学和法律视野下的分析》，《当代经济管理》2016 年第 8 期。

③ 宋逸群、王玉海：《分享经济的缘起、界定与影响》，《教学与研究》2016 年第 9 期。

质资源的频繁易手，重复性地转让给其他社会成员使用，这种"网络串联"①形成的分享模式将个体拥有的、作为一种沉没成本的资源进行社会化利用，从而大规模地挖掘沉淀成本，最终实现社会资源有效配置与高效利用，有利于个体的福利提升和社会整体的可持续发展。

① 汤天波、吴晓隽：《分享经济："互联网＋"下的颠覆性经济模式》，《科学发展》2015年第 12 期。

第十一章
分享经济助力创新创业

从当今世界发展的趋势来看，创新已成为各国竞争发展的关键动力，实施创新创业驱动发展战略，将在很大程度上促进经济发展方式的转变、经济结构的调整和绿色经济的形成。面对传统产业能耗高、资源利用率低和污染严重的弊端，绿色发展必须通过创新创业来提高绿色产业技术水平、优化组织结构、加速循环经济发展并提高可持续发展能力。创新创业的进行往往受到诸如资金、人才等资源的限制，而分享经济能够激发社会各阶层、群体的创新潜能和创业动力，有效化解资源约束，全面提升创新创业质量，推动创新驱动的经济发展方式，从而打造促进经济绿色发展和产业转型升级的强劲引擎。

第一节　打破创新创业资源约束

传统经济下创新创业活动所需的各种资源受到不同程度、不同原因的约束，分享经济能突破资源约束难题，提供新的平台，释放市场活力，助力创新创业发展。分享经济不仅能够降低交易成本、创造富足的创新创业资源以及促进资源的合理分配，还提供了新的发展思路，全方面改变了创新创业的模式。

一、传统经济下创新创业面临资源约束

创新创业资源是实施创新创业活动时必须利用的资源要素。创新创业所需要的资源可以划分为三层级别：基础性创新创业资源，主要是区位、土地、自然资源、一般劳动力以及必要的财务资本；一般性创新创业资源，涵盖了技术资源管理者、技术人员、市场信息资源和风险资源；而最高级别的创新创业资源包括社会资本资源以及网络资源[①]。在传统经济下，人才、资金和行业经验等关键性资源的缺失制约着创新创业的发展。

创新创业人才资源约束。作为创新创业主体的人，包括创业者、管理者、技术研发人员和普通员工等，在多种因素的影响下不能得到满足。一是传统经济中创业文化不浓厚，国民创业意识较弱，创业者不能得到充分尊重，优秀的人才往往选择进入大型企业、知名企业谋求一份稳定的工作，造成创业者比例偏低，创业企业也很难招聘到足够合适的员工；二是创业成功率低，面临巨大的风险，大部分人不愿承担或难以承担风险；三是传统经济下创新活动往往是企业内部封闭式的活动（如图 11-1），每个组织对各自的创新工作有强有力的控制，内部员工的创

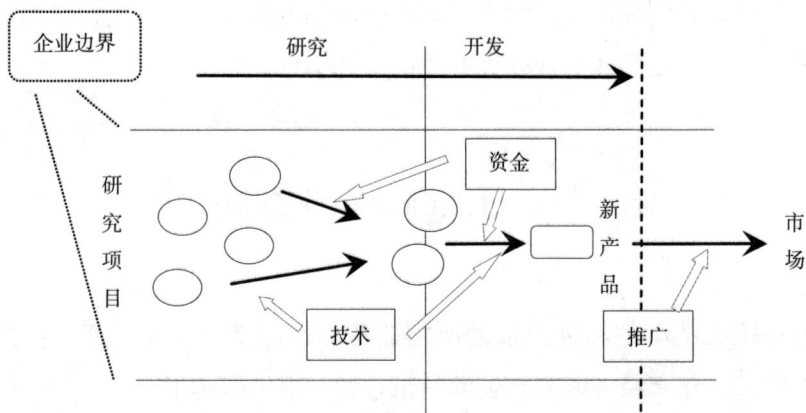

图 11-1　封闭式创新模式

---

① 王朝云、梅强：《产业集群中的创业要素与创业活动分析》，《科技进步与对策》2011 年第 1 期。

意和技能是主要的创新知识资源，虽然有部分技术通过与高校或科研机构的合作展开，但是合作程度非常有限，这样就限制了创新人才的流动和创新思维的发挥，同时企业研发成本较高，对企业自身研发能力要求高，限制了企业的创新能力。

创新创业资金约束。资金缺乏是制约创新创业的重要因素，首先，创业资金获取途径单一，融资困难，根据麦可思发布的 2016 年《中国大学生就业报告》，2015 届大学毕业生自主创业的比例为 3.0%，与往年相比有微弱增长，但自主创业资金 75% 以上仍然依靠父母亲友或个人积蓄，这种资金获取途径极大限制了创业企业的生存和成长能力。其次，传统经济下风险投资、创业投资非常缺乏，企业进行技术研发等创新活动时都要安排巨额预算，积极性不足，无力承担高额研发投入的企业也会处于竞争劣势；从大企业里走出来的员工，即使拥有非常有前景的技术和创意，但由于缺乏资本的投入，他们自己创业或者进行创新的想法也会落空；同时那些想要吸引大企业技术人员的新创企业，也会因为没有足够的资本而限制了招募人才的能力。

市场信息和社会资本资源约束。企业封闭式创新下由于缺乏外部信息等资源，大量的技术因过度开发或与市场需求相脱离而无法变现，或者由于企业创新产生的新产品的商业化多是企业利用自身的销售力量进行市场开拓、市场试销、直至市场推广等各项活动的过程，很难从创新活动中获利，企业因局限于既有的组织资源知识和能力，不能应付快速变化与新兴的市场①；新进创业者和潜在创新人员，无法立刻获得所需要的投资机会或创新热点等信息以及企业社会信誉和产品知名度等社会资本产生的无形资源，往往需要在某一行业或领域从事多年，积累相当的知识和经验才能有机会实现，这就降低了效率，增加了创新创业的

---

① Joel West & Scott Gallagher，"Challenges of Open Innovation：the Paradox of Firm Investment in Open-source Software"，*R & D Management*，vol.36，No.3，pp .319-331.

难度。

4. 资源数量上制约仅仅是一方面的原因，创新创业的资源分布不均，还限制了许多区域的发展。从中国创新创业水平区域分布层面上看，不管是省级排名，还是拥有创新创业热点城市和创新创业百强县的数量，东部地区的创新创业成就仍然远超中西部地区，创新创业热点城市（50 强）有三分之二来自东部地区，百强县更是有超过 80% 来自东部地区。当然，东部地区内部的创新创业分布并不均匀，长三角地区是当今中国创新创业综合实力最强，集聚程度最高的地区①。经济发展水平、创业文化环境和政策等各方面原因造成了"双创"人才和资本等资源分布集中，一方面资源的集中能够使这些区域的创新创业活动蓬勃发展，但是另一方面也造成区域内竞争加剧，这对于创业企业来说无疑增加了发展难度，同时其他区域由于资源缺乏，创新创业发展缓慢。

传统的创业和封闭式的创新活动在各种资源受限的情况下遇到瓶颈，不能适应经济发展的需求，急需寻找新的运行模式打破资源约束。

二、分享经济打破创新创业资源约束

在创新创业的发展处处受限的背景下，"分享经济"兴起，为创业提供了新的思维，创新出多种新的商业模式和生活方式，不断降低原始投资成本。同时，"分享经济"也将释放公众创新思维和能力，带动创新发展②。通过"分享经济"新模式，降低创新创业门槛，打破其资源约束。

首先，分享理念厚植创新创业活动，这种新的商业理念不断激发创新创业者的积极性和创造力，培育鼓励创新、敢于冒险和协同合作的文化氛围。传统经济下创新创业受资源约束的根本原因是资源私人占

---

① 张晓波、李钰等：《中国区域创新创业格局：1990 年以后》，《中国市场监管研究》2017年第 1 期。

② 王喜文：《大众创业、万众创新与共享经济》，《中国党政干部论坛》2015 年第 11 期。

有，拥有的资源成为所有者的关键竞争力，分享经济强调资源的使用权，使资源由私人占有转变为使用权分享，在人人愿意分享的情况下大众参与创新创业变为可能，大众参与的理念增加了创新创业的活跃度，共同协作提高了创新创业的效率。

其次，分享经济能够汇集创新创业所需要的各种资源，并创造更加富足的资源。分享经济具有创新创业资源的全部要素，通过网络聚集和专业化把大量的共享性供求资源集中，汇聚大量创新创业所需的市场信息、社会资本，创新创业者通过资源、信息整合进行个性化定制以满足客户的精细化需求，有针对性地进行生产和供给，通过调整社会资产存量进行商品供应和服务的匹配，实现社会资源的高效利用，弥补传统生产供应方式的不足。在分享经济集中资源和平台高效匹配的作用下，有价值的知识、技能和创意等可以被几乎所有创业者和企业创新研发活动使用，人才资源就实现了高效的流动，而不仅仅局限于某一固定组织，创新创业活动所需要的人才也不局限于企业内部，企业可以充分利用外部智力资源，进行开放式的创新（如图 11–2）；社会上公众的、零散的资金能够通过分享平台集中起来，投向有需求且有价值的创业企业或创新项目。

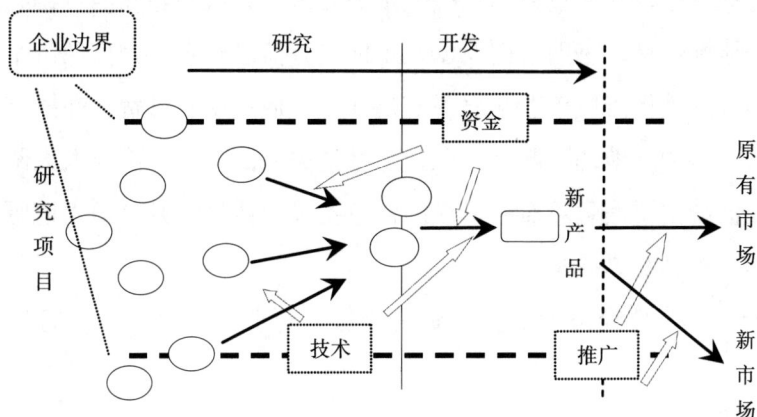

图 11–2 开放式创新模式

　　分享经济不仅能够整合创新创业活动所需要的各种资源提供给有需要的对象使用，还能使资源更加富足。分享资源使用权的行为使得对已经开发使用的资源在分享经济平台上能够被再次交换和使用，重新盘活闲置资源的同时，还能有效地减少对未开发资源的开采和使用，减少资源浪费，增加可使用社会资源的总量。

　　再次，分享经济依靠技术，充分调动闲置资源，降低创新创业的交易成本。分享经济的经济学逻辑在于降低了"交易成本"，高效的市场需要消除现实经济活动的障碍，创新创业才能繁荣。分享经济的发展使得公众更加便利地使用各种生产要素，可以按需使用设备、资金、人员或知识技能等闲置资源，在全社会实现了资源的有效配置，使创新创业的门槛更低、成本更小、效率更高、参与主体更广[1]。熊彼特[2]用"创造性破坏"来描述创新对企业技术、生产方式和组织的颠覆，而分享经济通过"创造性重组"实现资源的循环使用，创新创业活动在协作成本更低的市场环境中更加有效。分享经济借助于互联网信息平台，通过优先的人际交互方便沟通、增加信任，资源供给者通过分享平台发布能够提供分享的商品或服务，提供分享信息的网站、应用平台通过终端分享标的物的概貌、位置，以大数据、云计算、LBS 定位等新技术实现分散交易规模化，并通过数据挖掘、预测分析将分散的隐性信息编码为可识别的显性信息，有助于创新创业主体进行信息甄别，分享经济平台还对交易双方进行资质审查和服务交易评级，通过动态计费、在线支付完成交易，这种跨地理、跨部门以及跨社会关系的分享经济，大大降低创新创业活动由于信息不对称造成的信息搜寻、博弈谈判、信用监督等交易成本，提高交易质量。

　　最后，分享经济能够促进资源空间、行业的合理配置，打破资源

---

[1]　国家信息中心分享经济研究中心：《中国分享经济发展报告 2017》。

[2]　[美] 约瑟夫·熊彼特（Joseph A. Schumpeter），主要著作有《经济发展理论》等。

分配不均问题。社会资源在分享平台上不仅实现了整合，也实现了高效匹配。传统经济下由于信息不对称，资源并不能与实际需求完全匹配，企业对人才、资金等资源的需求得不到满足，同时却又有资源所有者找不到投资方向，就只能根据有限的信息集中涌入某个区域或行业，造成资源分配不均。分享经济按需分配资源使用权的特征在很大程度上解决了分配不均的难题，分享平台能够迅速锁定供给方和需求方并进行匹配，解决信息不对称难题，实现资源高效配置，创新创业平衡发展。

三、分享经济为创新创业提供新的发展思路

分享经济不断降低创新创业门槛，营造良好的环境，从各方面打破资源约束，助力创新创业的发展。分享的理念作用于创新创业，将以灵活的组织关系、层出不穷的新型商业模式以及多样的盈利模式为创新创业发展提供新思路。

1. 组织关系灵活松散

在分享经济模式下组织中的雇佣关系变得灵活松散，组织与个人突破纯粹的雇佣关系并成为合作者。个人可能不只是一家企业的员工，可能服务于多家企业。对于组织来说，共享的模式也可以让企业在人力资源管理上更加灵活。社会上所有的人才在一定机制下，都可以为企业服务。每个技术人员都可能进入企业的研发队伍，每个个体都可能为企业开拓市场。

分享经济改变了传统的劳资关系，为创新创业个人和团队提供灵活的雇佣方式，使人们脱离了集权化、等级式的科层体系，拥有闲置资源的个人可以根据时间、兴趣以及擅长的方式提供商品和服务，创业就业者享受对时间、收入、自由的控制，这种雇佣模式使企业管理更加便捷、运营部署高效调整，同时作为生产者和消费者的个人被这种就业方式和自己做老板的机会所吸引，参与热情更加高涨。

2. 新型商业模式层出不穷

新经济形态激发市场形成新的商业模式，分享经济下各种商业模式的出现增加了创新创业的发展机会，拓宽运营思维：首先是基于有形资产的分享和服务。这种分享经济模式出现较早而且已经比较普及，资源所有者可分享闲置资产（汽车、房屋等）获得收益，需求者低价获得资源使用权，Uber、滴滴打车，进行房间短租的 Airbnb 以及共享单车摩拜、ofo 等都是典型企业代表；其次出租闲置资产的模式扩展到金融领域，陆金所、人人贷等将有资金升值需求的投资者的闲置资金集中，通过后台审核对有发展前景和还款能力的项目提供快速便捷的资金；再次，基于网络平台的共享无形资产的模式，这种模式下人们根据个人的知识技能进行协作，比如个人可以使用"分答""在行"等将知识技能分享并创造价值，企业也可以利用平台集中大众的创新进行创新活动，InnoCentive 就是一个汇集创新能力的平台，企业通过该平台可以向所有用户寻找解决方案；最后，在制造业领域生产能力共享、协同创新等模式也将对该领域产生重要影响。目前基于有形资产的企业平台具有高份额的分享经济市场占有率，未来在知识技能领域和制造业方面将有很大发展空间。

3. 盈利模式多样

传统经济下企业盈利模式单一，向客户销售产品产生收入，而成本一般来自原料采购、企业运营以及员工薪酬福利等方面，分享经济使得许多资源的获取近乎免费，能够在协同基础上分享，零边际成本现象随处可见[①]，分享经济极大地降低了资源的交易成本，提高资源配置效率。与传统企业盈利模式不同，分享经济下资源的供给方以及分享平台的盈利不是单纯来源于销售产品和提供服务获取收入，而是出现了多种灵活有效的盈利模式。平台方依靠供需双方对分享平台的依存度，其收

---

① 杰里米·里夫金：《走向物联网和共享经济》，《企业研究》2015 年第 2 期。

入一般来自平台供应方或者需求方，主要有比例抽成、沉淀资金投资获得收入，或是为平台使用方提供交易中介以外的增值服务，比如对有资质认证需求的用户收取评估费用等。同时平台方还可以基于掌握的客户资源进行大数据筛选与分析，延伸服务边界，例如 Uber 公司基于出行客户的大数据分析与交通管理部门合作。

在计价方式上，许多企业在分享经济模式下以时间进行计价，Airbnb 根据住宿的天数和时间段计费，在行根据行家提供服务的时间计费，滴滴也综合了距离和时间的因素①。沈阳机床的 i5 智能机床，由于产品价值高，客户直接购买会面临巨大的资金压力，为了更好地将机床产品铺开，沈阳机床于 2014 年成立优尼斯融资租赁有限公司，开展基于机床的金融租赁业务，客户可以按照时间、产品数量进行付费，减轻了资金压力，尤其是对于创业企业的客户来说，大大降低了创业门槛，提高了新进企业的存活能力。

分享经济的盈利模式拓宽了创新创业的盈利渠道，意欲进入市场的初创企业以分享经济思维制定连贯性、组合式的盈利模式，在发展战略上将更具竞争优势。

第二节　促进创新驱动战略实施

传统经济认为经济发展在于资本、劳动力、技术等要素的投入。无疑，经济的发展离不开这些要素的投入，但是仅靠这些要素的投入无法解决经济发展中的两个基本问题：一是生产要素报酬递减的问题，二是稀缺资源的瓶颈问题②。只有创新才能解决这两个难题，因此创新驱

---

① 张晓芹：《共享经济下的商业模式创新》，《安徽商贸职业技术学院学报》2016 年第 3 期。
② ［美］约瑟夫·阿洛伊斯·熊彼特：《经济发展理论》，叶华译，九州出版社 2006 年版。

动是世界经济发展方式转变的必然趋势。

一、创新驱动的实现条件

经济发展方式从"要素驱动"或"投资驱动"向"创新驱动"的转变并不是参与主体主观意识改变就能实现的，需要一定的客观条件，迈克尔·波特（Michael E.Porter，1990）[①] 在《国家竞争优势》中将经济发展分为四个阶段，并以钻石理论描述了创新驱动国家和企业的特征，包括消费者需求特征变化、国家和企业不断推进创新、企业竞争环境变化和相关支持性产业发展等。推进创新驱动需要技术条件、合理的市场机制以及需求条件，同时制度保障也是创新驱动发展必不可少的因素。

1. 创新驱动的技术条件。科技进步是经济发展方式向创新驱动转变的技术条件，全社会的科技进步能为作为创新主体的企业提供坚实的持续创新基础。社会科学技术水平直接决定着企业的创新意愿和创新效率。社会科技进步快，则产品更新换代的速度就提高，消费者的需求层次也会提高并且趋向于多样化和个性化，这样就会从需求端反逼作为供给端的企业进行研发创新活动，以提高自身生存和发展能力。同时，整个社会的技术水平是企业科研创新的基础资源，影响企业创新的效率。而科技的长期进步又取决于教育与研发，其产生的知识技能等资源是技术发展所必需的投入要素，作为知识技能载体的人才是创新持续发展的动力，也是推动创新驱动的决定性因素。

2. 合理的市场机制。合理的市场机制对创新驱动的最大作用在于能够促进微观主体自觉地进行创新[②]，使创新活动成为企业利用科技研发进行自我强化的过程。在市场的作用下，企业能否主动进行科技创新，转变落后的发展方式，直接影响企业的市场地位和生存能力。市场

---

① 　[美] 迈克尔·波特（Michael E.Porter），主要著作有《国家竞争优势》等。

② 　陈波：《论创新驱动的内涵特征与实现条件——以"中国梦"的实现为视角》，《复旦学报》2014 年第 4 期。

具有的这项功能主要是其竞争和利益激励机制，引导企业自觉转变经济发展方式，主动进行创新发展的企业能在激烈的竞争中胜出，并从中获取利益，否则就会被淘汰。这种作用使市场机制在推动创新驱动中起到决定性的作用。但是由于信息不对称等原因，往往会出现市场失灵的现象，造成竞争环境不能达到一个平衡的状态。如果没有足够的市场竞争，就没有足够的创新动力，但是若市场处于过度竞争的状态，投入技术创新的费用和获得的收益也可能相对不足，所以完全竞争也不是一个值得追求的完美目标。因而要有一种平衡的竞争环境，既能提供创新动力，又能保证竞争不会过度，使企业进行创新活动时能够从中获得足够的收益。

信息不对称还会影响企业创新活动的融资过程，加剧市场失灵。资金是企业进行创新所必要的资源，在传统经济中企业融资的方式主要有内源融资和外源融资，融资渠道窄。内源融资规模有限，企业自身承担风险的意愿和能力会成为制约创新的主要因素；而外部资金要同时考虑回报和安全性，在信息不对称的影响下，银行或外部投资者很难对企业的创新进行精准的评估，这样实力雄厚的大公司显然融资更容易，而大量的真正有创新融资需求的初创型公司或科技型小微企业，则由于创新研发的投入成本、风险和创新收益的不确定性等原因，很难通过银行等传统融资渠道获得创新资金。

3. 创新驱动的发展需要与之相匹配的需求条件的推动，大众化的需求会使企业满足于生产能力的提高，忽视技术创新和新产品研发，即使企业有意进行创新，也会与市场脱节，新产品被束之高阁，无法产生价值。当企业能满足专业的需求成为一项竞争优势时，才能保证企业持续创新，经济发展方式向创新驱动转变的动力才更强。

4. 要有制度基础做保障。在创新驱动的发展过程中，从鼓励创新的政策制定到政策在经济体系中运行，都离不开强大制度的支撑。通过制度的作用，一方面能规范企业人员的行为，形成一种创新秩序，使创新成为群体活动，另一方面引导创新活动，激励社会进行持续的创新和发展方式的转变。另外，由于创新成果具有外部性特征，创新利益容易溢出①，对创新利益缺乏有效的制度保护是创新领域"市场残缺"的主要内容，比如对知识产权的保护不足，就会对创新驱动产生负面效果，对创新的利益保护缺乏，各种创新性的技术或产品在推出市场时就容易被其他企业低成本地进行复制，减少了企业创新活动的回报，这会严重影响企业的创新动力，而其他企业这种简单的"山寨"模式是没有生命力的，会降低整个社会的创新能力和水平，影响创新驱动的发展。因此健全的制度还应对创新活动具有保护的作用。在制度的激励与保护作用下，创新活动得以实现制度化发展，并对经济的发展发挥持续的作用。

二、分享经济助力创新驱动发展

传统经济很难满足创新驱动所必需的实现条件，创新动力的缺失导致创新驱动乏力和经济发展方式转换步履维艰。分享经济下合理的市场环境和技术条件等为创新驱动提供了基础和保障。

首先，分享经济能够引导资源合理配置，提高整个社会的科技水平，为创新驱动提供必要的技术条件。分享经济下企业的创新活动成为开放式的，不仅仅依靠企业自身科研能力，与高校或其他科研机构联系紧密，专业的组织都可以被企业引入提供技术支持。企业的技术人员也不局限于为单一企业进行创新研发，其知识技能和科研能力等在法律允许的范围内可以提供给所有有需要的企业，自身资源得到最大限度的利用，并通过该过程创造价值；通过分享平台的作用，公众能够将创意展现，逐步成为推动技术进步的主要力量，企业汇集零散的创意并将其转化为创新项目，或者企业主动提出创新需求，面向公众寻求解决方案。

---

① 黄宁燕、王培德：《实施创新驱动发展战略的制度设计思考》，《科技与社会》2013 年第 4 期。

在分享经济模式下，人才和创新资源可以无障碍地在整个社会流通，提高整个社会的技术水平，为企业创新活动提供基础条件。

分享经济除了直接影响研发活动，还能通过变革教育模式来推动科技的长期进步。通过教育实现流通和创造的知识是科技进步所必要的投入要素。知识传授工作由过去的教师等职业人员在固定机构（学校）进行转变为所有有认知盈余的个体都可以在分享平台上分享知识，知识接受者也可以根据自身需求寻找到几乎所有领域的知识技能进行有针对性的学习。对知识所有者的"解放"提高了知识流通效率，为技术进步提供人才要素基础。

其次，分享经济有助于形成合理的市场机制。合理的市场机制要求有平衡的竞争环境，消除信息不对称形成的障碍。通信技术等分享平台的出现会逐步降低市场参与者之间对信息的盲区，从而减少因信息缺失引起的委托代理问题，提高市场配置资源的效率和合理性，引导人才、资金等资源流向真正有发展空间的领域，缓解部分领域投资过热和其他领域投资不足的问题，实现竞争环境的平衡。

再次，分享经济下消费者不必为了满足"使用"的需求而去购买商品，增强了消费能力，同时随着个人收入提高和高等教育的普及，消费者的需求也更加讲究，分享经济使供需高效匹配，需求的个性化迅速传导至供给端，单是提高生产能力已经不足以使企业保持竞争力，许多产业在需求的推动下加速改善和创新的步伐。

最后，分享经济推进制度创新，以适应创新驱动的需求。分享经济的重要作用是能够调动闲置的社会资源，这些资源都是在各个行业和领域零散分布的，往往会被传统的管理制度所束缚，在这种制度下很难真正参与到整个社会的生产系统中。长期形成的管理制度使管理模式固化，无法适应新的商业模式，制约了当前分享经济的进一步发展，也影响了利用创新驱动促进经济发展的进程。由于分享经济提高了社会资源的配置效率，推动经济发展方式的转变，随着分享经济的蔓延，使政府监管部门逐步打破传统的管理思维束缚，经济发展由市场主导，对分享经济持更接受和激励的态度，转变监管模式，创新监管手段，使制度对创新性的行为起到有效的激励和保护作用，从而促进整个社会的创新能力、生产能力、社会福利的增加。同时，分享经济提高了社会的效率，加强了社会公众之间的联系，由于参与个体范围广，仅靠政府管理的模式无法满足治理经济的需要，市场秩序的有效运行将主要依靠市场自身的调节机制，充分利用社会力量实现对分享经济和创新驱动发展方式的秩序维护和信用监管。

三、分享经济改变经济发展方式

在分享经济推动下，为创新驱动创造了良好的发展环境，经济发展方式将发生重大变化，摆脱对生产要素投入的依赖和生产要素的限制，创新成为经济发展的核心，并且其驱动力量表现出稳健性的特征，创新驱动发展方式又带动绿色发展。

首先，在分享经济作用下，创新为经济发展带来更加强大且持续的动力，成为经济发展的核心，并向经济的各个行业和领域延伸，改变整个经济的发展方式。传统经济的增长主要动力来自资本、技术、人员等生产要素，新的经济发展方式下，经济增长将主要依靠知识积累、技术创新和人才的水平。企业通过创新生产出品质更高的产品或提供质量更高的服务，从而带动新的需求；通过对生产技术进行创新，能够提高生产效率，降低生产成本，促进效益提高，刺激消费；创新驱动的发展方式将提高经济增长的质量，使社会资源实现良性循环；在全球价值链上，传统产业的利润实现主要产生在最具创新水平的研发和服务端，而不再是低端的生产制造或加工过程，现代服务业比重也将提高；知识产业发达，技术和专利等将代替生产能力成为某一领域的核心竞争力，在创新驱动作用下经济实现持续和稳定的发展。

其次，分享经济下创新驱动表现出较强的持续性、稳健性、抗周期性和创新维系能力。企业通过创新提高了生产效率或研发出新的产品，提高了竞争力，为初始创新者创造了收益，其他企业就会通过模仿或购买专利等途径分享创新成果，整个行业就能形成创新的浪潮，增加对各种创新资源的需求，经济就会迅速发展。而随着上一创新成果的普及，所有依靠该成果的企业收益就会逐渐减少，为了实现进一步的发展，就必须进行再次创新行为。在这种循环发展模式下，企业会自觉地不断进行创新，使创新成为持续性的过程，因而创新驱动能够不断促进经济繁荣。而分享经济对创新的促进作用使创新驱动不至于在创新成果普及时出现创新断层，维系企业创新能力，创新驱动在此作用下更具稳健性。

最后，分享经济助力经济发展方式向创新驱动转变，将对经济发展产生重要影响。一是创新驱动的发展方式能够促进经济增长质量的提升，改善经济增长的结构，提高经济增长的效率，降低资源和环境代价，改变过去经济增长对于环境的破坏和资源的消耗；二是能够改善经济增长的供给面，提升经济增长的潜力，实现从依靠要素扩张为主的规模优势到依靠科技进步的竞争优势转变，从而突破要素条件的制约，使经济增长拥有新的驱动力。创新驱动从多方面转变经济发展方式，促进绿色发展。

第三节　助力传统产业转型升级

传统产业在经济发展中占有重要位置，从一定意义上看，传统产业，特别是农业和制造业是永恒的产业[①]，在当前世界经济增长动力不足，资源耗损严重的环境下，传统产业转型升级成为推动经济持续发展

---

① 　王雨生：《中国传统产业改造提升之路》，中国宇航出版社 2004 年版。

的重要任务。然而，长期以来传统产业升级面临技术创新能力弱、产业素质不高、整体竞争力不强等问题，必须调整产业转型升级的方式，将创新创业的思维引入传统产业转型升级，重构传统产业体系，提升产业发展的质量，以创新驱动带动产业发展，使传统产业进入"二次创业"的新阶段。

一、传统产业转型升级的途径

产业升级是指产业由低水平向高水平发展的过程，它不仅包括产业产出总量的增长，而且包括产业结构的高度化。简单来讲，就是产业由低技术水平、低附加值阶段向高新技术、高附加值阶段转变的过程①，从全球价值链（GVC，Global Value Chain）（如图11-3）角度来看，产业升级就直接表现为企业在一个GVC中顺着价值阶梯逐步提升的过程。

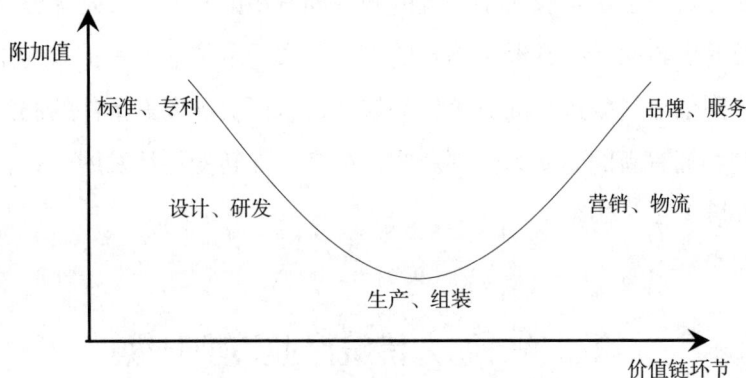

图 11-3　全球价值链"微笑曲线"

嵌入价值链是转型升级的基础。传统产业在选择升级路径时，受企业所拥有的核心竞争力和资源限制，并不是所有企业都能够直接发展

---

① 马云俊：《产业转移、全球价值链与产业升级研究》，《技术经济与管理研究》2010 年第4 期。

到价值链的高附加值环节，进而进行自我创新，成为产业领导者。要进行产业升级，必须根据自身发展阶段和技术水平，在全球价值链上选取合适的环节嵌入其中。由于全球价值链分工中追随企业技术积累有限，创新能力不足，在参与全球价值分工过程中，要选择恰当的位置，积极地成为该产业价值链的一部分。追随企业融入全球价值链对于其转型升级有重要的意义，全球价值链中存在国际领先的理念、研发、技术和品牌等资源，是追赶国家或跟随企业非常欠缺而通过自身发展又难以弥补的内容。追赶国家或跟随企业在进入全球价值链后，根据高附加值环节的企业发展路径，可以学习其发展战略和方向，同时还能承接伴随产业转移过程的技术转移，低成本实现技术创新，提高自身生产效率和技术水平。

企业嵌入合理的全球价值链后，产业转型升级就是企业积极寻找机会向更高层次价值链延伸的过程，根据"微笑曲线"，产业转型升级出现两种不同的驱动力：生产者驱动和购买者驱动（Gereffi et al.1994），要么向上游的技术标准、创新研发等环节延伸，要么向下游的营销、服务及品牌运作，或者两种混合的发展途径。实现价值链延伸的途径主要有以下方式：

1. 技术创新实现产业升级

对于传统产业，技术创新是实现产业转型升级最主要的途径，通过技术改造，实现生产水平提高和新产品的研发生产，推动企业在价值链上从低端向高端延伸。企业根据所处产业的发展趋势，制定符合自身条件的技术创新和研发活动，通过提高生产效率降低单位成本，或研发出新产品提前获取客户资源，并由于生产效率提高和产品领先优势带来的巨大收益。创新具有外部性或溢出效应，创新成果的溢出虽然会降低企业创新的动力，但会使整个产业从中受益，加速产业的升级，为企业集群带来规模经济，并推动企业在失去创新优势时进行再次创新活动，使技术创新具有持续性特征。

2. 创新运营模式和管理模式

技术创新对产业升级起到了关键作用，除此之外，传统产业转型升级还可以通过运营模式和管理模式的创新来实现，比如零售行业，百货公司式的经营模式出现了发展瓶颈，连锁经营模式的诞生使这一传统行业又爆发出巨大的活力，实现了进一步的发展。以技术革新为引擎、营销创新为平台、售后服务创新为支撑，推动产业向品牌、服务价值链端延伸，也是传统产业升级的重要方向。全球经济环境不断变化，消费者的需求也不仅仅是产品的满足，企业也从专注于技术创新拓展到运营和管理模式的创新。

3. 生产方式的革新实现产业升级

由于技术创新的溢出效应，某一些技术变革会为传统产业带来全新的生产方式，推动传统产业的转型升级，以现代信息技术、航天技术、生物技术、海洋技术、新材料技术为代表的高新技术也同时能影响世界传统产业改造和提升的进程，比如以生物技术改造提升传统农业，促进了世界农业的大发展，信息技术的应用也使发达国家传统工业发生了脱胎换骨的变化。

二、分享经济助力传统产业升级

分享经济使产业分工细化，推动传统产业进行技术革新、运营模式创新以及生产方式的转变，传统产业发展向价值链两端延伸，低端生产制造环节更加专业化和个性化发展，从各个环节进行转型升级。

首先，分享经济使产业分工进一步细化，不同国家的传统产业利用各自的优势和资源更准确地嵌入全球价值链中。分享经济下企业边界进一步扩展，从区域价值链、国家价值链扩展到全球价值链，传统产业已处于价值链两端的发达国家在继续提升自身研发水平的同时，将销售渠道和服务范围逐步扩展至全球，将低端生产制造环节选取合适地区进行转移，充分发挥品牌的作用。发展中国家传统产业低端嵌入全球价值链，成为全球生产网络组成部分，基础的生产工艺升级和产品更新会得到跨国公司的支持。全球价值链的深化使传统产业中的基本生产要素、技术和需求都不再是某一区域的特殊优势，推动产业转型升级的力量变为公用，传统产业在价值链作用下加速转型升级。

其次，分享经济能推动传统产业进行技术创新。汽车、飞机制造等资本和技术密集型产业在价值链上的升级大多由生产者驱动，此类产业转型升级的方式一般是提高技术创新能力，分享经济下企业不仅通过开放式的创新提高研发和产品转化效率，而且通过全球价值链增强创新合作与相互学习。嵌入价值链的企业升级过程就是一种技术知识学习和能力的最终获得过程[①]。传统产业的领导者为了集中资源发展核心竞争力，会将低端环节转移给追随者，此时就会产生分享盈余，为了更高效地完成价值链上这一环节而自愿地将技术和知识分享。于是产业领导者集中力量推动自主创新，其他环节的企业借助既有资源进行技术模仿与赶超，整个产业实现升级。

再次，分享经济能使传统产业走服务化、品牌化道路。传统的服装、鞋类、农产品等劳动密集型产业的升级大多由购买者驱动，通过产品差异化策略、物流运输和售后服务等途径，促使企业由传统生产制造环节向价值链下游延伸。分享经济协同合作的理念使企业间分工合作加深，同一价值链上不同的企业根据优势资源参与进来，实现了资源的高效配置，企业的出口附加值增加，企业间进行国际合作，推动传统产业运输服务化以提高效率，降低风险；另一方面，分享经济供求双方高效匹配的作用，能有效缩短双方的"距离"，消费者需求及时传达，减少生产的盲目性，改变了以产品为中心的生产模式，按需生产，满足消费者的个性化需求，同时消费者能够在线自行设计，企业提供生产能力，

---

① 包玉泽：《技术能力视角与全球价值链背景下的企业升级》，科学出版社 2012 年版，第 67 页。

在满足客户需求的同时实现产品价值的增值，促进传统产业进行分销服务化。

最后，分享经济加强高新技术产业的关联性和带动性。利用高新技术的渗透性，将高新技术产品供应给社会，能够改变企业的生产方式和个人生活方式。社会需求的改变在分享经济供需高效匹配的作用下迅速反馈到供给侧，促使传统产业与高新技术进行融合，高新技术的先进性带动传统产业，创新传统产业的生产方式，使传统产业迅速转型升级。

分享经济的理念为传统产业发展提供了新的思路，传统产业的优势就在于新项目的启动资金往往雄厚，来自政府的鼓励和支持以及商业经验的积累，同时原有的客户也会发挥优势，分享经济能充分发挥传统产业现成的资源优势，提高资源配置的效率，实现"物尽其用"。分享经济使传统产业摆脱依靠提高生产能力发展的模式，以创新提高竞争力，以转型实现二次创业，延续和发展企业生命周期。

三、分享经济使传统产业发生重大改变

分享经济从价值链的两端提升传统产业的附加值，技术创新的加速打破行业垄断，开放性的特征加强了企业合作，新兴技术的应用成为企业发展必不可少的要素，从多个角度对传统产业产生重大影响，加速了传统产业的转型升级。

首先，传统产业中依靠政策保护或体制垄断的行业将会逐步被瓦解。企业的垄断地位在分享经济中将难以持续。分享经济使传统产业在全球价值链基础上加速自我创新与合作，通过各类新技术的应用和模式的创新，打破传统的政策保护和体制垄断，最大限度地激发市场活力，创造更大的价值。在出租车行业，移动互联网技术、LBS定位系统和大数据应用等产生了滴滴出行、Uber等分享经济的开拓者，给传统的依靠政府垄断经营的出租车行业带来了巨大冲击，迫使出租车行业尽快

改变商业模式，否则将会被无情淘汰。

二是封闭运作体系将会走向终点。分享经济开放性的特征打破了传统产业中企业封闭式的运作方式。传统的依靠自身资源开展经营活动的大而全模式正在受到全面的冲击，自身资源的有限性制约了企业的发展，封闭式的运作会降低企业竞争力甚至生存能力，分享经济所拥有的海量资源使传统产业的企业自发地进行开放与分享，从而获得发展能力。传统经济中产业内各个企业激烈竞争的行为也不再是企业获取市场的必经之路，取而代之的是从竞争走向合作，在合作中竞争、在竞争中合作，"竞合"作为一种新的常态，是参与分享经济模式的所有企业的重要法宝。而充分利用分享平台上多方的资源条件和竞争优势，做到资源整合、优势互补，也将成为最基本的战略选择。自行车制造业作为传统产业，在共享单车迅速蔓延的情况下，按传统经济的观点必将是两者激烈竞争、水火不容的关系，但事实上在共享单车普及率最高的中国，传统的自行车制造厂商却在共享单车的带动下迎来新的发展，两者相互合作，老牌自行车厂商永久自行车甚至直接与优拜单车合作进入共享单车领域，充分发挥各自制造和推广的优势，实现共赢。

三是缺乏技术和数据支撑的企业会在竞争中处于越来越不利的地位。在分享经济实现的技术条件章节中我们提到，分享经济需要综合应用移动互联网技术、大数据应用和第三方支付等相关技术作为实现手段，高度依赖数据资源进行运营。因此对于传统产业的企业来说，探索出符合自身特征的分享经济商业模式，选择恰当的技术改造方案，加大数据资源的积累、开发和应用等方面投入，真正实现技术保障有力、数据切实可靠，才能使分享经济对传统产业转型升级行之有效。

分享经济打破了创新创业的资源约束，资源的私人"占有"不再是组织的关键竞争优势，资源"公用"、共同合作才是企业发展的路径，闲置资源有效利用增加了资源供给，按需分配的特征减少了资源浪费，创新创业有了富足资源的基础。世界经济增长乏力的背景下，分享经济又促进了经济发展方式向创新驱动转变，解决了经济发展的要素约束问题。传统产业也在分享经济的作用下转型升级，实现"二次创业"，走出企业走向衰退期这一传统生命周期的必经之路。分享经济通过助力创新创业，不断产生新的经济业态，而这些新的业态往往与资源节约型、环境友好型的特征密切相关，推动经济走向绿色发展。

第十二章
分享经济实现绿色发展

　　党的十八大提出了中国以绿色发展为目标，走生态文明路线的新理念、新战略，应运而生的分享经济是促使社会迈向绿色发展的新经济革命。分享经济通过对云计算、大数据、移动互联网、物联网技术的运用，以协同、横向、分布式的组织生产方式，获得了趋近于零的边际成本，以开放自由的平台化交易促使供需两端高效匹配，达到资源利用最大化和交易成本最小化的目标。这种经济运行逻辑是对工业文明的颠覆，工业文明的所有个体以私人占有资本、劳动力、技术为制高点，以竞争、垄断、技术封锁为生产导向，将物质资源和生命资源看作获取利润的消耗品，而分享经济则赋予经济文明极具远见卓识的新生内涵，以资源使用权的公用替代资源所有权的私有，以经济体制的变革打破牺牲环境提高产量的逻辑，以网络平台的搭建连接起经济活动的一切要素，而这也正是生态文明理念下的绿色可持续发展的经济社会范式。本章则以绿色发展为主线，解读分享经济如何化解资源与环境的约束，提升资源的配置效率，盘活"闲置"的资源，最终实现"经济"的绿色增长。

第一节　化解资源与环境约束

我国在进入新常态的经济发展阶段中，出现了高耗能、高污染等现象，导致人口红利日趋减弱、资源环境约束愈发显著，而分享经济的出现正为突破这一困局带来了希望。凭借着分布式、协同和横向对等的生产交易模式，分享经济实现了以可再生能源为生产动力的规模化扩张效应，为社会的全要素、跨产业、绿色化生产创造了新的渠道通路，能够有效化解资源与环境的约束。分享经济在化解资源与环境约束方面具有得天独厚的优势，具体原因可以从以下四个方面进行分析：

一、分享经济提升生态环保效益

传统工业经济立足于资源的抢占，过分强调私有产权，单纯地以生产刺激消费，为加快生产、节约成本不惜牺牲环境，随后又通过消耗社会财力试图解决资源与环境危机，但破坏的速度远快于治理的速度，进而会陷入恶性循环，整个社会的福利不断流失。长期以来，技术进步被视作解决这一困境的核心，而事实上，问题的根源并不在于技术，而在于经济内在机制的变革。

分享经济的兴起正是这一契机推动下产生的结果，作为一种基于现代社会协同公用节约消费的环保自觉形成的再消费经济，分享经济从根本上矫正了传统工业经济一直以来鼓励的私人占有、过度消费文化。随着消费者对地球资源和环境问题的愈发重视，社会上出现了对清洁能源、资源节约、环境优化等需求，这表明消费环保自觉已内化为现代社会的新市场需求。"分享"的理念与这一需求的本质正好相符，它反映了一种互助协作、循环节约的生产消费导向，个体之间的资源不再受私有产权的限制，基于合理的技术手段和监管机制，资源的使用权被剥离出来，产品和服务的价值能够得到最大限度地利用，在更低的成本和更高的效益下，"分享"理念推动了经济的绿色化发展，满足了社会公众的新市场需求。

目前，分享经济中诞生的诸多经营模式中，都展现了消费环保自觉的导向。参与分享经济的公众，秉持着"分享"的理念，不仅仅为了得到经济效益，另外一个重大的目的就是为了节约资源和保护环境。SideCar 的首席执行官苏尼尔·保罗（Sunil Paul，2016）指出，分享经济现时所带的改变是取代公路上产生大量污染的出租车，未来将使个人所有的私家车数量也减少一半，人们认为出行必须拥有汽车的观念将转变，只要有车坐就行[1]。分享经济展现了远超传统经济的生态环境保护效益，"分享"理念天然的环保属性将会打破目前追求生产更多和消费更多之间的恶性循环，满足了现时市场上公众们愈发关注的环保消费自觉需求。

新的理念能够产生新的价值观，分享经济在满足新的市场消费需求中也酝酿出了一种新的价值观。传统生活价值体系中，资源拥有的多寡比赛是被社会认可的生活方式，而分享经济中以"分享"理念为主导，一切资源皆可分享，其倡导的是资源分享的多寡比赛，个体与外部经济市场分享得越多，经济效益也就越多，与此同时，在资源的循环利用和节约生产中，全社会所得到的环境效益也越多。"分享"理念本源性的环境保护、资源节约性态，将推进物质生活突破单边"消耗"，走向多边"环保"的更高层级。

二、分享进程推动企业清洁生产

云计算、大数据、物联网、移动互联网技术为分享经济的兴起提

---

[1]　郭思岐：《思奇谈分享第十期：分享经济带来生态文明》，2016 年 4 月 18 日，见 http：//www.cnii.com.cn/internetnews/2016-04/18/content_1718013.htm。

供了技术基础，由此诞生的众多以"分享"为特色的新型企业以极快的速度占领了相关领域的聚焦点，不同于传统的重工业生产，分享经济中崛起的新型企业着力于科技创新、产业升级，以劳动、资本和技术的高效使用，逐渐步入清洁生产的发展进程。

清洁生产是将整体预防的环境战略持续应用于生产过程、产品和服务中的一种模式，可以提高生态效率和减少破坏环境的风险，这与分享经济的绿色环保导向协调一致。清洁生产包括生产全过程和产品周期全过程，使用的重要工具为清洁生产审核和全生命周期评价。对于生产过程方面，清洁生产要求节约原材料和能源，在科学的审核标准下，淘汰并替代有毒有害的原材料，并在全部排放物离开生产过程前尽可能减少其排放量和毒性。对于产品方面，持续追踪产品从原料提取到产品最终处置的整个生命周期，以严苛的评价机制规范企业的生产制造，尽可能地减少产品对人类和环境的不利影响。对于服务方面，设计与所提供的服务中要求考虑环境因素，避免在服务过程中产生和排放污染物。

传统的环境保护是对环境状况的被动回应，在污染对环境的破坏积累到一定程度后，才开始采取相应的措施，这种治理的方式不仅无法快速解决问题，还会因为污染的持续扩张而不得不付之以巨额的资金成本和时间成本。而分享经济所推崇的清洁生产体现的是以预防为主的环境战略，从产品设计、原料选择、工艺操作、设备使用、运行管理等各个环节都要以提高资源利用率、减少污染排放为导向，通过不断提高管理水平和加速技术进步，主动提前防范不经济的资源环境问题。此外，相比于传统经济以牺牲环境为代价的粗放型发展模式，清洁生产更注重精细化的科学运营，并以集约型的增长方式，走分享经济下的内生增长道路，着重调整产品结构、革新生产工艺、优化生产过程，实现节能、减排、降耗、增效、绿色的生产目标，最大限度地提高资源的利用率。

在制造型企业向绿色化转型的进程中，清洁生产的地位逐渐提高，甚至成为评判企业是否推进生态文明建设的一项重要审核项目。以生产能力分享领域的模范企业——长荣健豪为例，该企业在分享经济的创新思维下，提出了"云印刷"智能化、产业化生产的概念，推出了印刷文件的在线定制、云端存储、随时交货等业务，现已激活有效用户 1.3 万个，日常交易量达上千单①。同时，长荣健豪还通过了全国的清洁生产审核，获得了绿色印刷推进会的认可。

总之，清洁生产找到了环境效益与经济效益协调一致的结合点，体现了分享经济的绿色环保导向，实现了资源充分利用、环境合理改善前提下的企业管理水平和生产工艺技术水平的共同提高，打破了传统末端治理只能保证环境效益，无法顾全经济效益的局面，为新型企业在污染防治工作上提供了动力。

三、分享模式鼓励资源循环使用

分享经济的特有模式下，消费者开始意识到自己需要的只是产品和服务的使用权，资源的所有权并不是必要的，只要实现物尽其用即可，而生产厂商也逐渐将关注的重点由仅局限于产品设计、制造销售扩展到整个产品生命周期，企业的责任贯穿制造的始末，涵括产品消费回收的终端。回顾传统消费模式中，社会个体都追求资源的私人占有，生产厂家单纯地以追求销售额最大化为目标，引发的"使用—丢弃"的快速消费、奢侈消费文化，进而造成大量资源浪费以及污染排放，到现时分享模式延展的"使用—再使用—回收再利用"闭环运行模式，资源的效用在循环使用中实现最大化，符合了新型社会转向绿色发展的宗旨。

循环使用的逻辑就是效仿食物链、延伸产业链、提升价值链，科学原理为新陈代谢、过程耦合和设施共享，主要以减量化、再利用和资源化为原则。减量化包括源头减量和末端减量，追求以同样的资源生产

---

① 张伊杭：《长荣健豪云印刷电商平台的发展之路》，2016 年 12 月 30 日，见 http：//www.fx361.com/page/2016/1230/463027.shtml。

出更多的产品或者生产同样的产品消耗更少的资源，具有代表性的就是分享经济中一些虚拟企业如 Wonolo、Zally，突破"全员雇佣，场地办公"的传统自雇型模式，借助外包和众包，以更少的固定资产提供更优质的服务；再利用，可以说是将旧的东西直接利用，或者是将旧的东西改装后进行重新售卖，这个在分享经济的二手交易市场体现的最为明显，如 58 同城的"转转"和淘宝二手平台"闲鱼"，均以每日千万的成交量激活了百万元的闲置资源；资源化，就是将废弃物作为资源，这一概念与再利用是有所区别的，再利用基本没有改变原来的物品形态，而资源化则已经看不出原产品的形态，比如分享模式下的共享太阳能企业如 SolarCity、Shared Solar 等，个体通过光伏系统使用太阳能进行发电，在满足自己使用的电量后，还可以将多余的电量放在电网上分享或是售卖。

对于循环使用的每个原则下相关活动提高资源利用率和环境优化效益上的绩效可以用层次化进行衡量。具体以减量化来看，其第一个层次是结构调整和优化，通过对生产架构进行整合归并，达到结构性的节约；第二个层次是减少工艺过程，剔除效率和效益共享为 0 数量级的生产过程；第三个层次是将合适的材料用到合适的地方，实现物尽其用、人尽其才。总之三个层次的核心就在于认识到不同生产活动产生的具有不同级别的经济效益，在合理排序筛选后，使物质和能源得到最大限度的利用，延长资源的使用时间，并对环境产生正面的外部影响。对资源的循环使用是分享模式大力推崇的生产消费行为，正是这一取向决定了分享经济能够化解资源和环境约束的独特竞争力。

四、分享经济突破物质化资源约束

古典政治经济学家认为劳动包括生产性劳动和非生产性劳动，相应的商品也有物质商品和非物质商品。亚当·斯密（Adam Smith，1981）认为非生产性劳动，大部分是非物质商品的生产劳动，这种随生随灭的劳动也可以创造价值①。大卫·李嘉图（David Ricardo，1951）指出了直接生产服务的劳动能在商品价值形成的过程中起到至关重要的作用，人的贫富程度不仅取决于其所拥有的物质上的生活必需品数量，还取决于非物质商品的数量②。西斯蒙第（Sismondi，1964）关注到人有物质需求，也有精神需求，其所感受到的幸福是有物质条件和精神条件构成，非物质商品在人的生活中会有越来越大的需求③。这些古典学派经济学家的观点反映了在以物质商品为主的时代中，由于人的需求逐渐被识别出来，非物质商品的存在和地位也正受到越来越多的关注。

　　自新古典学派以来，生产对象的范畴逐渐拓宽为产品和服务，产品一般指有形的商品，服务一般指无形的、直接提供的劳动。阿尔弗雷德·马歇尔（Alfred Marshall，1920）兼顾物质产品和非物质产品，指出人们想要得到的有物质的财货和非物质的财货。物质的财货包括有形的以及有用的商品，非物质的财货分为两类，一类是内在的财货，主要指个体自身的特性与才能，另一类是外在的财货，主要指个体与外界的关系④。马克思（Marx，1976）将非物质产品引入到商品的领域，将这种特殊的商品理解为活体中存在的、生产使用价值时会运用的体力和智力的总和，并将个体在自身物质生产过程中与社会建立的关系以及所创造的与之相对应的原理、观念和范畴定义为历史暂时产物⑤。这也意味着在人类社会的发展中，会进入历史性的一个新时期，即按照自己的非

① Adam Smith, *An Inquiry into the Nature and Causes of the Wealth of Nations*, New York：Random House, 1937.

② David Ricardo, *On the Principles of Political Economy and Taxation*, Cambridge：Cambridge University Press, 1951.

③ Simonde de Sismondi, *Nouveaux Principes D'Economie Politique*, Paris：Nabu Press, 2010.

④ Alfred Marshall, *Principles of Economics*, London：Macmillan, 1920.

⑤ Karl Marx, *Capital：A Critique of Political Economy*, Volume I, trans. B. Fowkes, Harmondsworth：Penguin, 1976, p.110.

物质商品而建立起一定的社会关系。

随着经济的发展，物质产品单一垄断的经济局面将被打破，新的经济样式将会产生，即无形、有用的非物质产品。这类产品在层次上总体高于物质产品，使用价值具有扩展性、重复性和不可磨损性。而分享经济的兴起，正是经济发展到一个新的阶段所体现的效应，依托云计算、大数据、物联网和移动互联网，一切商品均可以"分享"，传统的物质商品在个体间的交易有了更多的流通渠道，同样的，非物质商品的需求和供给在多边平台的集聚效应中也激发了无穷的消费生产活力。分享经济模式下，在生活服务、知识技能等领域，崛起了大量优秀创意的新型企业，有分享时间的企业，如 TaskRabbit，以发布任务完成任务的方式，满足参与者的服务需求并创造灵活的工作机会；有分享才能的企业，如分答，采用问答的方式为求知者提供学习交流的平台并满足知识拥有者的经济、声誉需求；有分享 Wifi 的企业，如平安 Wifi，将安全级别高、覆盖范围广的 Wifi 分享给所有存在需求的用户，实现网络的便捷普及性。

分享经济的到来使得越来越多的商品以非物质化的形态进入市场，扩大了商品交易范畴，使得供需双方的选择更为多样化，拉动更多个性化的消费潜力，突破了原有的物质化资源的约束，并以更高效率、接近零污染的运营模式达到保护环境的目的，推动经济的绿色发展。

第二节　提升资源的配置效率

从资源配置的角度来看，私有产权制度并不是资源配置的最有效方式，虽然私有产权解决了激励问题，并能提高生产制造的速度，但从资源利用的效率来看，私有产权并没有实现供需方的高效匹配以及交易程序的精简整合。分享经济使得产权观念向分享观念转变，是依托于自由开放平台的新"产权"，既保留了私有产权的激励优势，同时以公用的理念使得更多的人分享资源，大幅提升了资源的配置效率。分享经济的平台搭建、技术推进、交易模式和分配原则决定了其能够显著地提升资源的配置效率，具体原因可以从以下四方面进行分析：

一、多边分享平台有效整合资源

传统的交易活动普遍在"单边平台"上进行，即商家仅将产品卖给消费者，这种模式下商家竞争的主要方式是价格战，因此当行业饱和后，大多数商家都采用价格战的方式谋取更多的市场份额。相对应的，分享经济下的交易活动主要是在"多边平台"上进行，市场上新型的交易架构与分享活动的大批涌现相辅相成，平台整合功能的增强极大地提升了资源的配置效率。

"多边平台"，即通过一个平台，将多个利益主体连接起来，平衡多边参与主体的利得损失，最终达到提升交易效率、促进多方共赢的目的，具体还可以从以下二方面进行界定：

1.平台使得多个群体得以直接互动，比如，分享经济中的企业所搭建的线上平台不仅包括产品的供给方和需求方，还包括了第三方监管机构、信用评级机构、保险机构、专业服务机构等，多方主体共同在交易活动中发挥应有的功能作用。分享平台的存在使得商业活动所需要的一系列资源得以汇总整合，多方主体的直接互动为企业的每一项决策提供便捷的通道，不仅节约了时间和资金，更让资源的流转效率得到极大的提高。

2.平台所连接的多方主体通过"平台特定投资"依附于平台，它们互相依存，同时在平台进行互动或者关联，形成互补性价值的催化，从而实现平台上的价值创造。比如，在分享平台规则的制定中，需要充分考虑不同主体的依存关系和特别需求，促进平台的生态发展，同时分享平台有可能通过对一方市场进行免费或者补贴的方式扩大用户量，而在另一方需要这边用户数量的市场实现价差交易，从而使免费的服务在另一边更多的价值回报中得到补偿。

产品或者服务的价值随着用户的增加而增加的效应被称之为网络效应，间接的网络效应是指当某个产品的互补产品由于价格变低或者技术提升而吸引更多的用户购买时，这种产品的用户数量也会随之上升。多边平台就具有间接的网络效应，具体的例子如：以分享办公空间为主要业务的企业，建立线上平台向客户灵活低价的办公空间租售信息，同时还汇总了一系列的企业经济活动所需要的专业服务信息。企业向客户收取的低价房租并不能赚取可观的利润，但当其吸引了众多的客户入驻办公空间后，客户对专业服务的需求量就会显著表现出来，不论是企业自己提供的专业服务，还是入驻企业的其他机构提供的专业服务，这些服务性业务的利润空间是极大的，并且客户流量的增加也为企业未来业务的扩展增添助力。总之，多边平台的间接网络效应为其实现多方共赢提供了理论基础。

多边平台可以看作是一种组织发展战略，运营逻辑为：整合交易资源、组建平台生态圈—形成价值网络、发挥整体网络效应—提高资源的配置效率、达到多方共赢。这里体现的战略思想为：①多边平台意味着治理权力的开放和互动，可以对交易的一切资源进行有序的整合，有助于形成产品多元协作供给、公共服务协同创新的格局；②多边平台是基于价值网而非价值链的创价模式，能够影响该组织中各类主体构成的互动网络和价值体系，对整个系统的价值实现意义重大；③多边平台体现的是不同于垂直思维的水平思维，实质是一种平等互惠的开放合作思维，在对中间环节的精简和联结中达到提升资源配置效率的目标。由此可见，基于多边平台的分享活动能够有效地整合交易所需的相关资源，通过多元主体协同合作，将资源的配置效率提升到一个新的水平。

二、新型媒介技术加速资源流转

在自由开放的媒介平台上，技术创意和思维变换会使得商品的价值得到重新定义，媒介技术的核心不再仅仅局限于辐射面，而更多地转向有针对的选择。分享经济的持续增长进程离不开物联网、移动互联网等媒介的普及以及大数据、云计算等技术的成熟。

从运行模式来看，分享经济是通过使用新的技术手段或商业模式，将原先没有实现方式和使用渠道的生产生活资源投入到新的经济活动与流通中，重新产生经济价值与社会效益的经济模式。媒介技术生产力的增速协同分享经济被市场接受和认同的速度，外在的表现形式就是互联网、大数据、云计算技术和智能手机的应用愈发普及，市场主体参与分享活动的活跃度也只增不减。比如物流分享领域中，运满满将移动互联网引入到传统的物流货运业务中，并联合阿里云的云计算打造出了智能化的货运调度展示中心和货运大数据信息中心，成为了国内最大的车货匹配平台。卡车司机通过使用运满满 APP，空驰率从 37% 降低到 27%，平均等货时长从 2.77 天下降到了 0.42 天[①]。可见，新型媒介技术在分享进程中能够加速资源的流转，对资源配置的效率起到显著提高的作用。

分享进程中，媒介技术带来的影响是全领域、无边界的，其加速市场经济活动、提升资源配置效率的表现可以归纳为以下三点：

1. 更加划算地利用资源。一切产品的信息都能通过媒介技术的使用更加广泛地在参与主体间进行传播交流，从而实现供需双方的快速精准匹配，同时还能为供需双方的交易提供对比选择的弹性空间。传统交易模式中，中间环节层层叠加，交易成本不断累积，使得终端消费者承受过重的经济负担，而分享经济中，消费者直接面对产品生产者，尤其是媒介技术中的移动互联网、物联网、大数据、云计算等发挥了重要的

---

① 周爱明：《"运满满"：打造货运版"滴滴打车"》，2016 年 10 月 24 日，见 http：//njrb. njdaily.cn/njrb/html/2016-10/24/content_438016.htm？div=-1。

连接匹配功能，取代了原有的中间环节，节省了资金成本和时间成本，避免了不必要的冗余。

2. 重新调配社会的可用资源。分享经济对经济增长的推动不是通过不断地投入新的生产要素，而是通过使用媒介技术整合原有的经济要素，并重新投入到经济活动中。不论是物质性产品，还是非物质性产品，只要还能产生合作剩余，都能被利用起来。二手商品交易市场上，产品售卖者不再需要使用的物品可以在媒介平台上通过技术筛选被需要的人购买过去，买卖双方都获得了满意的经济效益；知识服务技能的交易活动中，富有知识、才能、技术的人能够将这些无形资产作为产品，使用媒介技术跨时间、跨地点地售卖出去，获取报酬的同时还能提高自己的专业知名度，满足声誉传播的高级需求。

3. 符合消费文化的变革。分享经济的目的不在于生产大量的同质商品，而是在于更大程度地改进商品的消费体验。消费体验的升级是消费文化层面的变革，在现时的社会交易环境中，消费者越来越倾向于体验消费的过程而非购买活动本身，商品的附加价值比如商品设计的创意、服务者的交流氛围已经超越商品本身的成本定价，成为消费者心甘情愿为之买单的存在。相较于标准流水线的快餐，分享美食模式带来的社交机会和跨界活动可能更吸引消费者的参与。而这种新型的消费模式离不开媒介技术的传播连接，全网发布、实时在线、图文描述、视频语音等功能使得供需双方的互动交流更加立体舒适、快速便捷。

三、非人格化交易契合开放市场

基于分享经济形成的新型消费模式，在开放分享的整合平台上，物联网、移动互联网的普及使得交易活动的双方因为相同或相似的交易意愿产生共同的市场契合点，以往完全没有时空交集的陌生人可以在市场契合点建立起新的社会关系。这就是所谓的非人格化交易，即陌生人之间进行的交易活动，这一活动的顺利进行需要合适的经济基础和政治制度作为支撑，为合格的参与者提供激励机制，为交易的破坏者制定严苛的惩罚规则，以科学合理的监管制度促使交易活动的正常开展。

与之相对应的就是人格化交易，即在熟人圈里进行范围有限的交易活动，传统的经济发展都依靠于人格化交易，供需双方交易的基础为互惠、重复交易和非正式规范，需要进行面对面的重复交易。分享经济的发展促使人格化交易转变为非人格化交易，实现这一转变的关键在于传统经济中的分享行为，如纯粹的无偿分享、信息分享，转变为具有一定交易目的的供需双方，在可利用的交易平台和科学的监管机制中将物品的使用权租售出去的经济活动。

传统经济一直依赖着人格化交易，这种模式短期内有利于初创企业的迅速发展，但长期来看，人格化交易会带来两种效应。①企业家的"路径依赖"会逐渐累积成"代际锁定"，从而阻碍企业的创新发展，使组织结构的演变极其缓慢，无法跟上时代的变化；②地方政府的"公共权力"和企业经济构成了一张区域性的"不可触摸的网"，阻碍了外向型经济的发展，使得企业无法吸引外部投资者的进入，失去了对外开放的机会。这些效应在经济瞬息万变的今天，会对市场上的参与企业带来极大的损失。

而非人格化交易作为分享经济的主要交易模式，规避了人格化交易所带来的不良后果，其对交易双方社会关系的重塑会使得资源的配置更加快速合理。首先，非人格化交易由于接触的交易对象各种各样，不可能使用规范统一的方法进行协作，只能根据交易对象的特点灵活制定合适恰当的接洽方案，同时要求企业时刻跟踪经济的最新发展，及时培育创新业务，提高企业的行业影响力；此外，非人格化交易是一种开放自由的交易方式，企业内部与外部的界限会被模糊化，交易的顺利进行只要求供需双方能在相同的分享平台上达成共识，所有的企业突破时空限制都能在市场契合点聚集，更大的选择空间会使得交易的门槛急剧降低，同时供需双方的资源也能更加快速地匹配起来。

四、按需分配灵活调节供需平衡

在传统的马克思主义理论中，资本主义社会的分配原则是"按资分配"，社会主义社会的分配原则是"按劳分配"，共产主义社会的分配原则是"按需分配"。可以说，"按需分配"是在社会生产力达到一定水平后才能实现的分配原则。

从哲学的角度来看，"按需分配"在马克思主义哲学人性范畴"分工与分配的否定之否定"中起着不可替代的核心作用。具体来说，劳动的分工体现了人的社会个性，劳动分配体现的是人的社会共性。一方面，在社会生产活动中，人人参加社会劳动的分工不同，工人做工，农民种地，这体现了工人和农民的社会个性不同。另一方面，工人生产机器，农民生产粮食，而工人的分配所得不是机器，农民的分配所得不是粮食，工人和农民的分配所得都是社会财富的流通载体"货币"，这就体现了工人和农民的社会共性。由此"按需分配"就是对分配的一种哲学否定，对于这种哲学否定再进行一次哲学否定，就是对人的社会共性的实现。

从经济含义上来说，按需分配是指按照生产力发展水平跟人民需要对生产资料、产品、服务与收益进行的有序分配。在传统经济中，由于技术与社会发展水平的限制，按需分配一直没有完全的实现，而在分享经济中，互联网技术和智能手机等基础设备的普及使得社会的生产力达到新的增长点，人们对资产产权观念也发生了质的转变，所有权的私人占有发展成为使用权的公共使用，这为按需分配的到来提供了可行条件。

"互联网女王"玛丽·米克尔（Mary Meeker, 2016）发布的2016年《互联网趋势》报告中指出中国互联网出现了一种新兴功能——按需服务，这一功能还作为新的生活方式受到年轻人的欢迎[①]。按需分配受

---

① 张霖：《"互联网女皇"米克尔称，很多方面中国已成为全球互联网领袖》，2016年6月2日，见 http://www.tmtpost.com/1756389.html。

到热捧的主要原因有两点：①现代社会逐渐分化出了两类人，一类是有钱没时间的人，另一类是有时间没钱的人，按需分配能成为这两类人群相互交易的有效途径，双方的需求都得到了满足，社会的整体福利得到提高；②利用移动互联网技术，特定的基础设施和全职的工作要求不再成为现今工作的必备条件，按需分配能够将一部分人的需求和另一部分人的空闲连接起来，突破时空的约束提高了闲置劳动力与服务的配置效率。

Uber 作为典型的分享经济企业，其能居于行业领先地位的优势就是提升效率，这一优势就是基于"按需分配"的原则，其背后是一个能不断学习的算法体系。Uber 的程序会依据司机与客户的距离等因素进行智能派单，并且当后台的数据积累到一定程度后，司机会得到更合理的行程方案，从而在一定时间内搭载更多的乘客。更进一步地，Uber 通过"浮动定价"调节供需平衡，需求弹性的变化带来单位成本的降低，单位收益的增加促使更多的需求得到满足，进而最大限度地提高汽车的使用率。

第三节 让"闲置"资源不再闲置

"闲置"资源的含义不仅仅是指闲置无用的物品，而是涵括了一切没有被充分利用的物件、空间、时间和技能等。资源被充分利用的核心在于其使用权是否发挥出其应有的价值。对于传统经济市场的参与主体而言，资源的私人占有使得使用权的价值无法充分发挥，尤其是一些昂贵的资产，比如房屋、汽车、机器设备等，此外，还包括一些隐性的资源，比如知识、技能、时间等。而分享经济下，资源的使用权得以公开分享，有形和无形的资产都能进入市场循环流通，过剩的产能可以实现对外开放以及再利用。分享经济下，协同消费的商业模式、一切产能均可分享的开放机制，以及为个人赋值的社交网络，可以让"闲置"的资源不再闲置，具体原因可以从以下三方面进行分析：

一、分享经济释放过剩产能

工业经济的高投资重生产带来了物质的丰裕，同时也造成了大量的产能过剩。产能过剩的外在表现是商品市场的滞销现象，从理论上来看产能过剩是相对于需求不足的生产过剩，外在体现为供需的失衡，是在所有制结构决定并强化下的分配不公所导致的结果。而分享经济摒弃了以往对所有制的过分强调，通过使财产所有权的私人占有转变为使用权的公开分享，以自由开放、多元协同的平台机制化解了产能过剩的时代危机，并从开放的产能中挖掘出更多的价值，创造出了新的经济增长点。

过剩的产能可以是有形的、虚拟的、暂时的，也可能与流程、网络或经验相关。分享理念的传播和实践为产能的对外开放打开了新的格局，技术的成熟和网络的普及成为开放活动顺利开展的有利基础，具体从以下二点来对产能的开放进行阐述：

1. 生产能力开放。开放生产资源的产能，利用闲置生产设备的能力，并推动未来工业企业实现绿色转型是分享经济开放产能的典型表现。本质上，依据分享经济的主要特征是将产品的使用权公用化，可以将当前制造、生产、研发环节的云制造、众包、众创等新模式视为生产领域的分享模式。例如，航天二院研发的云制造模式，可以将集团公司600多家单位的生产能力和资源通过专门构建的云平台在内部开放分享，在原有生产能力基础上实现了价值再创[①]。同样，海尔集团搭建的众包平台——HOPE（海尔开放创新生态系统），将全球100多万名各领域的顶尖专家和一流的研发资源汇集起来，通过开放接入整合了全球原

---

① 杨帅：《共享经济类型、要素与影响：文献研究的视角》，《产业经济评论》2016年第2期。

本分散孤立的优质研发资源，对这些资源的有效利用为企业的研发进程提供了极大的帮助①。由此可知，生产能力的开放能够为制造企业创造巨大的价值。

2. 数据信息开放。开放数据信息的产能，激发接口端用户自主参与的热情，实现创新创造也是分享经济开放产能的一种表现。例如华盛顿最年轻的首席信息官孔德劳联合一个只有 3 名员工的初创公司 CEO 科比特举办了一个"民主应用程序大赛"，活动向公众开放了城市的实时数据库，包括公立学校学生的测试成绩、停车计时器的信息和实时犯罪报告等等，只用了 5 万美元，就在一个月内征集了 47 款应用程序，倘若通过正规的方式由政府安排招募研究员来开发的话，可能需要20万美元②。这一活动的成功举办带来了意想不到的收获，其根源在城市数据库的开放，并邀请公众的参与，为公众智慧产能的开放提供了接口，使得社会主体过剩的产能相互匹配，激活创新源泉。同样，维基百科依托可供协作的共享编辑平台，实现了对社会过剩知识产能的开发，收录超过 3700 万个条目，汇聚了超过 5900 万登记用户，总计超过21 亿编辑次数③。据此，数据信息的开放为公众的创新创造提供了新的天地。

二、社交网络发挥知识技能价值

20 世纪 60 年代，哈佛大学心理学家斯坦利·米尔格拉（Stanley Milgram，1967）提出"六度分隔理论"，表明平均只要透过六个人联系，就可以找到目标对象④。基于这一理论，全球所有人可以透过不同

---

① 杨帅：《共享经济带来的变革产业影响研究》，《当代经济管理》2016 年第 6 期。

② ［美］罗宾·蔡斯：《共享经济——重构未来商业新模式》，王芮译，浙江人民出版社 2015 年版，第 43 页。

③ 林秀敏：《维基百科资料》，2010 年 12 月 12 日，见 http：//intl.ce.cn/zhuanti/data/WJBK/ zl/201012/12/t20101212_1472611.shtml。

④ Stanley Milgram, "The Small-world Problem", *Psychology Today 2*, 1967, pp.60-67.

形式的连带关系，如口语沟通、邮件寄送、网络连线等，编制出一张人际关系网，任何两个人之间不会超过六层关系即可彼此连接。人际关系隐而不显，自人类起源以来就已如同一张网络存在于真实世界，而互联网是建立在超级链接的基础上，链接各个场域和网页，相当程度上也是在复制真实世界的人际关系网，并更进一步地扩展了关系的范围。存在于真实世界和线上世界的人际关系网是彼此重叠的，可以统称为社交网络。

社交网络是分享模式的核心要素，能够建立起分散社会个体的互动联结，将真实世界中人与人之间的弱连带关系整合汇集，作为线上世界的网络关系构造基础，延伸出更为广泛紧密的社交关系。在社交网络中，人们因相同或相近的某种性质相遇，在彼此的分享中加深认识，并进入同一关注点的网络社群，在群体的互动交流中充分展现个人才能，创造出新的价值。

随着时代的进度，分享经济模式的社交网络在范围、频率、易用性、及时性和耐久性等方面已经有了质的提高，内容创造不再是社交网络的主要功能，个人身份识别以及建立个人声誉成为社交网络新的存在价值，这一价值能够促进广大用户更好地发现市场动向并抓住职业机会，使自身"闲置"的才能和资源得以发挥作用。社交网络类似于蜂巢，如图 12–1 所示，有七种不同的功能模块，包括身份识别、呈现、

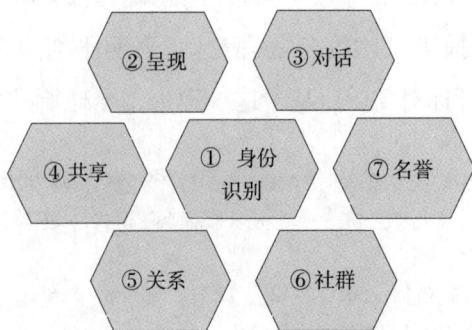

图 12–1 社交网络功能模块

对话、共享、关系、社群和名誉，各功能模块有机组合，在社交网络的活动中依据不同的层级发挥出应有的作用。

具体而言，①身份识别模块为用户提供数字隐私保护工具以及控制手段，既是用户展示自己身份的平台，又是用户进入网络的认证门槛；②呈现模块能够创造和管理内容的真实性、亲密性和即时性，使用户知道彼此的存在；③对话模块记录对话的频度以及参与和发起话题的风险，使得用户之间能够进行系统的交流以及内容存档。这三个模块构成了社交网络最基本的沟通功能。④共享模块通过内容管理系统和社会图像系统，使得用户之间能交换各种格式的文件并发布和浏览彼此的信息资源；⑤关系模块反映了管理关系的网络结构和变化倾向，使用户能够熟知与其他人的关系；⑥社群模块制定关系规则和协议，以群体特有的风格聚集起同类人群，构造出一个交流讨论的线上虚拟环境。这三个模块将社交网络的范围和功能扩大化，实现个体交流到群体互动的转变。⑦名誉模块可以监督用户的社会影响以及内容的发布反馈，反映个人在社交网络中的某种地位以及知道其他人的专业深度。这一模块体现了社交网络的个人价值实现功能，满足了人们的高级需求，使其在社交网络上彰显自己脱离分享平台无法充分发挥的才能和资源，并获取到新的经济收益和精神收益。

三、协同消费盘活"闲置"资源

雷切尔·布茨曼（Rachel Botsman，2010）和茹·罗杰斯（Roo Rogers，2010）指出协同消费是一种基于物尽其用理念的绿色消费模式，而分享经济以协同消费为特征，也是一种力图实现物尽其用、推动社会绿色发展的模式创新①。协同消费是一种以网络社交为基础，市场

①　Rachel Botsman，Roo Rogers，*What's Mine Is Yours：The Rise of Collaborative Consumption*，New York：HarperCollins，2010.

参与主体可以在自由开放的平台上，通过合作的方式与其他人以分享、交换、租赁等方式享有物品或服务的新型商业模式。协同消费是分享经济的典型特征，本质是协作和分享，包括三种形态：①产品—服务系统，即人们将自己的私人资产如房子、汽车等在闲置时出租给其他人使用来获得额外的收入；②市场再流通，即二手物品交易，比如一些允许交换闲置物品的网站；③协同式生活，即众多有相似需求和兴趣的人聚集在一起，分享交换一些无形的资源，比如知识、时间、技能等。

从定义和形态来看，协同消费具有物尽其用、减少浪费的功能，这些功能的最终目的都是充分利用起"闲置"的资源，具体的实现方式有以下两点：

1. 较低的边际成本。根据微观经济学的原理，市场主体选择参与某项经济活动的动机在于其通过活动所获得的边际收入高于为此支付的边际成本，即有大于零的边际利润。当边际收入与边际成本之间的差距不断拉大时，边际利润就会不断增多，由此就会吸引更多的市场主体引导参与更多的经济活动。而这一差距的形成主要是由于"闲置"资产的存在，如果经济市场中的参与者以一些能够满足其他参与者需求的"闲置"资产作为交易标的，那么他们就能在不增加新投入的情况下，以较低的边际成本获取较高的边际收入。

在协同消费的交易活动中，增加一个经济活动的边际成本非常低，因为其所利用的是"闲置"资源。以汽车分享来看，人们获取汽车所有权的边际成本较高，但人们获取汽车使用权的边际成本较低，在都可以满足出行需求的条件下，分享汽车的使用权比占有所有权会得到更多的边际利润，供给方可以得到额外的边际收入，需求方只需付出较少的边际成本，同时汽车的效用也得到了更好的发挥。即协同消费使得汽车的闲置使用权得到了充分利用，带来了供需双方共同受益的双赢效用。

2. 产消者的出现。传统商品交易中，生产者、市场中介、消费者的界限分明，各要素起着相对固定的功能作用，而在协同消费的商业模式中，消费者与生产者之间的联系和互动在多种平台的转换和技术的连接中变得频繁。消费者能够转变为生产者，生产者也能转变为消费者，两者都在高度的协作中快速推进交易的进行，而这种灵活的角色转换就形成了"产消者"的雏形。

协同消费系统中，消费环节成为资本创造的一个新起点，通过与最早的生产环节相连接，协同再生产、再加工、再利用环节实现了再投资的循环。而这一循环模式中，生产者与消费者的协同，即产消者的出现，为经济市场的加速运行创造了新的活力。二次利用或可分享、可交流的有形和无形资产都成为生产创造的原材料，极大地扩充了市场的交易流通范畴，比如知识技能分享领域中，知乎的所有用户在 APP 上学习知识的同时，也可以将自己所拥有的知识分享到平台上供他人学习，发挥出了自身才能中的潜在价值。

第四节　实现"经济"的绿色增长

在传统生活价值体系中，资产拥有的多寡比赛是被社会文化认可的一种生活方式，社会公众对资产所有权的过度重视，一味地强调资源的私人占有会导致不经济的社会状态，即资源消耗型和环境破坏型的生产消费观念。而在分享经济时代，传统社会认可的生活价值观将被舍弃，"只求使用不求占有"的新兴消费观念逐渐被公众接受，社会分享的多寡比赛将替代资源占有的多寡比赛，未来的社会生活形态将向资源节约型和环境友好型发展。消费理念的升级、收入渠道的多元以及社会增量的积累将推动产业经济的增长走向绿色可持续化发展道路，具体的原因可以从以下三方面进行分析：

一、从私有到公用推动绿色消费

分享经济模式下，资源的私人占有不再是消费者的主流趋势，其更看重资源使用过程中所获得的效用，即从对资源完整产权的购买到对其部分使用权的租用，通过使用权的分割，资源可以被公众共同享用，所蕴含的价值被充分发掘。由此可见，分享经济的基本理念是强调对资源的"公用"而非"私有"，体现在消费行为上，就是通过"租用"而非"购买"，以消费模式进行总结，就是通过"个人—公用平台—个人"而非"卖方—买方"。

具体而言，传统的消费观念是阻碍人类社会进步发展的重要原因，物质主义、占有个人主义、自我认同信念会激发市场参与者强烈的财产拥有权，在这样的观念下，拉动消费的路径只局限于毫无节制的生产，城市建筑不断施工拆建、大量厂房规模化扩张，由此带来资源的巨大浪费和污染排放，同时所引发的需求效益并不显著，社会财富没有得到增加。而分享经济鼓励大规模存量资源的深度挖掘和再利用，这一经济发展路径以低投入、高效益的优势迅速赢得了消费者的青睐，人们的消费观念升级，不再希望拥有规模化和一次性的硬资产，不再拘泥于资源拥有数量的多寡竞争，而是通过租车、租房等方式消费资产的使用权，同一个硬性的固定资产满足更多人的消费需求，产品的价值在更多人的公用中得到充分发挥，社会不再因过度生产而滞销大量的产能。

此外，私人具有的非物质化特性开始成为公开流通交易的商品，人们的消费目标从以物质化商品为主转向以非物质化商品为主，越来越多地关注消费过程中所得到的社交层次和精神层次的收获，并且对知识技能的需求和交易也越来越普遍。在租房的过程中，除了考虑房间的价格水平、地点位置以及舒适度，个性化、地方特色性、同租人的价值观念以及房东的人格魅力也成为消费者关注的重点；在租车的过程中，司机的服务态度、响应速度以及对驾车技能的熟练度也成为其招揽客户的有利优势。在内容创新的现时社会，提高专业能力和增加人脉资源成为人们生活工作的主流趋势，在足够多的传播媒介平台中，人们获取知识技能的渠道愈发多元化，同时人们挖掘信息的意愿愈发强烈，以迎合求知公众需求的多元化知识技能产品引发了一场新的消费革命，消费观念的升级让知识技能消费者的个性需求有了广泛的社会回应，与此同时私人拥有的才能知识可以向公众分享，扩大了知识拥有者的专业影响力。这种新的消费模式带来了供需双方的共赢，塑造了交易市场的多元格局，提高了资源的利用率，推动经济绿色可持续化发展。

二、共享人力资源提升创新效率

以传统经济的收入分配结构来看，市场参与主体的收入来源主要是以工资、福利和各种转移性收入方式为主，一般都是固定的上班族，通过其他收入来源如财产使用权的出租收入所占比重很少。这种收入分配结构较为单一，灵活性和抗风险性较差，当遇到突如其来的经济危机，大量企业的裁员缩招行为会对社会的稳定带来极大的破坏力，进而影响整个经济市场的复苏进度。

而在分享经济中，这一局面将被极大的改善，个人不仅仅可以在固定的企业或组织中获得稳定的收入，还能够以自然人的身份直接进入市场。分享经济的自由、开放、多边平台创造了庞大的灵活就业机会，大数据、移动互联网的技术普及使得信息的传播更为快速更为广泛，人们可以根据自己的兴趣、才能、时间安排、发展需求等意愿，筛选出合适的机会，以自雇型劳动者的身份随时随地参与相应的分享活动。滴滴出行公布的智能出行报告显示，2016 年滴滴平台为全社会创造了 1750.9 万个灵活就业和收入机会，有 14% 的参与者来自去产能行业，还有 5% 的参与者由退伍 / 转业军人组成，同时每天直接为 207.2 万网约车司机提供超过 160 元的日均收入，有 93% 的网约车司机表示智能出行工作使其能灵活安排自己的工作和生活，并因此对自己的工作满怀成就感和自信心①。由此来看，分享经济为公众创造了更多的就业机会，并且在就业灵活性和收入满意度上都优于传统的经济模式。

此外，在分享经济的其他领域也涌现了大量的新型收入来源渠道，知识技能分享的快速发展，使得知识付费的观念逐渐被公众接受，凡是有一技之长的行家能手都通过运用自身的才能获得不菲的收入，在线问答、网络直播、线上培训等多种多样的分享模式也同样代表了多种多样的收入来源渠道。在生活服务方面的众包物流、外卖配送、代购中介等职位的出现也成为越来越多个体成员利用碎片化时间赚取额外收入的机会。

纵观全球，欧美国家也出现了大量的自雇型劳动者，接近三分之一的劳动者从事着自由职业，从软件工程师、艺术从业者到销售人员，遍布了各个行业。在经济困难的时期，自由灵活的就业机会能够更有效地抵御解雇危机，人们有充足的赚钱机会来为维持家庭的正常开销；在经济繁荣的时期，充足多元的兼职机会能够为个人才能的发挥提供一个广袤的平台，追求自我实现的高级需求能够得到实现。原本收入中等的人们可以通过分享自有财产的使用权或者自己的知识技能，来进一步提升收入水平，增加专业知名度；而拥有少量或者不拥有可供分享资源的人们可以通过分享消费来减少支出，进而达到一个帕累托改进的共生共赢格局，为社会收入分配结构的优化起到卓有成效的作用。

三、增量替代加速绿色转型发展

从产业发展的角度来看，分享经济具有替代效应和增量效应，犹如一把"双刃剑"，替代效应会在短期内以颠覆性的创新使得传统产业的生产运营受到极大的冲击，但分享经济的增量效应会在中长期内加速

---

① 国家信息中心：《中国分享经济发展报告 2017》，2017 年 3 月 6 日，见 http：//www.199it. com/archives/569406.html。

推动产业的绿色发展，进一步推动整个社会的经济绿色转型和可持续发展。

分享经济的替代效应具体来说就是通过平台的集聚效应，以更少的产品或服务满足更多人的需求，从而直接减少传统产业中原先的产品和服务需求量，经济利益的损失对于传统产业而言是巨大的刺激信号，消费市场的减少倒逼传统行业不得不进行转型升级。与此同时，分享经济中资源得到高效利用，废品率和污染排放量将大幅降低，而从消费者的视角来看仅需购买商品的使用权会节约较大的交易成本，由此产生的增量效应将催生更多的新增需求和衍生需求，在一定程度上能够确保整体市场经济不会随着产业转型而加速下行。

以汽车分享为例，2016智能出行大数据报告显示，拼车和顺风车业务的用户已超过6000万人，这些合乘业务使更少的车上路从而带来更少的CO2排放量。2016年全国范围内的累计CO2减排量（直接或间接）为144.3万吨，相当于近91万辆小汽车行驶一年所带来的CO2排放量，或4811万颗树一年吸收的CO2量[1]。再以租房共享为例，波士顿研究机构以德克萨斯州为样本的研究显示，一方面，Airbnb的房源每增加1%，德州酒店的季度营收就会下降0.05%，另一方面，Airbnb蚕食酒店业务的同时，也刺激了用户的需求[2]。也就是说Airbnb带走了酒店业的一些业务，尤其是没有迎合商务需求的以及级别较低的酒店，这反映了租房分享的替代效应；相应的，Airbnb的低成本、个性化使得旅客在当地逗留的时间变长，增加了旅客的出行需求和本地业务需求，这反映租房分享的增量效应。如果租房分享将成为租房消费的主流模式，那么未来房屋的租住需求将从酒店型的集中式转变为家庭型的分散式，

---

[1] CBNData：《2016智能出行大数据报告》，2017年1月23日，见http：//www.199it.com/archives/556606.html.

[2] 杜航：《估值百亿美金的Airbnb，对传统行业影响甚微?》，2014年4月6日，见http：//www.pintu360.com/a3280.html.

消费市场的分流会使得传统酒店行业快速地做出转型决策，并进一步对产业链上下游，如建筑行业、日化行业等产生巨大的影响。

分享经济的替代效应和增量效应互为影响，综合来看，所引导的是一场产业的加速转型之路。传统产业的市场势力不断被分享经济的主流趋势削弱，消费者对分享经济的关注和探索越发普遍，其在传统市场舍弃的需求，衍生成了分享经济市场的新需求。以需求带动生产的运营逻辑倒逼产业进行革新，融合分享经济的低投入、高产出、低污染、高效率等特点，产业的转型将朝着绿色化可持续发展的未来趋势稳步前行。

第十三章

发展分享经济的制度供给

近年来，分享经济在世界各地取得了如火如荼的发展，在我国的表现尤为突出。中国作为一个人口众多、资源富饶的大国，拥有分享经济成长所需要的各种必备条件，因此促使了分享经济在我国的飞跃式发展。据《中国分享经济发展报告 2017》中的有关数据显示，2016 年我国分享经济市场交易额约为 34520 亿元，未来几年中仍将保持年均 40% 左右的高速增长，到 2020 年分享经济市场交易规模占 GDP 的比重将达到 10% 以上，而到 2025 年这一比重将攀升至 20% 左右[①]。

但是，所有的新生事物都会遭遇"成长的烦恼"，分享经济作为一种新型的经济模式，在融入社会并努力成为主流商业模式的过程中难以避免面临各种挑战与问题。分析分享经济的成长现状，目前其主要在政策法规、政府监管、社会信用、分享文化以及保障机制等方面存在发展症结。本章将立足于分享经济发展过程中亟待解决的难题，提出一系列合理有效的制度供给，以期能够对分享经济的健康发展起到促进作用。

---

① 　中国国家信息中心分享经济研究中心：《中国分享经济发展报告 2017》。

第一节　制定完善的政策法规体系

目前世界各国普遍缺乏适合分享经济的政策法规体系。分享经济模式作为一种新兴商业形态，自身发展尚不完善，全新的交易模式和商业逻辑不同于以往任何一种成熟的经济模式，而且其法律结构关系和运行机制相比于当前的法律制度而言具有超前的独特性，导致现有的法律制度体系不能完全适用或涵盖，因此，分享经济目前受到责任界限划分、平台违约支付、分享资源转租和纳税征税管理等法律问题的困扰。为了解决以上难点，有关部门可参考以下路径，制定完善的政策法规体系。

一、出台鼓励分享经济发展的政策

放眼全球，大多数国家对于分享经济的发展都采取支持的态度，根据自身国情分别出台了一系列鼓励分享经济发展的政策，例如欧洲议会工业、研发和能源委员会与内部市场和消费者保护委员会在发布的针对数字市场新战略的立场文件中明确提出，支持分享经济发展，并且敦促成员国努力消除一切人为障碍法律法规障碍。英国政府在这方面的前进步伐较快，为了推动分享经济的发展释放了大量的鼓励政策，比如努力消除短期租赁方面存在的法律障碍，鼓励市民将更多的闲置房屋开放分享，甚至规定若租金每年不高于 4250 英镑，则可以享受免税待遇，同时英国政府还督促保险商为分享经济设计更多种类的保障服务。受益于宽松的政策环境，目前英国分享经济的发展程度超过西班牙、德国和法国三国的总和，在欧洲牢牢占据领先地位。在澳大利亚，"分享经济"在 2015 年被国家字典中心选定为国家年度热词，悉尼政府积极创新改革，推行政府主导、企业运营的新型模式，在市区为分享汽车设立了上百个专属停车位，提升了分享汽车的便利程度。一直将无政府认定的出租车和短期房屋分享列为非法行为的韩国政府也在2016年开始着手在法律法规方面进行调整，而此次调整的核心即是放松对分享经济的管制。

聚焦国内，近年来，政府不断出台鼓励分享经济发展的政策方针，为分享经济在我国的发展带来了显著的政策红利。以2016年为例，政府不仅将分享经济首次写入《政府工作报告》，而且密集出台了一系列鼓励发展分享经济的指导意见，为分享经济搭建了良好的成长环境。伴随着分享经济实践的不断深入与完善，这种新型商业模式逐渐得到了国家各级政府部门的认可，李克强总理更是明确指出"要发展分享经济，让更多的人有平等创业就业的机会，使广大人民更好分享改革发展成果"。

表13–1　2016年我国出台的鼓励分享经济发展的部分政策文件

时间	文件名称	相关表述
3月	《2016年政府工作报告》	支持分享经济发展，提高资源利用效率，让更多人参与进来、富裕起来。要推动新技术、新产业、新业态加快成长，以体制机制创新促进分享经济发展。
3月	《关于促进绿色消费的指导意见》	支持发展共享经济，鼓励个人闲置资源有效利用，有序发展网络预约拼车、自有车辆租赁、民宿出租、旧物交换利用等，创新监管方式，完善信用体系。
4月	《关于深入实施"互联网＋流通"行动计划的意见》	鼓励发展分享经济新模式……激发市场主体创业创新活力，鼓励包容企业利用互联网平台优化社会闲置资源配置，拓展产品和服务消费新空间新领域，扩大社会灵活就业。
5月	《关于深化制造业与互联网融合发展的指导意见》	推动中小企业制造资源与互联网平台全面对接，实现制造能力的在线发布、协同和交易，积极发展面向制造环节的分享经济，打破企业界限，共享技术、设备和服务。

时间	文件名称	相关表述
7月	《国家信息化发展战略纲要》	发展分享经济，建立网络化协同创新体系。
8月	《推进"互联网＋"便捷交通促进智能交通发展的实施方案》	发展"互联网＋"交通新业态，并逐步实现规模化、网络化、品牌化，推进大众创业、万众创新。

　　虽然从整体来看，我国出台了许多明确提出发展分享经济的重要政策文件，但从各地政府部门推出的细则来看，往往对于分享经济是强调规范的多、鼓励发展的少。以2016年我国各地陆续出台的网约车管理办法为例，多数城市都在多方面细化了国家层面的相关规定，对车辆标准、司机资质、申请程序等条件进行了严格的规定，有些城市甚至对司机户籍、车辆轴距、揽客区域等进行了过度限制。除了出行领域，其他领域出台的一些政策规定也存在上述问题，如此严苛的规范限制严重背离了分享经济的内在发展要求，同时也大大偏离了我国包容创新的政策导向。因此，今后各地政府部门在制定与分享经济相关的政策时，需要在保证制度规范的前提下，合理把握对于分享经济的管控程度，在可行的弹性空间内尽可能地鼓励和引导分享经济的发展，准确落实国家层面所出台的宏观政策。

二、明确分享经济参与者的法律定位

　　分享经济在目前的发展之路中面临诸多法律难点和制度障碍，而目前现有的法律制度不足以涵涉具有超越传统经济模式特性的分享经济，所以亟需在法律制度方面进行创新变革。任何创新变革的关键前提之一是需要厘清参与主体的地位关系，因此在针对分享经济进行具体的法律制度创新设计之前，需要明确分享经济各参与者的法律定位。

　　1.分享资源需求方的法律定位。分享经济中的参与主体主要包括分享资源供需双方及分享平台三者，基于对分享经济交易模式及运行机制的判断，三者中法律地位相对容易明确的是分享资源需求方，即在分享经济中属于消费者的角色，因此按照《消费者权益保护法》等有关制度的规定，其享有消费者应有的权利，同时承担消费者须承担的义务。

2. 分享资源供给方的法律定位。一方面，分享资源的供给方是分享经济中线下物品和服务的实际提供者，与需求方存在真实直接的交易关系，因此针对实际交易环节之中所发生的问题与纠纷，供给方需要对其过错承担直接责任。另一方面，分享经济中的资源供给方与传统经济模式中生产生活资料的提供方在角色定义方面存在差别：分享经济区别于传统经济模式的一个显著特征是强调个体化经营，这导致分享资源的供给方往往都是单一的个体。这些个体在分享经济中从事交易活动的次数与时间彼此相异，大多数个体是出于提高资源使用率的目的而无规律地对其所拥有的资源进行分享，所获得的报酬并不构成其主要的经济收入来源；而不可否认，也有一部分个体将分享资源的交易活动作为其主要的谋生手段，分享行为的次数和时间具有持续性。因此，基于上述不同情况，在明确分享资源供给方的法律定位时需要根据一定的标准进行区分，该标准可以为资源供给方在特定周期内从事分享活动的次数和时间：当次数与时间低于一定界限时，可将供给方定性为"摊贩"，参照对于传统"摊贩"的规制方法，适当宽松其准入条件和纳税标准，从而对分享经济的发展起到刺激作用；而当次数与时间超过一定界限时，则将供给方定性为"个体工商户"，相比于前者而言可适度提高准入门槛，同时在税收管理方面要考虑新旧行业的平衡，从而保证公平竞争，并达到促进分享经济有序发展的目的①。

3. 分享平台的法律定位。在分享经济模式中，分享平台所扮演的角色不仅仅是提供网络服务的中介方，分享平台以闲散生活生产资料

---

① 田明远：《共享经济模式的法律问题研究》，硕士学位论文，吉林大学法学院，2016年，第16—18页。

的集聚为核心，因此其在分享经济中更多地扮演相关服务的经营者的角色。分享平台不是一般意义上的中间方，在一定程度上讲，分享平台在三方参与主体之中扮演者主导支配的地位，实际的各项交易条款都需要由分享平台主导，甚至作为交易凭证的发票也需要分享平台开具。但是，由于分享平台只是交易规则的制定者，并不参与到实际的线下交易过程当中，因此它更类似于一个分享经济中的盈利性准公共服务平台。

三、修缮与分享经济相关的法律制度

分享经济因变革创新而具有的超前性使得当下现有的法律制度往往涵盖不足，与互联网新业态相关的方面存在诸多法律空白。对此，立法机构应认真梳理和完善与之相关的法律制度，鼓励行业创新，保障市场活力，对于分享经济发展过程中不断涌现的新思路和新问题要学会及时预判和分析，并有针对性地对于相关政策做出调整，提升法律制度的适用性。具体而言，立法机构可在下述几个方面进行制度设计。

1.市场准入制度。在传统商业模式中，进入市场的资源、服务的供给方，无论是公司还是个体工商户，都须接受来自工商、质监等国家行政部门的资格审查，而涉及某些特殊行业、领域的，还需要经过国家的审批等更为严格的实质审查，目的是确保市场正常秩序、保障消费者合法权益。而分享经济模式在一定程度上打破了这种市场准入制度。分享平台作为撮合交易双方的经营者，自然会接受相关部门的审查和监管；但受分享平台主导的分享资源供给方却不受国家的统一监管，其准入条件只由分享平台进行规定，而由于分享经济模式强调规模化，因此分享平台出于保证其组织规模和发展动力、谋求规模效益的目的，往往会降低资源供给方的进入门槛，从消费者权益保护的角度考量，这种模式一定程度上背离了现有的法律制度框架。因此，有必要针对分享经济模式中的资源供给方设置具有法律效用的市场准入制度，并可以根据上

文提及的分享资源供给方的区分标准进行差异化调整，以保障消费者的合法权益，促进市场经济的良性发展。

2. 税收制度。在分享经济模式中，分享资源的供给者通过提供各种类型的服务获取收益和报酬，但并未缴纳相应的税费，而当资源供给者以提供分享服务作为主要日常工作且在收入来源中占据重要比重时，就不免存在借助分享平台逃税避税的嫌疑。税务机关可在对资源供给者进行性质区分的基础上，将以从事分享服务为主业的个体纳入税收管理体系，按规定对其征税。此外，作为税收的重要凭证，发票在分享经济中面临开具难的问题，开具过程对于消费者来说也较为繁琐。针对这种现状，税务机关可以考虑适当采取电子发票的管理办法。电子发票是信息时代中伴随着互联网技术的飞速发展应运而生的一种产物，相比于传统的纸质发票而言，电子发票的财务自动化流程大幅降低了企业的经营成本，提升了企业的经营效率，同时也有利于开展税收监管工作，适应税收现代化的发展趋势。

3. 安全审查制度。分享经济具有诸多优势，在世界各国都收到了巨大反响，因此孕育了不少大型跨国企业。由于这些企业在从事跨国经营业务的过程中涉及政治、经济、社会、信息等多种安全因素，如Uber就因为涉及对当地的安全构成威胁而遭到全球一些国家的封杀，因此需要针对分享经济企业建立一套完整的安全审查机制。对于来自于国外，或者在运营过程中涉及大量个人信息的分享企业，只有通过安全审查机制的考核才能给予运营资格，并且需要对其运营过程中的重大安全事项实行动态监管，保障分享经济的合法秩序。

第二节　规范市场建设和强化监管

经济模式在创新活动过程中自身所具有的复杂性以及引发的一系

列不确定性是导致其面临监管困境的内在原因，分享经济作为近些年来最具颠覆性的一次商业模式革新，所带来的全新商业理念对于政府长期推行的传统监管方式产生了巨大挑战。以 Uber 为例，这家分享经济代表性企业的成长之路并非一帆风顺，除了在美国本土部分地区遭遇政府封杀外，Uber 还收到了法国、西班牙、印度、泰国等国家颁布的禁令，甚至还由于一些原因被当地司法机关提起诉讼①。分享经济跨地区、跨行业以及网络化的特征对现行的政府监管方式提出了新的挑战，如果在这个时期政府监管部门不能够去尊重这样一种新的经济形态，不能为这种新业态留出发展空间，而是用过去的管理模式和方式"旧瓶装新酒"，就很有可能扼杀确实具有创造能力的企业。

一、从"全有全无"规制转向回应型规制

在传统市场经济常态化发展的大背景下，政府监管部门通过长期的探索和实践形成了一套与传统市场经济特点相适应的规制体系。当传统的经济体制遭遇市场创新的冲击时，由于现有的规制手段无法恰当有效地应用于对创新活动的监管之上，因此监管机构往往倾向于采用"全有全无"（all-or-nothing）的规制策略，这种策略的指导思想将创新活动带来的新兴行业视为传统行业的变形，将对新兴行业的监管纳入既有的规制框架内，或是将这种创新活动定性为非规制行业，不施行过多的监管手段，放任其"野蛮生长"。

然而，一切市场创新行为，无论是经济学家熊彼得提出的创造性破坏理论，还是在实践中更为常见的渐进式革新，都是对原有技术方法、商业模式的显著背离，过程和内容复杂，具有高度的不确定性和多变性，导致可能同时蕴藏着社会效益和较大的风险。在这种情况下，如果仍然固守"全有全无"的规制策略，将会造成失之过宽或失之过严的

---

① 张衡：《分享经济时代政府监管的困境与变革》，《信息安全与通信保密》2016 年第 1 期。

局面，并非应对市场创新活动的良方①。有鉴于此，监管机构应充分考虑市场创新活动的特点，从"全有全无"的规制策略向回应型规制策略转变，注重民主与效率的核心理念，对现有规制体系的出发点和目标进行全面重新审视，并做出相应的制度安排，不断学习并引入灵活有效的规制方法，在鼓励创新与规制监管之间寻求动态平衡。

回应型规制策略不仅是一种理论概念，同时也体现在我国的《行政许可法》当中。如该法的第11条②强调民主和效率的理念要始终贯穿于行政许可的设定之中；第13条③强调针对可设立许可的事项，监管机构应保持谨慎的态度，如果法人、组织能够自主决定的或者市场机制能够有效调节的，可以不设立行政许可；除此之外，第20条④还规定行政许可在设定之后需要定期对其效果进行评价，若通过非行政许可手段就能达到解决同类问题的目的，则可以考虑终止原有的行政许可。下面以互联网专车领域为例，具体阐释如何实施回应型规制策略。

首先，监管机构应当辨别互联网专车平台和传统出租车行业在本质上的异同。对此，监管机构不能想当然地认为只要新兴业态在若干方

---

① 彭岳：《分享经济的法律规制问题——以互联网专车为例》，《行政法学研究》2016年第1期。

② 《中华人民共和国行政许可法》第11条"设定行政许可，应当遵循经济和社会发展规律，有利于发挥公民、法人或者其他组织的积极性、主动性，维护公共利益和社会秩序，促进经济、社会和生态环境协调发展。"

③ 中华人民共和国行政许可法》第13条"本法第十二条所列事项，通过下列方式能够予以规范的，可以不设行政许可：（一）公民、法人或者其他组织能够自主决定的；（二）市场竞争机制能够有效调节的；（三）行业组织或者中介机构能够自律管理的；（四）行政机关采用事后监督等其他行政管理方式能够解决的。

④ 《中华人民共和国行政许可法》第20条"行政许可的设定机关应当定期对其设定的行政许可进行评价；对已设定的行政许可，认为通过本法第十三条所列方式能够解决的，应当对设定该行政许可的规定及时予以修改或者废止。行政许可的实施机关可以对已设定的行政许可的实施情况及存在的必要性适时进行评价，并将意见报告该行政许可的设定机关。公民、法人或者其他组织可以向行政许可的设定机关和实施机关就行政许可的设定和实施提出意见和建议。"

面符合传统行业的特点，二者在本质上就没有差异。相反，监管机构应该深度挖掘新兴业态的创新本质，甄别相对于传统业态所具有的革新突破，只有对规制对象即互联网专车做出更加细致入微的区分，相关的规制行为才能更富有回应性。

其次，以我国部分地方监管机构的观点为例，如果认为新兴业态（即互联网专车领域）与传统业态（即出租车行业）在本质上一致，则可以根据《行政许可法》第20条的相关规定，考虑是否存在强制性相对较弱的规制方法来替代传统规制手段。反之，以我国交通部的观点为例，如果认为两种业态存在本质上的差异，则监管机构可以根据《行政许可法》第11、12以及13条的要求考虑是否有必要进行规制，以及如何进行规制。

最后，在运用回应型规制策略协调处理市场创新活动时，需要理清正确的思路，即在共同政策目的所涉及的范围内，监管机构应对各种规制手段进行综合考虑分析，确定符合新兴业态特殊情况的规制制度和规制方式，尤其是非行政许可方法；而在这个分析过程中，监管机构不能以追求确定的政策结果为目标，而是应抱着实践试错的态度，根据规制的结果相应地进行动态调整。

因此，在分享经济模式中运用回应型规制策略时，需要结合分享经济的基本特点、交易机制等内在因素，并从中找出关键的规制对象，立足于现有的规制基础之上，综合考虑各种外部因素如消费者权益的保护、利益相关者的协调、市场竞争的公平性以及经济的持续发展等，完善回应型规制策略的内容和方式。

二、重点监管分享平台

分享经济中的监管重心应着眼于分享平台之上，主要理由有以下两点：一方面，分享经济模式的成功主要归功于人人分享的结构，而该结构的优势主要在于参与主体的多样性。如果对分享资源的提供者进行严苛的限制与监管，就会大大减弱分享经济参与主体的多样性，导致创新和创造能力的流失，递推学习能力的停滞，最终将会使以规模效应为核心的分享经济失去持续发展的动力。另一方面，监管机构在对分享经济进行监管和规制时难以直接面对庞大的用户群体，虽然有实名认证等具体到个体用户的措施，但是真正逐一实施起来将会付出巨额成本。因此，在分享经济的监管模式中，重点是对分享平台进行合理监管。

在对分享经济进行监管时，需要坚持政府部门与分享平台企业及自律组织合作监管的方式。这里提到的自律组织指的是在政府部门引导下的分享平台企业之间组织形成的行业协会。在该监管方式下，监管三主体之间存在着一个权力分享机制，三者承担不同的责任，对于分享平台企业而言，内部要实行自律监管，外部要服从于政府部门及行业协会的共同监管。具体而言，一方面，政府部门制定预期的目标和结果后，行业协会经过研究出台相应的行业标准和执行方案，各分享平台企业具体落实。另一方面，通过分享平台企业及行业协会在实践中的反馈和建议，政府部门也能够更加科学地对于监管措施进行修改和完善。

合作监管方式摒弃了传统的政府大包大揽的监管模式，赋予政府部门有限的权力，不仅大大节约了政府部门的监管成本，大幅提升了监管效率，同时能够保证政府可以集中精力对一些相对棘手的问题做出及时恰当的处理，促进分享经济的可持续健康发展。

此外，需要注意的是，在运用合作监管的措施时，尤其要注重发挥地方政府的作用。在分享经济尚未被总结出共性并统一于法律体系中之前，国家层面无法通过立法对分享经济进行监管和保护，因此地方政府的态度就显得尤为重要。为了保证分享经济的可持续发展，地方政府部门应坚持让市场在资源配置中起决定性作用，对分享经济模式中涌现出的正常创新和经营活动给予支持。同时，对于分享经济模式发展过程中出现的问题和负面影响，地方政府也需要赋予高度的关注，处理这些问题时不能简单地扼制，而应尊重分享经济的运行规律，发挥分享经济的独有优势，适当进行约谈、建立综合准入与合规制度，促进分享企业的合规合法运营。

三、监管方式创新过程中的原则

法律的完善速度远远不及分享经济的发展速度，这使得在分享经济的监管过程中出现了一些模糊地带。针对这种情况，各国政府也都在积极探索合适的监管方式。在对监管方式进行创新的过程中，下述几条原则值得有关部门加以考虑。

1. 差异化监管。事物间的差异是普遍存在的，因此要始终坚持具体问题具体分析的基本原则，根据被监管对象的特点探寻与之相适应的监管方式，不能强迫将旧的监管框架套在新的经济模式之上。分享经济在商业模式、运行机制、资源配置等多方面与传统经济模式存在显著差异，传统的监管方式难以和分享经济完全相适应，需要根据分享经济模式的独特性，探索契合分享经济发展的差异化监管方式。

2. 适度性监管。监管机构在监管力度的把握方面要保持适度的谦逊，对于市场中出现的创新行为可以更多的交给市场通过市场规律自行处理。分享经济弱化了商业组织的地位，市场中的主要参与者将向分散经营的个人经营者转变，这在技术层面上给监管方增添了不少困难，监管部门的现有力量难以实现对众多个人经营者进行全方位的监管，因此市场以及各企业与平台需要相应地承担更多的责任。

3. 不要陷入泛安全化误区。泛安全化现象严重存在于分享经济的监管过程之中。其实各个行业都不可避免地存在安全问题，例如交通行业涉及道路交通安全，餐饮行业涉及食品安全。针对分享经济中各种形式的商业创新，总有人会拿安全问题当作借口竭力否定，但是自己却没有站得住脚的理由。不可否认，分享经济同其他传统经济模式一样，不可能实现绝对意义上的安全，但在针对分享经济的安全问题进行讨论时，为了避免陷入泛安全化的误区，需明确以下两方面内容：一方面，相比于传统行业而言，分享经济的商业创新是否会带来更多安全隐患；另一方面，由分享经济产生的安全隐患是否能够在相关配套机制的作用下得以解决。例如，"回家吃饭"为了切实保障餐饮行业中最受关注的食品安全问题，其平台通过采用"信用机制＋惩罚机制＋保险"的综合手段打消顾客的疑虑。在网约车领域中，通过审查司机、车辆等综合措施来解决潜在的安全隐患。

第三节　构建完善的社会信用体系

分享经济发展至今，社会信用体系已成为影响其进一步发展的关键。可以说，整体社会信用的缺失在一定程度上阻碍和限制了分享经济的发展空间。究其本质，分享经济是在信息不对称条件下的陌生人之间的交易，因此诚信水平是分享经济中的交易过程能否成功、高效进行的关键因素，总体来说，诚信水平和交易效率成正相关关系。作为撮合交易双方的中间者，分享平台能够在一定程度上降低交易双方的搜寻成本，但是由于信息不对称所导致的逆向选择和道德风险问题却难以直接通过分享平台降低，因此交易成本依然很高。

随着分享经济模式涉及的行业领域越来越广，自行车出行领域也受到了分享经济企业的青睐，然而实际的结果却令这些企业始料未及。在北京，针对市民上下班普遍存在的"最后一公里"的难题，一款名为"摩拜"的分享单车软件迅速发展。然而，让该公司始料未及的是，投放的上万辆全新的单车在使用和停放的过程中遭遇了不少窘境。少数人不遵守道德规范，在单车的使用过程中没有恪守规则，导致违规停放、添加私锁甚至恶意损坏的情况时有发生。摩拜单车的案例并非个案。Uber 对平台上的专车司机进行审核时，只对车龄、驾照、行驶证、保险等进行审核，而对于司机的既往违规违法记录、信用记录、交通违章记录等其他背景均无调查，如此一来无法对司机的诚信情况进行评判，有不良驾驶习惯、不良信用，甚至有违法记录的司机都可能以正当理由和消费者接触，使得消费过程中在安全方面存在诸多隐患。

从本质上说，分享经济是一种信用经济，脱离了信任的支撑，分享的行为也无法获得持续维系。所以，建设健全的信用体系同时兼有必要性和重要性。

一、建设社会信用体系的指导意义

从本质上说，共享经济是一种信用经济，信任是交易的根基，没有信任便无法建立完整的交易链。共享经济对于信用具有高度依赖性，因为在共享经济模式中的交易双方都是互不相识的陌生人，如果没有信用的保障，消费者不会轻易地放心乘坐陌生人的车或者住在陌生人的家里，只有在市场中建立完善的信用体系，使得供需双方之间产生互信关系，共享行为才会发生。

健全的信用体系将为共享经济的崛起打下坚实的基础。世界共享经济鼻祖 Airbnb 的联合创始人兼首席执行官 Brian Chesk 在第二届世界互联网大会·乌镇峰会上曾提出：共享经济的核心是信任。仅仅依靠道德或者法律的约束无法对于信任的风险达到制衡的作用，这也是构建信用体系的意义所在。健全的信用体系可以将共享经济中的安全隐患尽可能地排除在外，同时，由共享平台所记录的用户违约违规等失信行为，也可以为信用体系评估个人信用级别提供重要参考依据。

属于共享经济模式之一的众筹在我国的发展现状也印证了健全信用体系的重要性。众筹是一种借助互联网平台发布项目从而筹集资金的商业模式。征信体系是众筹平台在实践中所遭遇的最大的瓶颈，平台中资金的供需双方是完全的陌生关系，筹资人的信任机制等相关保障机制是否健全到足以让对方相信，而且持久相信，这是一个关键问题。项目发起人有可能抓住信息不对称的漏洞，伙同领投人利用虚假信息进行圈钱。由于众筹平台并不从属于我国的央行征信系统，并且考虑到目前众筹在金融监管主体方面缺少明确的界定，因此一段时间内难以纳入央行征信系统。缺乏了征信大数据的支持，众筹平台在调查筹资人的资质情况时只能依靠有限的人力、有限的手段和传统的方法，整体而言这种风险防控手段成本偏高、效果一般。

信用是市场经济得以发展至今的基础，当前开放社会中的整体信用水平的提升更加依赖于社会信用体系的建立和不断完善。政府部门和相关征信机构应充分意识到社会信用体系对于分享经济发展的重要意义，不断推动和完善社会信用体系的构建，以便尽快顺利实现基于移动支付手段的分享经济模式能够"弯道超车"。

二、政府部门整体布局

政府部门拥有海量的社会信用信息，这些信息如果能够得到恰当使用，对于共享经济的效率将具有促进作用，因此政府需要加强信用信息的开放共享，降低共享经济企业获取此类信息的费用和门槛，减少交易过程中因信息不对称而产生的矛盾，使得信息通过共享实现价值最大化，促进信用体系的不断改善和健全。

英国政府近年来采取多种措施，力求将国家打造成为分享经济的全球中心，从政策等层面出台了许多支持办法，以鼓励分享经济发展，其中便包括支持加速完善社会信用体系。据来自英国商务部的资料显示，政府在这一方面出台的关键性举措是开放了曾经专属于政府的身份核实系统与犯罪记录系统。在此之前，和其他绝大多数国家一样，英国政府完全掌握着这两个系统，系统中记载的信用信息并未实现开放与共享，社会上的其他机构或个人均无法获得上述信息，这对征信机构的工作造成了不少障碍。信用体系在分享经济的网上在线交易的模式中具有基石般的重要地位，因此，为了进一步促进分享经济的发展，英国政府决定适度开放上述两个系统：英国政府与银行以及移动网络运营商进行磋商，逐步将政府主导的身份核实系统（GOV.UK Verify）向包括分享平台在内的私人经济部门开放和共享，为分享平台核实用户真实信息提供了巨大便利；此外，针对电子化的犯罪记录，英国政府向分享平台等部门提供了犯罪记录查询服务（Disclosure and Barring Service），兑现了其之前许下的实现网络化查询功能的承诺，并且降低了开放的门槛，简化了查询的手续，减少了使用的成本。

三、分享平台不断探索

为了加快信用体系的建设，共享经济企业需要主动将拥有的共享经济平台与社交网络平台等各类信息平台进行深度对接，同时和征信机构结成合作关系，加强征信记录的共享和违法失信行为的披露，有效减少各种失信事件的发生。具体来看，目前大多数分享平台在信用体系方面的探索实践主要集中在以下三个方面。

1.构建分享平台信用评价机制。分享经济中的一切交易都基于分享平台的撮合，许多和信用有关的信息和数据也都来源于此，因此非常有必要敦促分享平台建立有效的信用评价机制。完整的平台信用评价机制具体涵盖以下几个环节：首先，分享平台在接受用户的注册请求时，需要对用户进行身份证校验，并且要求用户绑定本人实名制的手机号与银行卡，以此来保障交易双方信息的真实可信。其次，在交易完成之后，分享平台应为交易双方提供互相评价、打分的功能，帮助交易双方完成反馈评价，实现交易过程中的信用即时记录，从而提升交易双方的用户体验。再次，分享平台需要建立"黑名单"制度，对于在交易过程中出现严重失信行为的用户采取禁止继续享用分享平台所提供的各种服务的处罚措施，让失信者为他们的不当行为付出高额代价；同时，对于累积信用评价优异的用户，分享平台可出台如给予优先权益等奖励办法，激励用户遵守行为准则与道德规范，最终有助于提升全社会的整体信用水平。最后，对于某些难以只依靠线上环节来实现足够保障的审核的行业领域，分享平台应拓宽审核范围，加强线下的审核把关，积极开展多种服务培训。目前，众多分享平台均已部署了自身的信用评价机制，如滴滴出行已在国内上百座城市建立了服务信用体系，该体系具体布局到每一位快车车主之上，司机的每次行程都会记录服务分值，滴滴平台将会优先派送订单给累积服务分值较高的司机。摩拜单车同样有一套自身的信用评价体系，用户每完成一次正常骑行便会奖励一定的信用积分，而如果有发生失信行为如给车辆添加私锁等，被他人举报给平台的，则会被扣除大量信用积分，当信用积分减少至一定水平以下时，用户必须付出超额的费用才能继续使用单车租赁服务。

2. 合作开展信用保险服务。在分享经济交易中，对于可能发生的意外情况，无论是分享平台还是提供资源分享服务的个体，均难以直接提供保障服务。对此，分享平台应积极与保险公司展开合作，为交易双方均提供保险服务。国内不少分享公司开始了这方面的尝试。例如，"小猪短租"公司和众安保险展开合作，不仅为房客提供住宿意外保险服务，同时还为房东提供家庭财产综合保险服务，消除了双方交易过程中的诸多顾虑。"回家吃饭"公司和中国人民保险达成合作共识，针对百姓关心的食品安全问题推出"安心计划"，为消费者提供食品质量方面的保障。

3. 完善信用管理制度。分享经济中存在着海量的信用信息和数据，分享平台仅依靠自身的力量无法对此进行妥当管理。因此，分享平台应主动与征信机构展开积极合作，借助征信机构的力量对用户的信用信息加强管理和鉴别。分享平台通过交易的记录所拥有的海量用户行为信息足够成为征信机构所要收集的个人信用信息的主要来源之一，同时分享平台也能从征信机构处获得相应的信用信息服务。作为我国征信机构中的代表者，芝麻信用目前已接入包括滴滴出行等分享企业在内的200余家商户。

社会诚信水平与共享经济的发展大致呈正相关关系，提高社会诚信度将有利于共享经济的持续发展。在信用体系的构建过程中，政府部门和企业需要统一目标，齐心协力，辅以积极的舆论导向，从而为共享经济构建一个健康和谐的发展环境。

第四节　倡导开放包容的共享文化

16世纪发生在英国的圈地运动，将土地由公有变为私有，标志着财产属性发生了变化，有条件的所有权被排他性的所有权取代，财产私有制标志着资本主义的到来。来到工业时代，伴随着科学技术水平的提高，机器生产逐步在各行各业取代手工劳动，生产力的飞跃式发展使人们对物品的占有欲在这一时期开始快速膨胀，同时，对所有权和专属权的过分强调，造成了资源的严重浪费和低效使用。受技术手段升级和投资持续增长等因素的影响，一些行业出现了产能过剩现象，供需平衡被打破，人类社会摆脱了以往的短缺经济时代而步入了供应过剩的新时代，大量资源未能"物尽其用"，社会财富总和难以实现最大化的目标。在这样的时代背景下，"共享"的理念应运而生。在共享理念的指导下，共享经济"人人共享"的模式可以为资源需求者提供更为广泛的资源来源，为资源所有者联系到更多的资源使用者，从而有效避免资源闲置浪费和低效使用的情况。共享的理念解决了社会中的资源难题，是经济社会在未来发展阶段中的一大趋势，因此有必要进一步倡导开放包容的共享文化。

一、构建包容开放的经济环境

同所有新兴事物面临的问题一样，共享经济这一新兴商业模式的出现，势必会与当前现状产生冲突和矛盾，利益受到影响的相关者也必定不会坐以待毙。但是，必须承认的是，共享经济模式在整体上对于大多数人来说是有益的，因此有足够的理由给予这一新型经济模式充分的支持。

为此，政府主管部门要克服自身的认知局限，对于共享经济要主动接触、积极研究，对于该商业模式的运行机制深入研究，对于正当的市场需求和权益诉求要足够重视，对其发展持宽容的态度，创造一个开明、包容的管理氛围，而绝不是像有些政府那样对共享经济企业一味地封杀。

以打车软件领域为例，全球共享经济鼻祖、多家共享企业的创始人罗宾·蔡斯（Robin Chase，2015）[①]在其所著的《共享经济：重构未来商业新模式》一书中提出自己的观点，认为对于网约车这样的新事物，政府相关机构"不要因不了解而扼杀"，一方面，虽然网约车在一定程度上刺激了用车需求，但另一方面，由于私家车主通常会乐于乘坐网约车而不是出租车出行，私家车主自己驾车出行的次数因而会大幅减少，所以网约车模式事实上对于治理拥堵与污染问题都产生了积极作用。蔡斯在书中指出，对与共享经济这一新型商业模式，各国及各城市的政府部门应保持谨慎和宽容相结合的态度，要为共享经济在发展过程中的试验与试错留出适当空间。比如美国个人间租车业务公司 RelayRides[②]就曾在纽约州遭到监管当局的封杀，判定理由是 RelayRides 提供的保险"非法且数额不足"，而加州的监管部门并未对其同样颁布"停止令"，而是要求拼车司机考取一种特殊驾驶证，并遵循与出租车公司相似的安全法规，以此来满足拼车的合法化[③]。

共享经济平台涉及范围较广，且在发展途径中缺少成功企业的可

---

① ［美］罗宾·蔡斯（Robin Chase），主要著作有《共享经济：重构未来商业新模式》等。

② RelayRides 创办于 2008 年 11 月，是全球首家"对等"汽车共享服务网站。其 P2P 汽车共享服务，概念类似假日租房服务 Airbnb。

③ ［英］阿普里尔·丹博斯基（April Dembosky）、［英］蒂姆·布拉德肖（Tim Bradshaw）：《"分享经济"时代来临》，《金融时报》2013 年第 9 期。

复制经验，因此在发展初期难免会发生种种问题。对此，政府监管部门不要急于简单套用过去的传统思维与方法，而是要尽力消除共享经济发展中的政策风险，可以先让共享经济企业自行发展，在发展的过程中把握适当的监管力度，实现风险可控，从而避免有关部门一纸文件叫停使得巨额投资打水漂的现象。

二、开展共享文化的宣传活动

要想充分发挥共享的理念在解决社会资源问题中的重要作用，关键前提之一便是要使共享的理念深入人心。为了实现该目标，需要多方面的共同努力。

1. 政府和媒体应把握舆论导向。古人云：得民心者得天下。分享经济人人参与的主体结构决定了其运行与发展在很大程度上依赖于众多单一个体。因此，若要实现分享经济的长足发展，关键是要"俘获"民众的"芳心"。而在当前社会中，把握民心的必经之路便是要积极引导正确的舆论导向，充分发挥社会舆论的积极作用。因此，政府部门和新闻媒体应从全局出发，掌控舆论整体走向，避免出现错误的舆论导向给社会带来严重负面影响的情况。政府部门应出台鼓励分享经济健康发展的政策文件，拉近分享经济与普通民众的距离，减少民众对于分享经济的陌生感和不信任感，促使民众积极地拥抱分享经济。新闻媒体需要明确宣传目标，充分利用报纸、电视、电台、互联网、手机等传播载体，对分享经济进行全方位的宣传引导，积极弘扬分享经济中的成功事例，树立分享经济在社会中的重要地位，使"分享经济能够有效地解决资源难题"的理念深入人心。

2. 分享平台应采取手段吸引用户。分享平台可以通过推行多种优惠策略，使用户真切感受到分享经济的便利以及对于个人生活质量的提升，促使用户积极主动地参与分享式消费。以滴滴出行为例，公司发展初期便力推免费打车、补贴打车券、司机双倍奖励等优惠措施，短时间内便吸引了大量用户注册，并大范围地培养了一批稳定顾客群，用户亲身感受到分享经济带来的方便与实惠，便会自然而然地想更多地参与分享式消费。理性的消费者在进行消费决策时首先考虑的是自己的利益与成本，因此分享平台在制定策略时可以尽可能地降低用户的使用成本，同时提升用户的相对收益，从而增强用户粘性，将分享的理念植根于用户心中。

从整体上看，分享经济尚处于探索式发展阶段，而且在世界范围内的成长状况并不均衡。分享经济作为一种具有颠覆性创新思维的商业模式，能够对海量的、分散的社会资源进行整合和优化，可有效解决资源浪费、产能过剩等"不经济"增长问题，有助于实现经济社会的可持续绿色发展。对于这样一种能够给社会带来正效应的经济模式，各国政府应赋予足够的重视，积极在制度供给方面改革创新，给予分享经济足够的支持，努力探索分享经济适应本国国情的发展之路，早日实现分享经济的蓬勃繁荣。

参考文献

[美] 哈里·兰德雷斯：《经济思想史》，周文译，人民邮电出版社 2014 年版。

[美] 克莱·舍基：《认知盈余：自由时间的力量》，胡泳译，中国人民大学出版社 2012 年版。

[美] 埃里希·弗罗姆：《占有还是生存：一个新社会的精神基础》，关山译，三联书店 1989 年版，第 32 页。

[美] 埃莉诺·奥斯特罗姆：《公共事物的治理之道：集体行动制度的演讲》，余逊达、陈旭东译，上海译文出版社 2000 年版。

[美] 杰里米·里夫金：零边际成本社会———一个物联网、合作共赢的新经济时代，中信出版社 2014 年版。

[美] 杰里米·里夫金：《零边际成本社会：一个物联网、合作共赢的新经济时代》，赛迪研究院专家组译，中信出版社 2014 年版，第 11 页。

[美] 杰里米·里夫金：《零边际成本社会：一个物联网、合作共赢的新经济时代》，赛迪研究院专家组译，中信出版社 2014 年版，第 184 页。

[美] 杰里米·里夫金：《零边际成本社会：一个物联网、合作共赢的新经济时代》，赛迪研究院专家组译，中信出版社 2014 年版，第 85 页。

[美] 杰里米·里夫金：《零边际成本社会》，赛迪研究院专家组译，中信出版社 2014 年版，第 XXI 页。

[美] 克莱·舍基：人人时代，胡泳，沈满琳译，中国人民大学出版社 2012 年版。

[美] 克莱·舍基：《认知盈余：自由时间的力量》，哈丽丝译，中国人民大学出版

社 2012 年版。

[美] 罗宾·蔡斯：《共享经济——重构未来商业新模式》，王芮译，浙江人民出版社 2015 年版，第 2 页。

[美] 罗宾·蔡斯：《共享经济——重构未来商业新模式》，王芮译，浙江人民出版社 2015 年版，第 43 页。

[美] 温特：《企业的性质》，姚海鑫、邢源源译，商务印书馆 2010 年版。

[美] 约瑟夫·阿洛伊斯·熊彼特：《经济发展理论》，叶华译，九州出版社 2006 年版。

[英] 阿尔弗雷德·马歇尔：《经济学原理》，廉运杰译，华夏出版社 2005 年版。

[英] 约翰·斯图亚特·穆勒：《政治经济学原理及其在社会哲学上的若干应用》，朱泱、胡企林译，商务印书馆 2009 年版。

[英] 查尔斯·罗伯特·达尔文，《人类的由来》上册，潘光旦，胡寿文译，商务印书馆 1997 年版。

[英] 托·约·邓宁：《工联和罢工》，1860 年伦敦版。

《2016 分享经济海外发展报告》2017 年 4 月 25 日，见豆丁网：http//www.docin.com/p-1719833024.html。

《BP 世界能源统计年鉴 2015》，BP 公司出版，2015 年 6 月第 64 版。

《马克思恩格斯选集》第 1 卷，人民出版社 1995 年版，第 278 页。

《中钢协：如何看待中国 2016 年化解钢铁过剩产能?》，2017 年 3 月 3 日，见 http：//finance.sina.com.cn/money/future/indu/2017-03-03/doc-ifycaasy7412773.shtml。

阿普里尔·丹博斯基（April Dembosky），蒂姆·布拉德肖（Tim Bradshaw）：《"分享经济"时代来临》，《金融时报》2013 年第 9 期。

艾媒网：《按需仓储管理平台 Flexe 获 1450 万美元风投　欲打造仓库行业里的"Airbnb"》，2016 年 7 月 24 日，见 http：//www.iimedia.cn/43557.html。

安筱鹏：《制造业将会成为分享经济的主战场》，《智慧工厂》2016 年第 6 期。

安宇宏：《分享经济》，《宏观经济管理》2015 年第 11 期。

包玉泽：《技术能力视角与全球价值链背景下的企业升级》，科学出版社 2012 年版，第 67 页。

陈波：《论创新驱动的内涵特征与实现条件—以"中国梦"的实现为视角》，《复旦学报》2014 年第 4 期。

陈国富、卿志琼：《制度变迁：从人格化交换到非人格化交换》，《南开经济研究》1999 年第 3 期。

陈婧：《制造的民主化　维基建筑和城市 2.0》，《IT 经理世界》2014 年第 17 期。

程维：《共享经济：从拥有产权到分享使用权》，2016 年 4 月 13 日，见 http：// xh.xhby.net/mp2/html/2016-04/13/content_1400356.htm。

戴丽：《循环发展新理念：分享经济》，《节能与环保》2016 年第 12 期。

道格拉斯·C.诺思：《经济史中的结构与变迁》，陈郁，罗华平译，上海三联出版社 1994 年版，第 21 页。

董成惠：《分享经济：理论与现实》，《广东财经大学学报》2016 年第 5 期。

杜航：《估值百亿美金的 Airbnb，对传统行业影响甚微？》，2014 年 4 月 6 日，见 http：//www.pintu360.com/a3280.html。

段从清、杨国锐：《从科层制到扁平化——再论企业组织变革下心理契约的重建》，《中南财经政法大学学报》2005 年第 6 期。

范柯婵，张聪群：《电子商务环境下消费者网络评价影响因素研究》，《科技与管理》2015 年第 2 期。

分享经济发展报告课题组、张新红、高太山等：《认识分享经济：内涵特征、驱动力、影响力、认识误区与发展趋势》，《电子政务》2016 年第 4 期。

分享经济发展报告课题组：《认识分享经济：内涵特征、驱动力、影响力、认识误区与发展趋势》，《软科学》2016 年第 6 期。

分享经济发展报告课题组：《中国分享经济发展报告：现状、问题与挑战、发展趋势》，《电子政务》2016 年第 4 期。

郭思岐：《思奇谈分享第十期：分享经济带来生态文明》，2016 年 4 月 18 日，见 http：//www.cnii.com.cn/internetnews/2016-04/18/content_1718013.htm。

国家信息中心：《中国分享经济发展报告 2017》，2017 年 3 月 6 日，见 http：//

www.199it.com/archives/569406.html。

国家信息中心分享经济研究中心、中国互联网协会分享经济工作委员会：《2017 中国分享经济发展报告》，2017 年 2 月，见 http://www.docin.com/p-1858940312.html。

国家信息中心分享经济研究中心、中国互联网协会分享经济工作委员会：《中国分享经济发展报告 2017》2017 版。

国家信息中心分享经济研究中心：《中国分享经济发展报告 2017》，2017 年 2 月 28 日发布。

何国卿、龙登高、刘齐平：《利他主义、社会偏好与经济分析》，《经济学动态》2016 年第 7 期。

何哲：《何哲：发展分享经济首次写入党的全会决议列入国家战略》，2015 年 11 月 2 日，见 http://politics.people.com.cn/n/2015/1102/c1001-27765675.html。

胡希宁、贾小立、杨平安：《信息经济学的理论精华及其现实意义》，《中共中央党校学报》2003 年第 4 期。

黄骏：《对我国分享经济发展的研究》，《经营管理者》2016 年第 2 期。

黄宁燕、王培德：《实施创新驱动发展战略的制度设计思考》，《科技与社会》2013 年第 4 期。

黄少安著：《产权经济学导论》，经济科学出版社 2004 年版，第 127 页。

黄少安著：《产权经济学导论》，经济科学出版社 2004 年版，第 66 页。

吉富星：《所有制实现形式与产权结构化的研究》，博士学位论文，财政部财政科学研究所财政学专业，2014 年。

季芬：《认知盈余时代社交问答网站知识分享研究》，《中国出版》2016 年第 16 期。

简新华，于海森：《世界金融和经济危机的根源、新特征、影响与应对》，《中国工业经济》2009 年第 6 期。

江泽宏：《第二次世界大战后日本经济的发展速度》，《经济研究》，1962 年第 8 期。

杰里米·里夫金：《走向物联网和共享经济》，《企业研究》2015 年第 2 期。

李二亮：《互联网金融经济学解析——基于阿里巴巴的案例研究》，《中央财经大学学报》2015 年第 2 期。

李海燕，张岩：《移动通信网络的移动台定位技术及应用》，《邮电设计技术》2006年第 3 期。

李青、王青：《3D 打印：一种新兴的学习技术》，《远程教育杂志》2013 年第 4 期。

李全宏：《论产权可交易性的实现》，《理论观察》2014 年第 12 期。

李树祯、童水栋：《〈资本论〉视角下的经济危机》，《特区经济》2009 年第 12 期。

李要贤：《谈沉淀成本对网络信息经济定价分析的影响》，《会计论坛》2007 年第 5 期。

李育林：《第三方支付作用机理的经济学分析》，《商业经济与管理》2009 年第 4 期。

李真：《分享经济的勃兴和挑战——经济学和法律视野下的分析》，《当代经济管理》2016 年第 8 期。

联合国环境规划署：《迈向绿色经济——实现可持续发展和消除贫困的各种途径》，2011 年。

林秀敏：《维基百科资料》，2010 年 12 月 12 日，见 http：//intl.ce.cn/zhuanti/data/WJBK/zl/201012/12/t20101212_1472611.shtml。

刘国华，吴博：《分享经济 2.0》，企业管理出版社 2015 年版。

刘家明：《公共平台战略：来自企业多边平台的启示》，《福建行政学院学报》2015 年第四期。

刘建军、邢燕飞：《分享经济：内涵嬗变、运行机制及我国的政策选择》，《中共济南市委党校学报》2013 年第 5 期。

刘锦宏、、王欣、卢芸、徐丽芳：《LBS 信息用户态度和行为研究——基于武汉地区大学生群体的实证研究》，《图书情报知识》2013 年第 3 期。

刘倩：《分享经济的经济学意义及其应用探讨》，《经济论坛》2016 年第 9 期。

刘正伟，文中领，张海涛：《云计算和云数据管理技术》，《计算机研究与发展》2012 年 S1 期。

卢现祥：《共享经济：交易成本最小化、制度变革与制度供给》，《社会科学战线》2016 年第 9 期。

吕本富，周军兰：《分享经济的商业模式和创新前景分析》，《人民论坛·学术前沿》

2016 年第 7 期。

马云俊：《产业转移、全球价值链与产业升级研究》，《技术经济与管理研究》2010年第 4 期。

马仲雄：《浅谈电气自动化控制中的人工智能技术》，《电子技术与软件工程》2014年第 11 期。

诺斯：（（制度变迁理论纲要）），《经济学与中国经济改革》1995 年第 3 期。

彭岳：《分享经济的法律规制问题——以互联网专车为例》，《行政法学研究》2016年第 1 期。

乔洪武、张江城：《分享经济：经济伦理的一种新常态》，《天津社会科学》2016 年第 3 期。

三浦展：《第 4 消费时代：共享经济，让人变幸福的发趋势》东方出版社第 2014年版。

沈秋彤：《分享经济的产权分析》，《全国商情》2016 年第 20 期。

宋承先：《现代西方经济学》，复旦大学出版社 1997 年版，第 416 页。

宋寒、祝静、代应：《碳交易市场不完善下供应链企业间剩余碳排放配额分享机制》，《计算机集成制造系统》2016 年第 9 期。

宋逸群、王玉海：《分享经济的缘起、界定与影响》，《教学与研究》2016 年第 9 期。

汤吉军：《沉淀成本效应的行为经济学分析》，《江汉论坛》2009 年第 8 期。

汤天波、吴晓隽：《分享经济："互联网＋"下的颠覆性经济模式》，《科学发展》2015 年第 12 期。

唐启国：《交易效率及其提升的主要途径分析》，《改革与战略》2009 年第 25 期。

田明远：《共享经济模式的法律问题研究》，硕士学位论文，吉林大学法学院，2016 年，第 16—18 页。

王勃，王璐：《运营商掘金分享经济，搭建平台不可缺》，《通信世界》2016 年第 12 期。

王朝云、梅强：《产业集群中的创业要素与创业活动分析》，《科技进步与对策》2011 年第 1 期。

王齐、王丽、卜盖：《关于企业所有权与产权、经营权关系问题的研究综述》，《东岳论丛，》1995 年第 2 期。

王喜文：《大众创业、万众创新与共享经济》，《中国党政干部论坛》2015 年第 11 期。

王雁飞、朱瑜：《利他主义行为发展的理论研究述评》，《华南理工大学学报》（社会科学版）2003 年第 4 期。

王颖，陈威如：《如何踏上分享经济平台的"快进轨道"》，《清华管理评论》2016 年第 4 期。

王雨生：《中国传统产业改造提升之路》，中国宇航出版社 2004 年版。

文建东、李欲晓：《市场经济与利他主义、利己主义的界限》，《中国软科学》2004 年第 2 期。

吴根平，《以大数据战略推进分享经济》，《学习时报》2015 年 12 月 28 日。

吴光菊：《基于分享经济与社交网络的 Airbnb 与 Uber 模式研究综述》，《产业经济评论》2016 年第 3 期。

吴晓隽、沈嘉斌：《分享经济内涵及其引申》，《改革》2015 年第 12 期。

吴晓求：《互联网金融：成长的逻辑》，《财贸经济》2015 年第 2 期。

西京京、叶如诗：《美国分享经济考察调研报告》，《互联网天地》2016 年第 10 期。

谢志刚：《分享经济"的知识经济学分析——基于哈耶克知识与秩序理论的一个创新合作框架》，《经济学动态》2015 年第 12 期。

信息研究部：《六大领域分享经济发展概况（之六）：生产能力》，2017 年 4 月 25 日，见 http://www.sic.gov.cn/News/249/6113.htm。

徐俊：《英国如何推动分享经济的发展》，《中国经营报》2016 年 2 月 22 日第 48 版。

徐颖：《西方经济学的产权理论》，《中国特色社会主义研究》2004 年第 4 期。

闫德利：《分享经济的内涵、特征与发展情况》，《中国信息化》2016 年第 6 期。

杨帅：《分享经济类型、要素与影响：文献研究的视角》，《.产业经济评论》2016 年第 2 期。

杨帅：《共享经济带来的变革产业影响研究》，《当代经济管理》2016 年第 6 期。

杨帅：《共享经济类型、要素与影响：文献研究的视角》，《产业经济评论》2016 年第 2 期。

杨雅清：《征信服务与分享经济呈协同发展之势》，2016 年 11 月 18 日，见 http：// www.cnii.com.cn/platform/2016-11/18/content_1795846.html。

姚洁：《电子商务中第三方支付的安全问题研究及对策》，《金融与经济》2014 年第 11 期。

姚炜：《权变管理理论研究》，硕士学位论文，苏州大学马克思主义哲学，2003 年。

叶航：《利他行为的经济学解释》，《经济学家》2005 年第 3 期。

殷明：《认知盈余：互联网共享经济的真正未来》，《人民邮电》2015 年 6 月 5 日。

于秀丽：《电子商务中第三方支付的安全问题研究》，《经贸研究》2017 第 S1 期。

翟文婷：《制衣工厂的 IT 化漂流》，《中国企业家》2015 年第 10 期。

张博，党丽媛：《W LAN 与 2G/3G/4G 四网协同运营分析》，《电信技术》2014 年第 8 期。

张红艳、范嵩、王希、何文豪：《互联网共享经济模式分析》.《现代商业》2016 年第 1 期。

张家伟：《高盛眼中的中国 2017：经济放缓，人民币可能还要贬值》，2016 年 12 月 2 日，见 http：//bbs.ruoren.com/thread-46678070-1-1.html。

张霖：《"互联网女皇"米克尔称，很多方面中国已成为全球互联网领袖》，2016 年 6 月 2 日，见 http：//www.tmtpost.com/1756389.html。

张敏杰：《共享经济的发展模式与规制措施研究——基于合作消费》，《江苏商论》2016 年第 4 期。

张宁：《日本共享经济发展现状与趋势研究》，《企业改革与管理》2016 年第 13 期。

张维迎：《博弈论与信息经济学》，格致出版社 2004 年版。

张晓波、李钰等：《中国区域创新创业格局：1990 年以后》，《中国市场监管研究》2017 年第 1 期。

张晓芹：《共享经济下的商业模式创新》，《安徽商贸职业技术学院学报》2016 年第 3 期。

张笑容：《分享经济在世界各国发展情况：一场风暴正在席卷全球》，2017 年 4 月

25 日，见 https：//baijia.baidu.com/s？old_id=308516。

张伊杭：《长荣健豪云印刷电商平台的发展之路》，2016 年 12 月 30 日，见 http：//www.fx361.com/page/2016/1230/463027.shtml。

张雨忻：《Uber 和它的复制者们告诉你：如何再造一个 Uber？》，2015 年 7 月 13 日，见 http：//tech.qq.com/original/biznext/b098.html。

张衡：《分享经济时代政府监管的困境与变革》，《信息安全与通信保密》2016 年第 1 期。

张左之：《科技服务业与海尔开放创新——对话 HOPE 开放创新平台运营总监黄橙》，《竞争情报》2015 年第 5 期。

赵昌文、许召元：《当前我国产能过剩的特征、风险及对策研究》，《管理世界》2015 年第 4 期。

郑志来：《分享经济的成因、内涵与商业模式研究》，《现代经济探讨》，2016 年第 3 期。

郑志来：《供给侧视角下分享经济与新型商业模式研究》，《经济问题探索》2016 年第 6 期。

中国国家信息中心分享经济研究中心：《中国分享经济发展报告 2017》。

中国人民大学：《平台经济与新就业形态：中国优步就业促进研究报告（2016)》，2016 年 6 月 23 日于北京发布。

中国政府网：《政府工作报告》，2016 年 3 月 5 日，见 http：//news.xinhuanet.com/fortune/2016-03/05/c_128775704.htm。

中银国际证券：《共享经济：下一个万亿级市场，缘起＋动力＋未来》，2015 年 10 月 9 日见：http：//www.bociresearch.com。

周爱明：《"运满满"：打造货运版"滴滴打车"》，2016 年 10 月 24 日，见 http：//njrb.njdaily.cn/njrb/html/2016-10-24/content_438016.htm？div=-1。

朱富强：《"公地悲剧"如何转化为"公共福祉"——基于现实的行为机理之思考》，《中山大学学报》（社会科学版）2011 年第 51 期。

朱远明：《计算机网络安全及控制策略》，《移动信息》2016 年第 6 期。

祝智庭，沈德梅：《基于大数据的教育技术研究新范式》，《电化教育研究》2013 年第 10 期。

邹蕴涵：《我国产能过剩现状及去产能政策建议》，2017 年 4 月 25 日，见 http：//www.sic.gov.cn/News/455/7349.htm。

Adam Smith，*An Inquiry into the Nature and Causes of the Wealth of Nations*，New York：Random House，1937.

Adam Smith，*The Wealth of Nations*，London：W.Strahan and T.cadell，1776.

Akerlof. G，"The Market for Lemons：Quality Uncertainty and the Market Mechanism"，*Quarterly Journal of Economics*，1970 (84)，pp. 488-500.

Alfred Marshall，*Principles of Economics*，London：Macmillan，1920.

Annie Leonard，*The Story of Stuff*，2010，http：//www.storyofstuff.com/pdfs/annie_leonard_footnoted_script.pdf.

Barry Schwartz，*The Paradox of Choice：Why More is Less*，NewYork：Harper Perennial，2005.

Botsman Rachel and Roo Rogers，*What's Mine Is Yours：The Riseof Clooaborative Consumption*，New York：Harper Business，2010.

CBNData：《2016 智能出行大数据报告》，2017 年 1 月 23 日，见 http：//www.199it.com/archives/556606.html。

Chen Y.，"Consumer desires and value perceptions regarding contemporary art collection and exhibit visits"，*Journal of Consumer Research*，2009，35 (6)：pp, 925-940.

Christopher Marquis，Zoe Yang，"The Sharing Economy in China：Toward a Unique Local Model"，*China Policy Review*，VOL 9 2014.

Constantinides，E. and S. Fountain，"Web 2.0：Conceptual foundations and marketing issues"，*Journal of Direct，Data and Digital Marketing Practices*，Vol .9，No.3 (2008)，pp.231-244.

David Korten，*When Corporations Rule the World*，Berrett-Koehler Publishers，1995.

David Ricardo, *On the Principles of Political Economy and Taxation*, Cambridge: Cambridge University Press, 1951.

Dervojeda, K., K. Verzijl, F, Nagtegaal, M. Lengton, "The Sharing Economy, Accessibility Based Business Models for Peer-to-peer Markets. Business Innovation Observatory", *European Commission Case Study*, 2013, No.12.

Dixit. A., Pindyck. R., *Investment under Uncertainty*, Cambrige: MIT Press, 1994.

Douglas Rushkoff, *Life Inc.: How the World Became a Corporation and How to Take It Back*, Random House, 2009, p.51.

Ervin Laszlo, *The Chaos Point:The World at the Crossroads*, Hampton Roads Publishing Company, 2006, p.17.

Excludes Kazakhstan, which reportedly generated 40.7 tons of hazardous waste per capita in 2010.

Global Footprint Network and WWF's Living Planet Report, September 2009, www.footprintnetwork.org/images/uploads/EO_Day_Media_Background.pdf.

http://www.imf.org/external/datamapper/NGDP_RPCH@WEO/OEMDC/ADVEC/WEOWORLD/CHN/USA.

International Energy Agency, "World Energy Outlook 2012", 2012.

International Monetary Fund.IMF DataMapper.

Joel West & Scott Gallagher, "Challenges of Open Innovation: the Paradox of Firm Investment in Open-source Software", *R&D Management*, vol.36, No.3, pp.319-331.

Karl Marx, *Capital: A Critique of Political Economy*, Volume I, trans. B. Fowkes, Harmondsworth: Penguin, 1976, p.110.

Kay Bushnell, "Plastic Bags: Smothered by Plastics", *the Sierra Club*, www.sierraclub/sustainable_consumption/articles/bagsl.asp.

Kim J., Yoon Y., Zo H., "Why People Participate in the Sharing Economy: A Social Exchange Perspective", *PACIS 2015 Proceedings*, 2015.

Mata, J. Sunk, "Costs and Entry by Small and Large Plants", in Geroski and

Schalbach eds，*Entry and Market Contestability*：*An International Comparison*，Oxford：Blackwell，1991.

Michael Spence，"Markets Aren't Everything"，Forbes.com（October12，2009），https：//www.forbes.com/2009/10/12/economics-nobel-elinor-ostrom-oliver-williamson-opinions-contributors-michael-spence.html.

Olson M.，*The Logic of Collective Action*：*Public Goods and the Theory of Groups*，Cambridge：Harvard University Press，1965，p.4.

Paul Hawken，Amory Lovins，and L.Hunter Lovins，"Natural Capitalism"，1994，www.natcap.org/sitepages/pid5.phd.

PwC.，"The Long View：How will the Global Economic Order Change by 2050？"http：//www.pwc.com/gx/en/issues/economy/the-world-in-2050.html.

R. H.Coase，"The Nature of the Firm"，*Economica*，1937.

Rachel Botsman，Roo Rogers，*What's Mine Is Yours*：*The Rise of Collaborative Consumption*，New York：HarperCollins，2010.

Richard Grants，"Drowning in Plastic：The Great Pacific Garbage Patch Is Twice the Size of France"，Telegraph，April 24，2009，www.telegraph，co.uk/earth/environment/5208654/Drowning-in-the-plastic-in-The-Great-Pacific-Garbage-Patch-is-twice-of-France.html.

Schumpeter，Joseph A.，*The Theory of Economic Development*：*an Inquiry into Profits*，*Capital*，*Credit*，*Interest*，*and the business cycle*，New Brunswick，New Jersey：Transaction Books，1934.

Shirky C.，*Cognitive Surplus*：*Creativity and Generosity in a Connected Age*，UK：Penguin UK，2010。

Shirky C.，*Cognitive Surplus*：*Creativity and Generosity in a Connected Age*，UK：Penguin，2010.

Simonde de Sismondi，*Nouveaux Principes D'Economie Politique*，Paris：Nabu Press，2010.

Smolka C., Hienerth C., *The Best of Both Worlds：Conceptualizing Trade-offs between Openness and Closedness for Sharing Economy Models*，2014.

Stanley Milgram，"The Small-word Problem"，*Psychology Today 2*，1967，pp.60-67.

Streit, Manfred, Peter Wegner, "Information, Transaction, and Catallaxy, Reflections on some Key Concepts of Evolutionary Market Theory", in Ulrich Witt, (ed), *Explaining Process and Change. Approaches of Evolutionary Economics*, Ann Arbor：University of Michigan Press，1992，125-149.

The BP Group，"BP Statistical Review of World Energy"，June 2016.

The World Bank Group，"World Development Indicators：Highlights"，World Bank，2016.

Thomas M.Kostigen，"The World's Largest Dump：The Great Pacifistic Garbage Patch"，*Discover magazine*，July 10，2008，http：//discover magazine.com/2008/jul/10-the-worlds-lagest-dump.

Tim Radford，"Two-Thirds of World's Resources 'Used.Up'"，*Guardian*，March 30，2005.

United Nations，"International Decade for Action 'Water for Life' 2005–2015"，2014，www.un.org/waterforlifedecade/scarcity.shtml.

Williamson, O.E, *The Economic Institutions of Capitalism*，The Free Press，1985.

World Bank，"Water Resources Management：Sector Results Profile."，2013，www.worldbank.org/en/results/2013/04/15/water-resources-management-results-profile.

Zervas G., Proserpio D., Byers J., "The Rise of the Sharing Economy：Estimating the Impact of Airbnb on the Hotel Industry"，*Boston U. School of Management Research Paper*，2014.

责任编辑:宫　共　张双子

封面设计:徐　晖

图书在版编目(CIP)数据

从私有到公用:分享经济的实质和绿色发展之路/张玉明 著. —北京:
　人民出版社,2017.11

ISBN 978-7-01-018475-3

Ⅰ.①从…　Ⅱ.①张…　Ⅲ.①商业模式-研究　Ⅳ.①F71

中国版本图书馆 CIP 数据核字(2017)第 258405 号

从私有到公用

CONG SIYOU DAO GONGYONG

——分享经济的实质和绿色发展之路

张玉明　著

人民出版社 出版发行

(100706　北京市东城区隆福寺街 99 号)

北京墨阁印刷有限公司印刷　新华书店经销

2017 年 11 月第 1 版　2017 年 11 月北京第 1 次印刷

开本:710 毫米×1000 毫米 1/16　印张:22.5　字数:309 千字

ISBN 978-7-01-018475-3　定价:58.00 元

邮购地址 100706　北京市东城区隆福寺街 99 号

人民东方图书销售中心　电话 (010)65250042　65289539